원형 도상의 언어적 기원과 현대시의 심연

지은이

조영복 曺永福, Cho, Young-bok

서울대학교 인문대학 국어국문학과 및 동대학원을 졸업했다. 광운대학교 국어국문학과 교수를 역임했으며 현재 광운대학교 동북아대학 문화산업학부 교수로 있다. 저서 『1920년대 초기 시의 이념과 미학』, 『문인기자 김기림과 1930년대 '활자—도서관'의 꿈』, 『월북 예술가 오래 잊혀진 그들』, 『깨어진 거울의 눈—문학이란 무엇인가』(공저)가 있다.

원형 도상의 언어적 기원과 현대시의 심연

초판 인쇄 2012년 2월 20일 **초판 발행** 2012년 2월 25일

지은이 조영복

펴낸이 박성모 **펴낸곳** 소명출판 **출판등록** 제1998-000017호

주소 서울시 서초구 사임당로14길 15 서광빌딩 2층

전화 02-585-7840 **팩스** 02-585-7848

전자우편 somyungbooks@daum.com **홈페이지** www.somyong.co.kr

값 22,000원

ISBN 978-89-5626-683-1 93800

원형 도상의 언어적 기원과 현대시의 심연

The Linguistic Origin of Archetypal Icons and an Abyss of Modern Korean Poetry

조영복

:: 책을 내면서

원형 상징이나 이미지와 관련된 서적들이 2000년 이후 꾸준히 출간되고 있다. 언어를 매체로 문학 공부를 했던 사람들에게는 낯선 경험이다. 학생들과 문화 원형에 대한 기본 개념들을 공부하면서 끝없이 미로 속에 갇혀 헤어나지 못했던 경험이 이 책을 쓴 작은 계기가 되었다.

물질을 정신으로, 보이는 것을 보이지 않는 것으로, 도상을 심혼의 이미지로 읽어내야 한다는 것은 일종의 강박이었다. 그 어려움은 시를 읽으면서 다소 해소되었다. 도상은 언어보다 직관적이고 순간적이며 동시적이고 공감각적이다. 도상이 언어보다 진실되다고 믿는 것은 이 때문이다. 그러나 언어는 이 도상이 거느리고 있는 심혼의 영역보다 안정되고 설득력이 있다. 언어는 지시하고 논증하기 때문이다. 시인은 우리를 설득하고 이해시키려 한다. 그리고 공감하자고 한다. 이 책은 그래서 문자와 그림 간의, 언어와 도상 간의 내적인 긴밀성 속에서 원형 상징에 대한 이해를 구하고자 한다.

어떤 시인들은 고대의 사상과 연금술적 상상력에 그 몽상의 끈을 대고 있다. 시에는 여전히 근원적인 세계를 항해하는 인간의 꿈이 있다. 책 제목을 '언어의 기원'이라 붙인 것은 언어가 가진 그러한 설득과 공감의 원초적 에너지를 말하고 싶었기 때문이다. 대체로 우리가 '시적 상상력'이라고 부르는 것들은 이미 실증주의와 객관적 과학주의의 틀 속에서 수 차례 가공된 것이다. 시인들도 이 가공할 만한 논리 실증주의의 세계를 벗어나지 못한다. 그런데, 흥미롭게도 많은 시들은 여전히 원형적 사유에 닿아 있다. 이 시들이 어려운 이유는 우리의 사유가 너무 멀리 그 원형적 우주의 질서로부터 떨어져 나와버려 이제는 이들 시인들의 심연을 공감할 수 없게 된 탓이다. 원시 암각화든, 연금술 도상이든, 기독교 성화든, 그런 도상들을 이해하는 것 역시 어렵다. 그런데, 이 원형 이미지의 세계를 학생들은 유사한 이미지가 숨어있는 시를 읽으면서 이해하고 공감했다. 오히려 시 이론으로 시를 대할 때보다 더 심층적이면서도 섬세하게 시를 이해하고 있었다. 아마 그림과 글의 매체적 상호 관계 속에서 생겨나는 상생적 효과 때문일 것이다. 학생들의 진지함과 열의는 시를 공부하는 내게는 큰 위안이었다.

'나비처럼 말이 없고 독수리처럼 성급한, 반은 배이며 반은 돌풍인, 대단한 항해자인 나의 꿈'이라고 니체가 말할 때, 예전에는, 이 구절들이 그다지 깊은 인상을 남기지는 않았다. '경구는 피로 쓴 것'이라는 투로 말할 때도, 글쓰기의 장엄함을 수사적으로 말했겠거니 대충 이해하고 지나쳤다. 경구의 정신은 이상의 글이나, 쿤데라의 사회와 역사와 인간에 대한 애증과 패착 가득한 에세이에서도 그대로 나타난다. 농담과 진담, 가벼움과 무거움에 대한 이들의 모호한 논의들은 분석적이고 논리적인 내 사고의 틀에 갇혀 빠져나오지 못했고, 그래서 그저 그렇게 넘겨버렸던 것 같다. 종전까지도 나는 이 난해한 경구의 실체가 무엇인지 알지 못했던 것이다. 그런데 어느 순간 그들의 글은 어린아이와 나비를 오르내리고, 독수리의 하늘과 나무의 대지를 교차하면서, 몸서리치듯 정신의 봉우리를 향해 질주하고 있었다. 원형 이미지의 유동성은 창조성이자 사고의 유연성이었다. 극과 극을 오가며, 하늘과 바다를 떠도는 그 에너지의 근원은 가장 심층적이면서 본질적인 사유의 한가운데 있음을 알게 되었던 것이다. 원형 상징 공부 덕분이었다. 이 책의 말미에 참고문헌으로 제시된 책들로부터 도움을 많이 받았다. 내용뿐 아니라 사진 · 그림 등 도상 관련 자료들도 참조가 되었다. 따라서 이 책의 성격을 고려해 주로 도상 관련 문헌들을 참고문헌란에 기재하게 되었다.

원형 상징에 대한 기본 개념을 일목요연하게 제시한 책들은 눈에 잘 띄지 않는다. 연금술서, 상징 이론서, 신화론, 엠블럼 집 등 여러 종류의 책들은 각각 특정 시기나 특정 분야의 주제들을 주로 다루고 있는데, 물론 그 자체로도 좋은 교과서이다. 발췌하고 엮어내서 가편집 해야 하는 수고를 덜어보고자 한 것이 이 책을 쓴 다른 동기이다. 5장은 딜레탕트적인 기질에서 뒤적여 보았던 관심들의 일부로 이해되었으면 한다. 원형의 본질이 은닉된 채 변형되기도 하고, 본질적으로 상동성을 간직한 이형태의 도상들도 있다. 그러나 이 유사성과 변종형의 비교나 차이를 이 책에서 섬세하게 다루지는 않았다. 본격적인 문학 이론 공부보다는 문화 원형과 관련된 강의를 위해 이 책을 서술했기 때문이다.

오랫동안 시 공부를 해오면서도 시의 이미지, 은유, 상징의 근원에 대해 별다른 생각을 한 것 같지는 않다. 아마 기술과 방법의 차원에서 시를 이해하고자 했던 욕망이 강했던 탓일 것이다. 시학 이론서들을 찾고, 정교한 방법론의 책장을 넘기며, 논리와 분석의 틀을 집어 내 이를 우리 시의 현장에 적용해 보는 것이 시 연구자로서 중요한 덕목이라고 생각했다. 이제는 그런 구속으로부터는 좀 빠져나온 기분이다. 기억이 흐려지고 집

중력은 떨어지고 공부에 대한 의욕의 상실을 닥치는 대로 읽기의 방식으로 버텨보고자 한 것이 원형 상징 공부를 한 계기였긴 하다. 여전히 시를 좀 더 정밀하고 심층적으로 해석해 보고 싶은 의지는 느슨해진 내 학문의 욕망 한 끄트머리에 어렴풋이 존재해 있다. 불성실과 게으름이 그 의지를 책상 앞으로 당기지 못할 뿐이다.

본문에 언급된 내용 중 일부는 2009년 『문학사상』에 썼던 내용과 중복된다. 권영민 선생님의 배려로 일 년간 월평을 하면서 그 때까지 읽었던 원형 상징론을 현대 시인들의 심연 속에 펼쳐놓게 되었다. 잘 쓰고 제대로 써야하는 소명감이 다달이 써야하는 부담감을 넘어서지 못해 아쉬운 점이 있다. 책을 만드는 과정에서 새삼 어설프고 난감했지만 이것들을 조금 고쳐서 실었다. 그 달의 시들이 당시 관심사였던 원형 상징론의 그물에 포획되었던 것인데, 이 책의 전체 틀과도 잘 맞았다.

신범순 선생님의 격려도 이 책을 쓰는 데 힘이 되었다. 시 일반론보다는 이미지 하나 하나에 걸려드는 디테일한 맛과 멋의 중요성은 선생님께 배운 것이다.

출판 사정이 좋았던 적은 거의 없었다. 그럼에도 한국문학에 대한 지극한 애정과 소명을 가지고 계신 박성모 사장님과 공홍 편집부장님께도 감사를 드린다. 도상과 원고 정리에 도움을 준 이주란 군에게도 고마움을 전한다.

2012년 1월

차례

제1장

원형 상징과 정신적인 것의 이미지

원형(原形)이란 무엇인가

첫 장면을 이렇게 시작하자. 사슴과 사자가 말을 주고받고, 꿀벌이 춤을 추고, 뱀이 인간과 함께 무리지어 사는 세계가 있다. 오물거리며 신선의 약초를 되씹는 꼬부랑 할머니와 끼리끼리 둥지를 파고드는 애벌레들이 같이 등을 맞대고 사는 세계가 있다. 이것을 단지 동화나 디즈니랜드 판타지 속의 한 장면일 뿐이라고 단정할 수 있을까. 또 다른 장면들도 보자. 끔찍한 고통의 제의와 파괴적인 성(性)의 축제가 벌어지는 죽음의 무도장이 있다. 거기에는 자식을 잡아먹는 어머니 신과 기괴한 금속성의 갈쿠리 손을 한 '뱀-인간'의 해골 전사들이 악무한적인 죽음의 축제를 벌인다. 이 두 세계는 천상과 지옥이 극단적인 두 이미지로 우리에게 각인된 것이지만, 그것들은 정작 연결된 시·공간이다. 위로는 천상으로 가는 수직의 사다리가 놓여있고 아래에는 지옥의 심연으로 가는 원형의 돌계단이 있다. 이것은 우리의 숨겨진 무의식 저 너머에서 미끄러지듯 서로의 등을 타고 넘나든다. 그러니까 극과 극의 완전히 분리되고 대립된 세계가 아닌 것이다.

이 몽환적이고 신비한 두 장면들은 서로 겹치거나 카오스적인 혼동의 상태에 있는데, 이를 우리는 원형(archetype, 심상(心象))이라 부른다. '원형'은 인류 공통의 원초적인 경험으로서 인간이 자신의 심혼 깊숙이 내려가서야 맞닥뜨리게 되는 근본적인 우주 질서의 원리가 담긴 이미지(心象)이다. 이 책에서 '원형'은 경우에 따라 '원형 상징', '원형 이미지' 등으로 혼용되어 서술되는데 이는 원형이 이미지, 혹은 형상으로 제시되기 때문이다. 원형은 그 자체로 정신적인 것의 상징이므로 '원형 상징'으로도 서술될 것이다.

인간이 보편적으로 가지고 있는 원초적인 상(이미지)으로서 원형은 무의식의 내용을 이룬다. 무의식의 표면에는 각 개인의 경험에서 비롯되었거나 후천적으로 습득된 개인적 무의식이 존재한다. 하지만, 무의식의 깊은 지층에는 모든 인간들이 태어날 때부터 가지고 있는 집단적 경험의 상이 있는데 융은 이를 '집단 무의식'이라 불렀다. 프로이트에게 무의식은 억압되거나 잊혀진 내용의 저장소로서 명백히 개인적인 성질을 띠고 있다. 다소 도식적인 설명을 하자면, 성적 결핍을 문제 삼은 프로이트의 무의식이 개인의식의 지층에 존재하는 것이라면, 융의 무의식은 그보다 더 심층에서 작동하는 것으로 이것이 바로 '집단 무의식'이다. 프로이트는 무의식을 의식의 억압에 의해 존재하는 것이라 말하고 꿈은 그러한 억압된 무의식의 현현이라고 말한다. 융은 프로이트와는 달리, 무의식은 그 자체로 자율적으로 존재하면서 의식과 함께 전체적인 존재, 완전한 인격체를 가진 존재가 되도록 하는 것이라 설명한다. 의식과 무의식의 균형은 '완전한(총체적인)' 인간의 이미지가 구현된 것이다.

집단 무의식에 관한 융의 논의는 원형 심상과 직접적으로 연결된다. 우리가 꾸는 꿈은 무의식의 발현으로 인간 심성의 중심적인 것들을 주제로 하고 있는데, 이는 그 사람의 전체 인격을 실현하고자 하는 방향성 속에서 작동된다. 개인적 무의식이 주로 정감적인 것에 치중되고 각 개인에게 친숙한 내용들인데 반해 집단적 무의식의 내용은 원형들이다. 원형은 인간의 심혼 어디에나 보편적으로 존재하며 널리 퍼져있을 뿐 아니라 어떤 형식적 틀로써 존재한다. 이 형식적 틀을 이해하는 것이 바로 원형 상징의 개념을 이해하고, 원형 도상들을 해석하는 작업이다. 원형은 집단 표상, 원물질, 상징 등의 다른 이름으로도 불리며, 시대와 지역적 특성에 따라 변형된 채 종교적 모티프나 예술 그리고 문화적 집적물로 나타나지만, 이 과정에서 그 본질적인 것들이 소멸되지는 않는다.

원형은 보이지만 보이지 않고, 만질 수 있지만 실체가 없다. 이 말은 원형을 이해하기 위해서는 현상과 물질 너머에 있는 것을 보아야 한다는 의미이다. '초월'이라는 것과는 구별될 필요가 있는데, 초월은 물질이나 현상을 넘어서 있지만, 원형은 물질이나 현상과 분명한 관련이 있다. 하지만 원형의 표상적 실체인 물질적인 형태나 현상은 신의 이미지로 이해되어야 한다. 이때 '신'은 완전한 것, 궁극적인 것, 원리를 표상하며, 플라톤의 이데아와 유사한 맥락으로도 이해된다. 이때 주의할 것은 '집단'의 '집단'이 '개인'의 대립어로서가 아니라 인간 '보편' 혹은 '인간 류종'이라는 의미의 '집단'이라는 것이다. 즉 '모든 인간이 원초적으로 가지고 있는'이라는 의미가 함축된 '집단'이라는 의미에 주의해야한다. 따라서 이는 원시부족들에게는 '있고', 현대인에게는 '없는' 혹은 '결핍된' 것이 아니라 오히려 원시 부족들에게는 인지되고 감각되기도 했으나 현대인들에게는 거의 인지도 되지 않고 감각도 되지 않는다. 두 가지 이유를 들 수 있는데, 하나는 기독교의 원죄 의식이나 구원의 문제에 따른 선과 악, 죄와 구원 같은 이분법적 사고 때문이며, 다른 하나는 근대 정신의 논리 실증적 사고 체계 때문이다.

현대로 올수록 인간에게 원초적으로 잠재된 원형 무의식은 의식이나 지성에 가려져 지각조차 되지 않는다. 그렇다고 해서 원형 무의식이 사라진 것은 아니다. 왜냐하면 그것은 인류 보편적인 것이기 때문이다. 그것들은 다른 형태로 인류 문화, 예술의 집적물 속에 남아있게 되는데 이것이 바로 문화 원형이다. 현대인 또한 태초의 인류가 가지고 있었던 것과 유사한 원형 무의식을 가지고 있으며, 현대에 창작된 문화 예술 텍스트에도 집단 무의식의 흔적이 남아 있다. 문화 예술 텍스트는 그래서 인류 최초의 언어로 쓰인 원형 텍스트가 변용된 것이라고도 볼 수 있다.

원형의 흔적이 비교적 뚜렷하게 드러나 있는 것은 종교의 성사(聖事)나 신화이다. 각 민족이나 지역 · 종교에서 개별적으로 발전해 온 것처럼 보이는 이들 신화나 성서의 모티프들은 실제로는 인류 공통의 보편적 '금고'에서 나온 원형들의 선택, 조합, 해석, 제의화라고 할 수 있다.[캠벨:16] 바그너를 열광시킨 게르만 민족의 신화, 〈반지의 제왕〉의 모티프가 된 북구유럽 신화나 켈트족 신화, 유럽 문명의 근원으로 알려진 그리스 로마 신화들은 이들 원형 신화에서 갈라져 나온 하나의 작은 가지들이며 이것의 원부모들은 이들 개별 민족이나 국가의 신화가 만들어지기 훨씬 이전에 형성된 선사시대 문명 가운데 존재한다. 한민족의 단군 신화 역시 이들 인류 공통의 문명의 후대적인 기억의 소산이라 할 수 있다.

자신이 누구인가를 아는 것은 무의식으로 내려가 자신과 대면하는 길밖에 없다. 자신의 그림자와 만난다는 것은 무의식과의 만남을 통해 진정으로 자신이 누구인가를 확인하는 길이다. '무의식의 나'는 타인으로서의 '나'를 체험하는 것이다. 융은 집단적 무의식은 밀폐된 개인의 것이 아니라 전 세계적으로 폭넓게 열려 있는 객관성의 세계라고 말한다. 일상의 의식에서 나는 뚜렷한 주관성을 가지고 있는 주인(주체)이지만, 무의식의 세계에서 나는 모든 주체들의 객체이다. 그 곳에서 나는 직접적으로 세계(집단 무의식, 객관성)와 유대 관계를 맺고 있어서 그 자체로 나는 무의식의 객체가 된다. 여기서 '체험'은 실제적인 체험이 아니라 원초적인 체험을 뜻하며, 인류 공통의 것이라는 점에서 '객관화'라 지칭된다는 점을 기억하자.

이들 원형들은 인간 혹은 인간 상호 간의 내면에 깊숙이 자리 잡고 있으면서 삶의 에너지를 분출시키고 삶의 동기와 방향을 제시한다. 이들 신화들은 인류의 영적 역사와 이미지를 투영하고 있다. 이 인류 공통의 자질들을 이해함으로써 우리는 지역과 민족과 국가로 분리, 고립되어 있는 인간들 사이의 소통과 공감을 이끌어 낼 수 있을지 모른다. 이 원형적 상들이나 이미지는 각 지역이나 민족의 문화적 구성물 속에서 개별적으로 구현되지만 그것들이 원초적으로 가지고 있는 소망과 희원의 맥락은 지역과 민족의 경계를 횡단하는 매개적 주체로서 기능할 수 있다. 가치 있고 유효한 소통의 역할들을 문화 원형이 해낼 수 있다는 것이다. 민족지적 경계나 국가적 단위의 틀을 뛰어 넘어서 정치적 문화적 전략들을 제시

레오나르도 다빈치, 〈성안나와 성모자〉(1510년경)
프로이트는 이 그림에서 다빈치의 개인사와 무의식의 억압을 연결시킨다. 무릎 부분에 숨겨진 '독수리 형상'을 찾아보라.

하는 '트랜스 담론'이 부상하는 가운데, '원형'에 대한 탐구는 전 인류학적 과제의 탐구가 된다. 융이 원형 무의식을 '집단적'이라 말하고 '객관화, 개성화'라고 지칭한 것은 이 때문이다.

그런데 무의식의 모든 상들과 이미지를 전적으로 인류 보편의 원형적인 것으로 규정하는 융의 논의는 더 진전하게 된다. 각 지역과 민족, 국가에서 원형들이 다양하게 선택되고 조합되듯이 개인적인 무의식은 개인적인 경험과 직접적으로 연결된다. 즉, 이 개인적인 무의식에도 비개인적인 주제가 얽혀 있다는 것이다. 융은 프로이트가 분석한 다빈치의 그림을 예를 들어 설명한다.[융(a):159] 프로이트는 다빈치의 〈성안나와 성모자〉를 들어 개인적 무의식을 설명한다. 이 그림 속에는 아버지 없이 어머니와 할머니의 손에 양육된 프로이트의 개인사가 있다는 것이다. 프로이트는 수컷 없이 바람에 의해 잉태된다는 신화 상의 독수리 형상을 마리아의 무릎 부분에서 도출해 냄으로써 다빈치의 개인사와 무의식의 억압을 연결시킨다. 이 논의는 그 분석의 날카로움 때문에 드라마

틱한 황홀감을 주체할 수 없으며, 한 위대한 예술가의 비극적 삶이 던져주는 아우라 때문에 삶의 역설적 여운을 던져버리기 어렵다. 흥미로운 것은, 이 그림을 읽어내는 프로이트와 융의 관점의 차이이다. 동일한 그림을 두고 프로이트는 다빈치의 억업된 개인적 콤플렉스, 예컨대 어머니 편향성이나 동성애적 주제를 읽어내는데 반해, 융은 '두 어머니의 주제'라는 집단 무의식 곧 원형 상징을 읽어낸다. '두 어머니' 주제는 인간 사회에 존재하는 집단 표상의 하나라는 것이다. '이중 혈통의 신화'는 인간적인 부모와 신적인 부모의 양 혈통을 가지고 태어난 존재의 이야기를 다루는 것으로, 이는 이집트 파라오 신화에서부터 기독교 세례 의식에 이르기까지 인류 전 역사와 민족에 걸쳐 광범위하게 펼쳐져 있다. 많은 사람들이 가지고 있는 자신의 부모가 친부모가 아닐 것이라는 환상은 유아기 때의 근본 체험이다. 우리 문화 가운데 존재하는 '다리 밑에서 주워온 아이'일지 모른다는 유아기적 환상은 각 개인에게 잠재화 되어 있다.

융은 이 '두 어머니 환상'이 집단 무의식의 것임을 설명하기 위해 하나의 예를 제시한다. 이른바 '모성 콤플렉스'를 가진 노이로제 환자의 경우, 그 원인이 두 어머니를 가진 개인적 이력에 있다고 판단하는 것은 근거가 희박하다는 것이다. 오히려 노이로제의 원인은 '이중 어머니' 원형의 재각성에 있으며, 이 같은 원형 무의식을 의식화 하는 데 실패한 데서 찾아야 한다는 것이다. 원형은 반복된 상황들이 정신적 체질을 이루면서 생겨난 상이다. 그것은 특정한 내용을 묘사한다기보다는 그 형식의 내용을 암시적으로 표상한다. 상징의 해석은 그러한 원형 표상들이 갖는 정신적 내용을 설명하는 것에서 시작된다. 그러니까 '원형 상징'은 구체적 기억이나 물질적 차원의 실증적 문제가 아니라 '정신적'이라는 점을 유의해야 한다.

신화에서 우리는 태양, 달, 해, 기상의 변화, 식물, 돌 같은 표상들을 보지만 그것이 심혼의 어떤 영역이나 정신적 내용을 나타낸다기보다 인간과 자연의 단순한 아날로지라고 이해해 왔다. 신화는 심혼의 본질과 우주의 원리를 설명하는 서사이자 인류 무의식의 신성한 발현이라는 점을 간과하고 있었다는 것이다.

원형은 의식화되고 지각되는 순간 변형을 겪기 시작하는데, 그 때 그 때 개인의 의식에 맞추어 변용된다. 우리가 익히 알고 있는 원형의 다른 표상은 신화나 민담인데, 이것들 역시 오랜 시간에 걸쳐 변형되고 가공되면서 원래의 원형으로부터 변형되어 있다. 원시인들에게 자연현상이나 명백한 일을 객관적으로 설명하고 증명하는 것은 중요하지 않았다. 반대로 그들은 자연 현상에서 일어나는 일들을 정신적인 것들과 동화하고자 하는 열망이 있었으며, 이때 자연의 현상들은 물질적인 존재의 표상이 아니라 심혼의 정신적인 사건을 말해주는 것으로 이해했다. 즉 태양이 떠오르고 지는 현상은 심혼 속에 살고 있는 신이나 영웅의 숙명을 설명하는 것이었다. 따라서 일출이나 일몰 현상은 가시적인 물질의 현상이 아니라 정신적인 어떤 것들을 나타내주는 이미지로 이해했던 것이다.

원형에 대한 관심은 우리가 잊어버린 상상적 세계를 찾아내는 길이며 인류 시원의 존재론적 조건을 회복하는 길이다. 프로이트, 융, 사르트르, 엘리아데, 노이만 등의 이론가들은 이 같은 고대적 세계가 펼쳐놓은 원형 상징의 시 · 공간을 탐색하고 우리가 그 잃어버린 세계에서 무엇을 찾아야 하는지를 섬세하게 때로는 난해하게 알려준다. '섬세하다'는 것은 이성과 논리를 뛰어넘은 직관과 감성의 시선을 보여준다는 뜻이며, '난해하다'는 것은 이성과 논리의 언어가 아닌 까닭에 우리가 지금까지 겪어보지 못했던 신비한 세계를 탐색해 가야 한다는 의미이다. 시각이 지배적인 감각으로 작동하는 현대 인류들이 '보이지 않는 것'을 인정하기란 얼마나 어려운가. 자신의 심혼의 영역에 분명히 존재하는 것을 부정하는 청맹과니가 아니라면 우리는 이 무의식의 영역에 존재하는 우리의 그림자를 찾는 여행을 결코 포기할 수 없다.

원형, 집단 무의식과 연결돼 있는 것은 연금술적 이미지이다. 꿈과 환상에 나타나는 상징들과 유사한 것이다. 연금술적 체험의 본질을 관통하는 것은 바로 신성의 체험이다. 광물질에서 금을 만드는 작업(Opus)을 통해 연금술사들은 자신의 육체에 잠들어 있는 신성한 능력을 확인하고 깨달음을 얻고자 한다. 작업이 진행되는 과정에서 연금술사들은 스스로 하나의 인격에서 다른 하나의 인격으로 전이되는 통과 의례적 체험을 하게 된다. 그것은 마치 원시부족들의 제의에서 고래에게 잡혀 먹히거나, 땅에 묻히거나, 가면을 쓴 사람으로부터 상징적 죽음을 당했다거나 하는 과정들과 유사하다.[엘리아데(c):166] 이는 연금술사들이 '흑화(黑化)'의 과정으로 설명한 것과 다르지 않다. 연금술 서적의 도상들은 이 같은 작업의 단계에서 얻어진 영적 체험을 이미지로 표현한 것이다. 연금술의 도상들은 물질 그 자체가 아니며 자연계의 현상 그것을 묘사한 것도 아니다. 물질에 투사한 영적 체험의 이미지이다. 인간이 원초적으로 가지고 있는 집단적 무의식의 원형상이다. 태고부터 현재에 이르기까지 모든 인간이 원초적으로 가지고 있는 원형 심상은, 과거와 현재 및 미래의 인간을 연결해 주면서 인간 정신의 끊임없는 상승을 보여주고 그 영속성을 증거해 준다.

니체는 정신의 맨 꼭지점을 향해 나아가는 초인의 이미지를 원형의 끝없는 변용과 생성적 변화 과정을 통해 그려낸다. 니체의 텍스트는 정신의 변화무쌍한 변용의 능력들을 화려한 경구(Epigram)로 제시한 것으로, 원형 상징의 중심 핵들의 다양한 전시회를 보는 듯하다. 니체 텍스트의 힘은 바로 이 원형 상징의 화려한 변신술에서 나온다. 달은 태양을, 태양은 여자를, 여자는 남자를, 남자는 수도승을, 수도승은 대지를, 대지는 수고양이를, 수고양이는 뱀을, 뱀은 다시 태양을, 태양은 바다를, 바다는 빛을, 빛은 젖가슴을 낳는다.

> 어제 달이 떴을 때 나는 달이 태양을 낳으려는 게 아닐까 생각했다. 그렇게 펑퍼짐하게 배가 불러 달은 지평선 위에 떠 있었다.－달의 임신은 거짓이었다. 그리하여 나는 달이 여자라기보다는 오히려 남자라고 믿으려 한다.－모든 정직한 사람들의 발걸음은 소리내어 말한다. 고양이는 바닥 위를 몰래 지나가 버린다. －달은 고양이처럼 정직하지 못하게 다가온다.－달의 정사는 끝났다. －이미 타오르듯 빛나는 태양이 오고 있었던 것이다.－바다의 욕망은 천 개의 젖가슴으로 부풀어 오른다.니체(b): 163~166

'임신', '거짓' 같은 단어들은 변용의 정신을 말하기 위한 수사적 장치일 것이다. 지붕들 위로 떠다니는 달이 순식간에 남자가 되고, 다시 지붕 위를 돌아다니는 수고양이로 변모해가는 정신의 자유 지대는 니체의 글이 강력한 호소력이 깃든 텍스트가 되게 하는 데 결정적인 역할을 한다. 이 원형 상징들은 니체의 불타오르는 정신의 깊이를 오르내리고 사유의 폭을 확장시키는 데 크게 기여하고 있다.

한편, 원형 상징은 종교, 문화, 예술, 사회 등 영역 전반에 걸쳐 전승물의 형태로 기억되고 보존되는데 이들을 문화 원형 텍스트라고 할 수 있다. 이들은 인간 혹은 문화를 이해하는 가장 기본적인 텍스트가 된다. 문화 원형을 이해하고 이를 활용하는 것은 지구촌 공동체에서 살아가기 위한 중요한 전략이 된다. 문화 텍스트 생산이나 산업화에 있어 이를 활용하는 것은 지구촌 시대 문화 교류 및 확산에 중요한 바탕이 된다. 이른바 명품 브랜드 로고에서부터 현대의 다양한 캐릭터 상품에 이르기까지 그 형상들의 기원은 원형 도상에 있다. 문화 원형 이해는 글로벌 산업 환경에서 문화로 시장을 개척하고 확대하는 중요한 전략이자 문화로 세계를 횡단하는 문화 유목시대의 중심 주체인 것이다.

일상의 오세아니아를 꿈꾸는 사람들

현대인들이라고 해서 문화 원형과 동떨어진 삶을 사는 것은 아니다. 현재의 문화 예술 텍스트들 또한 원형 무의식의 보고이자 원형 상징적 행위의 집적물이다. 고답적이면서도 우아하며 시간의 때를 묻힌 고전주의적인 예술 텍스트들만 그러한가. 결코 그렇지 않다. 대중문화의 예를 들어보자. 기억하는가? 선덕 여왕 시대의 팜므파탈(femme fatale)적인 '미실'의 존재를 대중에게 알린 드라마 〈선덕여왕〉에서 선덕여왕보다 '미실'이 더 인기를 끌었던 사실을. '미실'은 매혹적이면서 대중적인 호기심을 불러일으키는 인물이다. '팜므파탈'의 전형성은 여성성이 아니라 남성성, 권력성에 있다. 그것이 미실의 매력이다. 그는 주위에 여러 남자를 거느리면서 성과 권력의 우월적 지도자로서 군림한다. 이 인물은 여성이지만 동시에 남성적인 성격을 지니고 있다. 이 같은 이중적 성격은 그 시대의 모든 인물들을 자신의 주위로 불러 모으면서 권력적 중심을 재편한다. 그는 권력적이고 가부장적이면서 동시에 에로틱한 권능을 가진다. 이 미실의 이중성은 마치 우주의 어머니가 갖는 모성성과 폭악성, 음식의 공여자이면서 동시에 약탈자인 원형 어머니의 이미지와 정확하게 중첩된다. 보호자이자 살해자인 원형의 어머니는 우주적 모신의 이중적이고 모순적인 이미지와 겹친다. 그러니까 '미실'의 대중적 이미지가 간계하고 폭악적인 것으로 비춰진다 해도 그것은 원형 상징적 원리의 변용일 뿐이다. 미실에 대한 공감과 미실에 대한 대중적 호기심은 동일한 것이다. 은근하게 원형 심상적 모티프가 반복되는 가운데 대중들은 어느덧 '미실'이라는 인물에 동화된다. 성과 권력의 폭력성에 대한 전율과 동일시적 욕망에 대한 탐닉은 수평의 천칭 위에서 긴장한다. 이 긴장감의 대중적 뿌리가 원형 심상의 공감에 있다는 뜻이다.

대체로 트로트 곡은 너절하고 값싼 감정의 찌꺼기를 토해내는 정도의 노래로 이해되곤 한다. 이른바 '원형 상징적 이해'를 하기 전까지는 말이다. 몇몇 트로트 가수들의 노래를 그저 값싼 대중성과 낯익은 사랑의 수사와 통속적인 사랑의 법칙을 반복해서 보여주는 것이라 평가한다. 그리고는 그런 가요에 대해 '삼류' 운운하며 심지어 비난의 화살을 들이 붓는다. 지식인 평자들의 엘리트적인 평가(elitism)와는 달리, 일반 대중들이 대중가요에 대해 갖는 공감은 원초적인 것처럼 보인다. 지식인들의 편견은 '가장 천박한 노스텔지어도 낙원의 노스텔지어를 감추고 있다'는 엘리아데의 글에서 단번에 박살나고 만다. 아주 값싸게 보이는 로맨스 풍의 노래조차 과거에 좋았던 것에 대한 향수가 있고, 다가갈 수 없는 것, 이제는 완전히 잃어버린 어떤 낙원에 대한 희구를 담고 있다는 것이다. 왜 대중들이 이같이 '값싼' 트로트 곡에서 원초적 공감을 갖게 되는지를 이해하게 되는 대목이다. '트로트'를 '고전가요'라 지칭한 것 역시 이 원형적인 공감과 정한의 투사를 말하고자 했기 때문이리라.

신화의 찌꺼기 형태의 모습일지라도 그것은 과거에 대한 회환, 신화적인 시간을 고백하고 있다는 것이다. 즉 '과거'에 대한 향수는 사라진 시간에 대한 회한 때문만은 아닌 것이다. 존재할 수도 있었지만 그렇게 되지 못한 것, 다른 존재로 머물러 있기를 포기해야만 존재할 수 있는 모든 존재의 슬픔, 이런 것들은 인간을 아득하게 하면서 또한 희구하게 한다. 그뿐만이 아니다. 좋았던 옛 풍광과 시절에 살지 못하는 것의 회환, 현재 순간과는 완전히 다른 어떤 것, 다가갈 수 없는 어떤 것, 완전히 잃어버린 어떤 것, 즉 이 모든 것들은 바로 낙원에의 희구를 표현하고 있다.[엘리아데(a):20~21] 그리고 그 '과거의 향수'는 원형적인 것에 대한 그리움의 다른 표현이라는 것이다.

이른바 '삼류 트로트'에서 보여주는 사랑의 언어조차 인간이 가진 어떤 신화적인 시간에 대한 향수를 가지고 있다. 그러기에 이미자의 〈동백 아가씨〉나 서태지의 〈교실 이데아〉, 심지어 〈버뮤다 트라이앵글〉조차 '같은' 종류의 노래가 된다. 이 관점에 서면, 이들 노래에 대한 무지몽매한 하이에라키적인 편견은 한 순간에 무너지고 만다. 대중가요조차 인간 정신의 원형 이미지들을 흔적처럼 가지고 있고, 그래서 대중들의 공감을 얻게 된다는 것이다. 그러기에 상징의 세계에는 실증주의나 진보주의의 제국주의적인 그림자가 없다. 그것은 평등하게 인간 사회를 신화적인 공명과 공감의 세계로 이끌고 간다. 레비 스트로스는 '인간은 언제나 똑같이 잘 생각해 왔다'라고 말한다.[뒤랑(a):63] 그들(원시 비문명인들)도 우리(서구 문명인들)와 똑같이 생각해 왔다는 것이다. 현대인들은 이제 어쩔 수 없이 이 같은 신화적 이미지와 상징의 세계로 들어가지 않을 수 없고 그것들과의 공감을 추구하지 않을 수 없다. 그것이 역사를 잇고 세계를 잇는 공감과 소통의 방법이다. 원형 상징의 이해는 시간의 지속에 대한 신념의 뿌리를 낳고 인간에 대한 이해의 과실을 성숙시킨다. 고대와 현대를 가로지르며, 동양과 서양의 영토를 횡단하면서, 인류를 가치론적인 지표의 한가운데 존재하게 한다.

서태지의 〈버뮤다 트라이앵글〉이라는 노래를 보자.

> 갓 빌린 소설처럼 소설처럼
> 짓궂은 질문처럼 질문처럼
> 뚜렷한 답을 해줄 수는 없겠지
> 이지러진 눈망울로도 넌 그저 아름다운
> 터질듯한 내 마음 속의 눈빛은
> 불현듯 한 질투 I'm going down
> 여린 심박이 서로 다른 템포를 맞추고 있고
> 천상에서 그대가 눈뜰 때
> 좋은 화음처럼 이 비가 그칠 때 까진
> All night long All and night long
> 이 밤에 엄숙한 비겁자의 하늘과 나의 섬들 사이에

좋은 화음이 까만 밤의 향기로서
파도에 나 숨어든 그 모순 속으로
언젠가의 꿈속처럼 꿈속처럼
뒤틀린 데자뷰로 데자뷰로
어느새 나는 Pathos를 만들고
그 가득한 망상들로 뒤섞인 까만 밤
그럴듯한 이야기 속의 모순들 가득한 삼각 원들
I'm falling down 두 눈가의 눈물을 넘어선 후 어른이 됐죠
이 성스러운 바다 뒤바뀐 섬 타락한 마음
아름다운 존재 이 모순된 밤
풀릴듯한 내 안의 퍼즐
BERMUDA Triangle

이 노래 가사에는 원형 상징과 관련된 숱한 모티프들이 존재한다. 제목 '버뮤다 트라이앵글'의 '버뮤다'는 지리적인 공간이기보다는 원형의 처소이다. '버뮤다'는 아틀란티스의 변형이며 신비적인 환상의 섬이다. '트라이앵글'은 삼각형의 원형 도상을 떠올리게 되는데, 원형 상징에서는 이를 트리니티(trinity)라고 부른다. '3' 혹은 삼각형은 원과 상징성을 갖는다. 원과 삼각형은 우주의 기본 형상이며 원은 삼각형 혹은 사각형으로 변환된다. 그 반대도 마찬가지다. 트리니티는 궁극적 이데아를 표상한다. 그렇다면 서태지가 이전에 불렀던 〈교실 이데아〉는 이 '버뮤다 트라이앵글'의 '트리니티' 개념으로 다시 부활하고 있다고 평가해도 그다지 무리한 것은 아니다.

〈버뮤다 트라이앵글〉 뮤직 비디오의 한 장면
'뱀', '피', '사과' 등 '악마적인' 아이콘은 선과 악, 어른과 소녀 등의 대극적인 관념을 표상하기 보다는 통과 제의적인 상징이다.

뮤직 비디오는 이 같은 관념들을 보다 구체적으로 설명해 준다. 이 노래의 비디오 이미지는 환상과 현실, 의식과 무의식, 선과 악, 어른과 소녀 같은 대극적인 관념들을 연속으로 교차시키면서, 이 두 세계의 비의적이고 환상적인 넘나들기를 연출한다. 모티프와 모티프의 비연속적인 편집이나 단절적인 이미지가 주는 신비주의적인 아우라는 이 음악의 메시지를 효과적으로 전달한다. 어떤 이미지들은 다소 작위적인 부분이 없지 않다. 뱀, 사과, 피 같은 악마적 이미지들은 마치 타락한 현실 세계를 경계하는 듯 그려져 있다. 아마 이런 강렬하면서도 비주얼한 이미지가 필요했던 것은 대중문화 코드의 속성을 노래의 메시지를 전달하는 데 활용하고자 했기 때문일 것이다. 이를 좀 더 이 장의 주제와 긴밀하게 연결시켜 읽어보자.

가사를 보면, 천상과 지상의 삶의 경계에 서성이는 '나', 미궁의 심연과 기억(망상)의 혼돈, 밤의 열도, 미지의 섬에 대한 환상 등의 시선들이 꿈과 현실을 가로지르면서 그려진다. 전체적으로 신비적이고 몽상적인 아우라가 있다. '아름다운 그대'의 이미지는 '그대'를 바라보는 혹은 가슴에 품고 있는 '나'의 회한이나 질투 혹은 원망 그리고 열정(phatos)과 교차되고,

바다와 섬, 그리고 천상은 이 '그대'의 이미지와 '나'의 시선이 교차되는 상징적 공간으로 설정된다. '그대'와 '나' 사이는 풀리지 않는 심연이 존재한다. 이 관계의 불가해성은 '버뮤다 삼각지' 라는 신비하고 불가사의한 모티프가 떠받쳐 준다. '그럴 듯한 이야기 속의 모순들'은 '삼각원'들과 동형적인 것이다. 그러니까 '삼각원'은 모순적인 것으로 가득한 삶의 블랙홀이자 삶의 퍼즐이기도 하다. '너'와 '나'는 그래서 해답을 찾지 못한 채 미지의 섬을 떠돈다. 성스러운 것은 타락한 것이며 그것은 아름다운 것이기도 하다. 어른이 된다는 것 또한 이 같은 모순율을 이해하는 것과 다르지 않다. 삶은 버뮤다 삼각지처럼 알 수 없는 비밀과 신비로 가득 차 있다. 흥미로운 것은, 일상과 꿈, 현실과 이상을 어린아이와 어른의 세계로 이분하지 않았다는 것이다. 일상의 현실은 여전히 상상(몽상)의 세계이다. 성스러운 바다는 우리가 사는 이 세계일 것이며 그 속에서 인간은 성숙한다. 그 두 공간, 아이와 어른의 공간은 여기서 경계가 없다. 그것은 우리 삶 자체가 '삼각원'과 같은, 모호성과 아이러니와 모순으로 가득 차 있기 때문이다.

결국 자기 안의 퍼즐을 푸는 것은 자아를 찾는 여정의 모험담인 것이다. 버뮤다 지대는 성장을 위한 일종의 통과 의례를 위한 제의적 공간이다. 풀릴 듯 말 듯 한 퍼즐은, 알려질 듯 말듯, 존재할 듯 말 듯 한, 바로 그 '버뮤다 삼각지대'처럼 신비하게 인간의 지대를 감싼다. 인간은 여기서 자신의 심연을 본다. 밤의 지대로 내려가는 것은 존재의 저 심연에서 자신을 보는 것이다. 그것은 이미 한번 살았던 경험을 거울처럼 투영하는 역할을 한다. 이미 몇 차례 그러한 삶이 존재했던 것처럼(déjàvu) 우리는 밤의 지대에서, 어둠의 지대에서, 죽음의 고요한 지대에서 자신의 모습을 본다. 하강(I'm falling down)은 존재의 심연을 보는 것이며, 가상적 죽음을 통해 새로운 자아를 찾는 것이다. 신화에서는 이를 갱생이라 부른다. '갱생'을 위해 인간을 찢기거나 죽임을 당한다. 존재의 찢김은 존재의 모순에 대한 뼈아픈 자각을 부른다. 생의 창조와 죽음 그리고 재생을 반복하기에 인간의 삶은 성스러운 것이다. 죽음과 하강은 '타락'의 다른 이름이다. 타락과 죽음과 생의 창조가 모순적인 상태로 공존함으로써 양극의 합일 상태, 대극적인 것들을 통한 종합 즉 완전성에 이른다. 이것이 생의 비밀이다.

우리는 누구나 자신의 바다, 자신의 섬. 자신의 버뮤다 삼각지를 끌어안고 살고 있다. 인간은 존재의 심연을 들여다본다. 신화학자 엘리아데는, 인간이 가진 원초적인 꿈을 '오세아니아'의 섬의 풍경에 대치시킨다. 인간은 원초적으로 신비하고 불가사의한 '버뮤다 판타지를 꿈꾼다고 그는 말한다. 이 노래는 그러한 상상 공간에 대한 대중 서사적 대답이다. 그러니 누가 이 아름답고 모순 가득해서 작렬감이 있는 생의 버뮤다 판타지를 꿈꾸지 않을 수 있겠는가.

이미지, 상징, 신화는 존재의 가장 내밀한 부분을 드러내 준다고 말한다. 그것은 누구에게나 열려있고 누구나 이 세계를 꿈꿀 수 있다. 그것은 보이지는 않으나 우리의 원초적인 경험을 이루고 있으며 무의식 속에 기억처럼 존재한다. 그것은 논리적이고 이성적인 추론을 통해 도달할 수 없으며 실증적, 과학적인 세계를 넘어 서 있다. 뒤랑은 막스 베버의 '이상형(Ideal Typus)'이라는 개념을 설명하면서, 이상적인 것들은 결코 실현되지 않거나 현실에서는 결코 만날 수 없는 것이라고 말한다.[뒤랑(a):104] '이상형'은 눈에 보이지는 않지만 결정적인 힘을 갖는다는 것인데, 실증주의적인 정보에 몸을 찰싹 붙이고 있는 현대인들이 이를 이해하기는 쉽지 않다. 엘리아데는 남태평양 군도의 작은 섬 타히티의 여성들은 성(性)을 가지고 있지 않다고 말한다. 연금술에서 '동정녀'의 이미지와 유사한 것이다. 원형 물질의 메르쿠리우스적 변용이 가능한 것은 '영원한 여성'의 순수성의 이미지에 기초하기 때문이다. 순수성은 근원성이며 어린아이의 세계이다. 아직도 태고적 삶의 흔적들을 간직하고 있는 인류의 원시적 고향, 오세아니아는 그래서 누구나 꿈꾸는 천년주의 유토피아가 실현되는 곳이다.

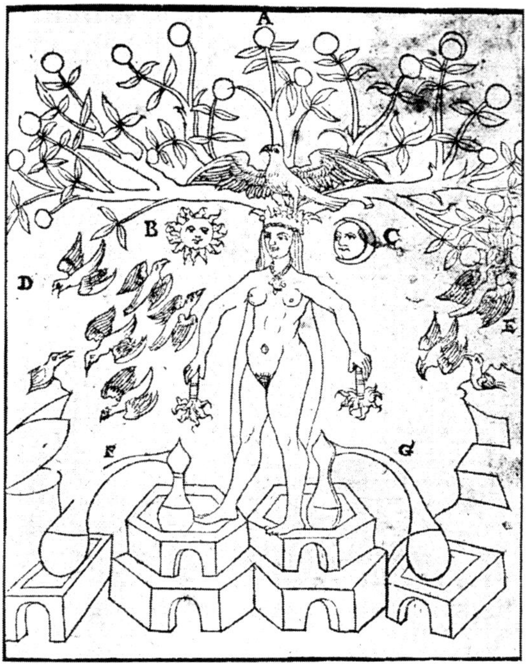

'철학자(현자)의 나무'(1588)
'순결성'을 지닌 처녀의 형상을 한 지식수이자 생명수이다. 여기서 '여성'은 '동정녀' 이미지를 반추한다.

이 같은 이상적 유토피아가 문화 텍스트로 가상 실현된 것이 영화다. 영화에는 가상적이고 이상적인 것들이 이미지로 실현된다. 오세아니아 섬에는 영원한 여성들이 살고 있다. 이 미지의 섬에 사는 원형적 아름다움을 가진 여성들에게서 우리는 '낙원의 노스텔지어'를 반추한다. 영화를 '꿈의 공장'이라고 부르는 이유이다.[엘리아데(a):20] 일상을 냉소적으로 그려낸다고 평가되는 홍상수 감독의 영화들은 기억의 반복과 재생을 통해 인간이 가지고 있는 근원적인 향수를 추적해 낸다. 〈해변의 여인〉에서는 삶의 너덜해진 상처를 간직한 인물들이 저마다 그 상처를 반추하면서 동일한 행위를 반복하고 그를 통해 어떤 '구원'을 향해 달려 나간다. '바닷가', '여인', '개', '숲', '사구' 등은 그러한 원형의 꿈을 상징한다. 굳이 영화가 아니더라도 우리 일상에서 이 아름다운 여성들을 목격하는 때가 있다. 일상은 영화 찍는 일과 이제 다름없다. 다음 시는 일상에서 문득 그런 환영에 빠진 시인의 시선을 몽환적으로 보여준다.

일상의 거리로 시선을 돌려보면 바짓가랑이를 펄럭이며 가는 한 여자에게로 시선이 머문다. 이상국의 「바람부는 날」이 아름다운 것은 목발 짚은 여성의 이미지가 원형적 상상력을 자극하기 때문이다. "'완전한 것' 혹은 그 반대로 '결핍된 것'이라는 규정이 기실 근거가 없고 지극히 길들여진 편견일 뿐이다" 같은, 이제는 진부해진 논법을 굳이 여기서 재론할 필요는 없다. 이 시가 그런 논증적 서술과 다른 점은 가벼움과 경쾌함에서 오는 공감의 차원이다. 은유가 논증적 서술보다 힘이 세다는 것은 하이브리드적인 서사를 펼친 보르헤스의 지론이기도 하다. 아무튼 이 시에서 목발을 짚고 걸어가는 여자의 바짓가랑이가 마치 춤을 추듯 한다. 시인은 '빨랫줄에 널린 빨래처럼 춤을 춘다'고 썼다.

버스 정류장 쪽으로
퇴근길의 여자들이 떠들며 가는데
어떤 여자의 바짓가랑이 한쪽이
빨랫줄에 널린 빨래처럼 춤을 춘다

그녀는 목발을 짚었다
뭐가 즐거운지
따뜻하게 목도리를 두르고 젊어서

그녀의 바짓가랑이도 팔팔하다

이 목발 짚은 여성이 이토록 아름다운 이유는 어디에 있을까. '그녀'는 오세아니아의 작은 섬에서 온 여신이다. 그녀는 세속의 여인이 아니라 신성의 어머니이다. 빨랫줄이 마치 천상에서 내려 준 밧줄처럼 성스럽게 펄럭이면서 이 여자의 영혼을 저 생명력으로 넘치는 바람 속으로 밀어 올리고 있다. 그러니 이 '목발'이 '구속'과 '결핍'과 '불완전'과 '제한'이 아닌 것은 지극히 당연하다고 하겠다. 이 펄럭이는 바짓가랑이 한 쪽의 자유스러움이 어디 퇴근 길 여자들의 수다스러움에 뒤질 것인가. 팔팔하게 살아 움직이는 이 바짓가랑이가 주는 유쾌하고 즐거운 분위기는 '목도리'가 주는 '젊고 따뜻한' 아우라와 겹쳐 생생한 생명력을 실어 나른다.

'목발 짚은 여성'은 '부자유스럽고 결핍된 것'의 이미지가 아니라 하이브리드적인 것들이 주는 생생한 생명력을 표상한다. 낯익고 익숙해서 자동화 되어버린 이미지의 관습성과 사고의 고정성에서 빠져나온 시인의 시선이 돋보이는 부분이다. 그 고정되고 관습적인 시선에서 빠져 나오자마자 '목발'의 이미지는 자유와 해방과 온기와 생명의 그것으로 펄럭이고 있다. '목발 짚은 여성'은, 원형적 여성의 아름다움을 그대로 간직한 남태평양의 한 군도(群島) 어디쯤에 있는 고대적인 여성의 몸 그것이 아니었을까. 우리를 위무하는 저 신화적 언니들 혹은 위대한 우주의 어머니는 멀리 바다 건너 태평양 군도에 있는 것이 아니라 삶을 적극적으로 긍정하고 사유하는 '나'의 가까운 이웃에 살고 있었던 것이다.

그렇다면 문화 예술 텍스트에 나타나는 원형 상징을 어떻게 해석하고 이해할 것인가. 꿈, 백일몽, 노스텔지어, 욕망, 열망은 한 개인이 자신의 역사적, 사회적 조건이 갖는 폐쇄 상태를 극복하고 보다 풍요로운 정신의 세계로 들어가기 위한 통로이다. 원형 상징은 인간이 꿈꾸는 지상 낙원에 대한 이미지이지 실재 여부와는 관련성이 없다. 그것이 존재하는가 아닌가의 문제는 아닌 것이다. '원형의 어머니'는 이미지이지 현실태가 아니다. 인간 정신에 작용하는 내적 이미지, 자연계의 현상이나 물질에 투사된 정신의 이미지이다. 이것은 원시인들의 제의나 인류 공통의 신화, 조상물 등에서부터 꿈, 환상, 창조적 작품 등에 투사되어 나타난다. 무의식에 존재하는 원형 심상은 인간이 의식 상에서 펼치는 양태들과 함께 전체적 인간, 전인적 인간을 구성하는 중요한 축이다. 이 원형 이미지들은 끊임없이 되풀이되는 자연의 변화 과정과 관련되어 있으며, 다른 한편으로 인류 정신 생활 및 일반적 삶의 몇 몇 내적 조건들과 밀접한 관련이 있다. 이는 인간의 정신 생활의 체계를 형성하지만, 불변의 형태로 굳어진 채 존속하지는 않는다. 그것은 통시적으로, 공시적으로 변화한다. 따라서 문화 예술 텍스트는 이 고정성(원형성)과 변형태를 이해하고 그것을 전체적인 조화 속에서 이해하는 것이 중요하다.

상징체계들이 한 개인의 성격학적 유형학적 특성들의 집합에 의해 결정되는지, 또 그것이 변화되는 이유가 역사적 사회적 억압과 관계있는 것인지는 여전히 의문이다. 원형 심상들은 모든 민족들 사이에 유사한 방식으로 발현되는데 그것의 공통적 특질과 그것의 변형체 사이의 내적 관계들을 질문해 볼 수 있는 것이다. 신화, 민담 등 설화적 모티프들의 공통적 특질과 변형적 요인에 대한 의문 역시 마찬가지이다. 현대인들에게도 원형은 자연발생적으로 나타난다. 일상적으로는 꿈에서 그리고 시나 회화 등의 문화 예술 텍스트에서 발현된다. 시에서 상징을 이해하는 것이 중요한 이유가 여기 있다.

오이디푸스 콤플렉스를 설명하면서 융은 하나의 이미지의 형태로서 원형을 이해한다. 프로이트는 '여기, 지금'의 현실적 어머니와 아들의 관계에 대해 분석하지만, 융은 우주론적, 인류학적, 심리학적 기능을 드러내 주는 '이미지로서의 어머니'에 대해 말한다. 어머니 이미지를 통해 총체적 우주론의 구현, 대극적인 것들의 합일, 원초적 인간의 탄생 및 사물의 궁극적 실재에 대한 표상 등을 나타내는 것이 핵심이라는 것이다.[엘리아데(a): 17~19] 따라서 어떤 원형 이미지에 대해 해석의 정확성을 요구하는 것은 그다지 의미가 없을 것이다.

원형은 그 자체로 다가적이고 다원적이다. 원형 이미지들은 해석의 다양성을 가능하게 하는 일종의 그물망 같은 의미들을 간직하고 있는 것이다. 예컨대, '나무'는 계절적 주기의 상징인 동시에 수직의 상승을 의미하며, 뱀은 우로보로스(uroboros)의 갱생 및 재생, 부활의 주제들을 거느리고 있다. 금은 천상의 색채이자 태양의 빛이면서 감추어져 있는 정수, 내면성의 보물이기도 하다. 또한 상징의 대상은 전복을 겪거나 이중 부정으로 이어지는 의미의 중복을 겪는데, 이 때문에 자체 논리적 모순을 야기한다. 뒤랑은 삼키면서 삼켜지는 자, 거꾸로 선 나무, 떠오르면서 가두는 상자배, 매듭을 끊음으로써 매듭의 명수가 되는 자 등을 예로 든다.[뒤랑(b): 69] 이 이질적 상징체계들을 통합하는 일반 형태를 제시하는 것은 여전히 필요하며, 이 상상력의 형태 및 상상력이 포섭하는 구조와 체계들 전체의 기능적 의미에 대한 탐구의 필요성도 제기된다. 하지만 이것에 대한 논리적 설명은 전문 이론가에게 맡기자. 다만, 이 상징들의 원형성과 그것의 변이에 대한 다의적 해석의 그물망을 찾아보려는 노력은 유적 존재로서의 인간 이해뿐 아니라, '나'를 찾아가는 여정에서 필요한 인생 공부의 한 방법이다. 인류 정신 문명의 신비에 대한 관심을 가진 사람이라면 한번은 탐구해 볼 만한 주제이자 통과 제의라는 점은 말할 수 있다.

과학이라는 신, 시인, 신화의 귀환

상상력은 시인만의 독점물이 아니다. 연금술사들의 '몽상'은 시적 상상력의 다른 이름이다. 과학자들 역시 꿈꾼다. '구름 위의 왕자'는 시인에게만 붙여준 이름이 아니며 꿈꿀 권리 또한 시인만의 특권이 아닌 것이다. 물질적 성장과 기술적 진보를 중심에 둔 서구 합리주의, 이성 중심주의의 신화가 구축해 온 역사는 일종의 성상 파괴주의, 심상 파괴주의의 역사라고 할 수 있다. 합리적 추론이나 공리주의적 지각은 과학적인 근거를 가진 것으로 그 우월성이 보장되지만, 상상력의 투사, 초월성, 상상의 권능 같은 세계는 여기서 부정된다.

그러나 돌이켜 생각하면, 하늘을 향해 첨탑을 건설했던 에펠(Gustave Eiffel)이나 강철로 된 배를 이용해 대륙을 건너는 증기선을 발명했던 풀턴(Robert Fulton)의 경우는 상상력과 꿈을 현실로 옮긴 몽상가들이며 시인이었다. 상상으로만 가능한 것처럼 보이는 것들을 현실화한 것이다. 그들은 부정확하고 신비주의적인 지식을 바탕으로 세계를 꿈꾸었던 자들이었다는 점에서 시인들과 동일한 운명을 지녔다. 과학자로 출발해 이미지를 '인식론적인 방해물'이라 규정했던 바슐라르(Gaston Bachelard)는 후일 『불의 정신분석』을 쓰면서 연역적이고 경험적인 이성만큼이나 꿈 역시 인류 역사에서 유효한 일관성을 가지고 있다고 강조한다.

시와 과학 사이의 거리를 좁히고자 애썼던 바슐라르는 과학에 논리적이고 인식론적인 질서가 있는 것과 마찬가지로 비과학적인 질서 곧 시학, 몽상, 상상계 등에도 동등한 질서가 존재한다고 믿었다.뒤랑(a):74~75 바슐라르는 과학자의 입장에서 그러한 물질들의 속성을 찾아내고 물질들에서 상상력의 근원을 밝히고자 한다. 바슐라르야 말로 화학과 연금술이 분리되기 이전의 중세적 연금술사의 계보를 잇는 몽상가이다. '꿈꿀 권리(le droit de reves)'를 주장하면서 생명력의 일부로서 꿈을 강조한 바슐라르의 논의는, 무의식이 인간의 의식과 함께 전일적 인간을 구성하는 것이라고 본 융의 생각과 맥을 같이 한다.

바슐라르의 제자이자 친구로 자처하는 뒤랑은 과학적 결정론주의나 객관성이라는 태제를 '제국주의적 개념'이라고 비판하면서, 이제 우리 시대가 관심을 가져야 할 것은 '슬픈 것', '열대적인 것', '낙원적인 것'들이라고 주장한다. 언뜻, 남미의 아마존이나 열대 우림 지역과 같은 현대의 도시 문명의 그림자가 일절 끼어들지 않은 원시적인 삶의 이미지를 그는 '열대적인 것'이라는 이 낭만적이고도 몽환적인 언어로 표현하고 있는 것처럼 보인다. 그것은 근대성이 가지고 있는 속성인 '지금 당장'이라는 조급성과는 다른 지점에서 포착되는 것들로 '꿈'이나 '환상'의 영역에서나 그릴 수 있는 낙원의 이미지를 풍긴다. 여기서 '꿈'이나 '환상'이라는 말은 우리의 근대적 시선으로는 참으로 이해하기도 어렵고 포착하기도 어렵다는 의미일 것이다. 아마도 고대의 인류는 이것들을 꿈이나 환상이 아니

앙리 루소가 죽기 직전에 그린 〈꿈〉(1910)이라는 작품이다. 작가는 무의식 속에서 오세아니아의 낙원적 이미지를 떠올림으로써 자신이 죽어서 돌아갈 근원적 '고향'을 꿈꾸었을 것이다.

라 삶 그 자체로 경험했을 것이다. 인류학자나 문화학자들은 오세아니아 등의 태고적 사유가 숨쉬는, 그러나 문명이 뒤처진 섬에서 인류 공통의 원형적 심상을 발견할 수 있었다.[뒤랑(a):27~57] 서구 백인 사회가 기능, 기술, 실용, 관료 등의 실증주의적인 교육학을 강조하면서 이 같은 야생의 사고를 빼앗아버렸고, 이제 현대인은 자유로운 몽상을 통해서만 이 세계에 접근할 수 있다. 인류의 태고적 심성들은 우리에게는 실재적인 것으로 이해되지 않으며 인식되기도 어렵기 때문이다. 하지만 과학적인 이론가이자 사상가들조차 그러한 태고적 인간의 꿈을 버린 적이 없다. 그것은 원형적인 것이기 때문이다.

비신화적이고 물질주의적이며 논리적이고 분석적인 사상가라고 할 수 있는 카를 마르크스를 언급하면서, 뒤랑은 신화학의 고대적 형태를 복원해야한다고 주장한다. 카를 마르크스는 '신통계보학'의 층위에서 그리스 로마 시대 신들과 어깨를 나란히 하고 있다는 것이다.

> 카를 마르크스가 왜 그토록 아름다운, 근대사에서 가장 아름다운 턱수염을 길렀는지 알고 있는가? 그것은 단지 그가 주피터의 흉상을 대단히 좋아했기 때문이며 그 스스로 올림푸스 산의 제우스(주피터)처럼 새로운 시대의 창건자가 되기를 꿈꾸었기 때문이다. 그리고 실상 진보주의 제 1모델은 신통계보학이었다. 즉 거인족의 시대와 크로노스의 지배 이후 갑자기 올림푸스에 빛의 시대가 도래하고 주피터에 의한 질서의 시대가 도래했다는 그러한 신통계보학.뒤랑(a):33

잘 알려진 대로 그리스 신화에서 크로노스는 우라노스와 가이아 사이에서 태어난 아들 중 막내이다. 우라노스가 아들들을 다 저승에 가두어버리자 가이아는 크로노스에게 아버지 우라노스의 성기를 자르게 한 뒤 패권을 차지하게 한다. 크로노스와 그의 누이 레아와의 사이에서 태어난 신이 바로 제우스이며, 크로노스와 제우스 역시 10년 동안 패권 다툼을 벌이다 결국 제우스의 승리로 이 싸움은 끝이 나고, 크로노스는 올림푸스에서 쫓겨난 이후 더 없이 행복한 삶을 살았다고 전해진다. 흥미롭게도 이 시대는 인류사의 황금시대로 이 기간 동안 인간들은 더 없이 행복한 삶을 살았다고 한다. 뒤랑은 카를 마르크스가 아주 또렷하게 의식적으로 닮으려 애썼던 대상은 올림푸스의 제우스라는 신화 속의 신이었다고 해석한다. 크로노스와 제우스로 이어지는 이 그리스 신들의 황금시대를 마르크스는 바로 인류 공동체의 이상주의적인 모델로 본 것이다.

〈이상의 자화상〉(청색지, 1939.5)

〈가시나무관을 쓴 그리스도의 두상 : 면류관을 쓴 예수상(Tete de Christ couronne d'epines: fragment d'un Ecce Homo)〉(16세기경)

〈제우스상〉(1880)(프랑스 시인 Stephan Mallarme, 『Les Dieux Antiques nouvelle mythologie illustree』)

시인 김기림은, 이상의 풍모에서 고대 제우스신상과 골고다 예수의 형상을 겹쳐 둔 이미지를 본다. 그것은 인류 황금시대를 꿈꾸는 영웅들의 고난의 행적을 상징한다. 우리 문학의 풍부한 자양은 이상으로부터 온 것이다.

인류의 사상적 근원을 신통계보학에서 찾는 이 같은 인식론적 지류는 우리에게도 해당된다. 흥미롭게도 1930년대 전위적이면서도 심오한 사상적 지평을 펼쳤던 이상(李箱)의 사상적 근원은 제우스에 있다. 시대의 이단아이자 보헤미안으로서 이상은 절대 자유의 인간으로서 제우스적 영웅을 꿈꾸었던 것이다. 이상을 가장 깊이 이해했고 그의 지지자 혹은 찬미자가 되기를 마다하지 않았던 김기림이 쓴 한 편의 글에서 이 신통계보학의 서지에 올라간 이상의 영웅적 면모를 확인할 수 있다.

김기림의 뒤를 따라 1936년 10월 경 이상 역시 일본을 향한다. 선대(仙臺)의 동북제대에서 공부를 하고 있던 김기림과, 동경에 있던 이상은 한동안 만나지 못한다. 동경으로 한번 오라는 이상의 애절한 편지는 계속되지만, 선대를 떠나지 못했던 김기림은 해를 넘긴 1937년 3월 20일에서야 봄비가 질척거리는 동경을 겨우 찾을 수 있었다. 죽음을 앞둔 이상의 초췌한 몰골이 거기 있었다. 이상이 벌떡 일어나 그동안 말을 못해 병이 난 사람처럼 말을 쏟아낸다. 그 불안한 몰골과 수다스런 행태가 염려된 김기림이 아무리 누워라 권해도 이상은 듣지 않고 장장 두 시간에 걸쳐 열변을 토한다. 그런 이상에게서 김기림은 고대 제우스 신상과 골고다 예수의 형상을 겹쳐서 본다. 금세 승천을 할 듯 이상에게서는 신적이고 종교적이며 영웅적인 풍모가 풍긴다. 그 자리에서 바이올리니스트 미샤 엘만(Micha Elman)의 연주를 수선스럽게 해석하고 있는 이상의 얼굴은 고대적이고 신화적인 풍장을 한 전설적인 영웅 제우스였다. 김기림은 이상에게서 침몰된 피디아스의 제우스 상을 떠올렸던 것이다. 그것은 인류의 황금시대를 열망하는 영웅들이 갖는 꿈과 고난의 행적에 대한 상징이다. 올림푸스에 빛을 몰고 온 영웅 제우스의 형상에 자신의 얼굴을 겹쳐놓음으로써 영웅주의적인 소명 의식을 말하고자 했던 것이다. 우리 문학 사상 가장 혁명적이었고 가장 난해한 사상을 근대 문학의 성좌에 쏘아 올렸던 이상의 사고 역시 신화시대의 그것에 맞닿아 있는 것이다. 우리 문학의 풍부한 자양은 이상으로부터 비롯된 것이라 해도 과언은 아니다.

현대의 문화적 일상적 삶을 지탱하는 근본은 바로 '신화의 귀환'이라는 맥락에서 찾을 수 있다. 프랑스의 물리학자인 베르나르 데스파냐가 '프로메테우스의 신화와 지상 천국의 신화가 닐스 보르의 원자의 유성(流星)적 모델은 흡사하다'고 말한 것에서 현대 과학이 신화의 구조를 인식론적으로 되풀이 하고 있음을 보게 된다.[뒤랑(a):69] 역사를 이해하는 것도 마찬가지이다. 헤겔주의적 마르크시스트들에게서도 역사에 대한 종합적이고 전체적인 관점과 혁명적인 목표에 대한 믿음이라는, 어떻게 보면 상반된 두 가지 견해를 발견할 수 있다. 역사적 상상력의 뒤안에는 진보주의적이고 메시아적인 또 다른 구조가 숨어 있음을 확인하는 것은 어렵지 않다. 제국주의적, 민족주의적, 교조주의적이며 언제나 실용적인 면을 선택하는 로마의 역사와, 명상적이고 초월적이며 역사보다는 우화를 선택하는 인도의 역사는, 그것을 종합하는 방식에서 서로 차이가 난다. 로마의 역사적 구조가 진보나 미래는 아니더라도 최소한 현재에 의해 역사적 방향성을 부여받는다면, 후자는 초월적 과거에 의해 그 정당성을 부여받는다. 그래서 역사는 인도의 영원하고 부동한 귀환 스타일과 로마의 메시아적 역동성 스타일 사이에서 왕복한다.뒤랑(b):541

'신화의 귀환'은 일상에서 흔히 목격된다. 영화에서, 문학에서, 게임에서 반복적으로 재생산되고 있다. 양성 겸유의 원형론적 인간, 인성과 수성(獸性)이 결합된 괴물지의 형상들은 '최초의 인간'에 대한 신화적인 해석을 기다리고 있다. 죽음과 삶, 노년의 시간과 유년의 시간, 자연적인 것과 인공적인 것, 인간과 기계의 결합인 사이보그적인 형상들 또한 양극적인 것들이 온전하게 결합되어 있던 인류의 시원적 우주를 형상화 한 것이다. 이 같은 '천국의 모순적인 상태'에 대한 향수는 결국 폐허의 난장과 같은 현실을 뛰어넘는 힘이 된다. 원형의 이미지는, 누구나 다 꿈꿀 수 있고 누구나 그 심연에 감추고 있다는 점에서, 누구나 다 시인이 될 수 있다는 초현실주의자들의 선언에 다가간다.

여기서 우리는 시와 원형 상징의 관계성을 고찰할 수 있다. 원형 상징론은 한편으론 시의 원형분석적 방법과 긴밀하게 연관을 맺고 있다. 원형 상징론은 일종의 시 텍스트를 해석하는 작업이다. 시의 이미지는 정신적인 세계의 표상이며 원형적 관념들을 언어로 가시화한 것이다. 시의 이미지는 단순히 시가 묘사하고 있는 대상을 아름답게 묘사하거나 유사하게 표현해내기 위해 사용되는 도구는 아니다. "시는 근원적 말이 일상적 말들 배후에서 울려 퍼지도록 하는 예술"이라는 게르하르트 하우프트만(Gerhart Hauptmann)의 말에서 '일상적 말들 배후에 있는 근원적 말'은 바로 '원형의 이미지'라 할 수 있겠다. 신화가 마치 자신을 통해 '형상없는 형상'들을 드러내는 행위와 같다는 캠벨의 말에서 '형상없는 형상'은 원형의 이미지가 정신적인 것들이 투사된 것이라는 사실을 설명한다. 그러니까 시는 눈에 보이지 않은 대상을 표상하는 언어적 행위가 된다.캠벨:73

시 텍스트들은 원형 상징의 여러 이미지들을 자동적으로 구축하고 있다. 원형 상징들이 갖는 관념이 분화・변형되는 과정에서 시의 이미지는 변화의 역동성을 잘 담아낸다. 낮은 차원의 대상에 대해 느끼는 사랑은 실제로는 높은 차원의 대상을 향해 나아가는 존재의 자기 확립 작용이며, 그 궁극적 목표는 초월적 정신세계를 향한다. 그러니 시적 이미지에서 단순히 시적 대상의 현실적인 문맥이나 세상에 존재하는 사물의 형상을 아날로지해서 읽어내는 작업은 순간적이고 표면적인 것일 따름이며, 이는 보다 높고 근원적인 정신세계를 향해 가는 하나의 도정일 따름이다.

'은유'의 구조가 '사랑의 담론'에서 핵심적인 정수들을 끌어내고 있다는 사실이 이를 증명한다. '당신은 나의 태양'이라는 로미오를 향한 줄리엣의 구구절절한 사랑의 언어는 은유 구조의 핵심적 문법을 대표한다. 따라서 시의 이미지를 추구하는 작업은 사랑을 이해하는 것과 동일한 것이며 근원적인 인간의 심연을 이해하는 것이다.

일반적으로 시 해석 작업은 시를 잘 이해하기 위한 것이다. 하지만 이 책이 목적으로 하고 있는 것은 시 텍스트의 표면을 거슬러 올라가면서 원형적 이미지를 찾고, 그 원래적 의미들, 원형 상징의 원리들을 이해하는 것이다. 아마 원형적 관념이라고 하는 것들은 시의 이미지가 발산하는 빛이 수렴되는 성좌일 것이다. 원형적 성좌와 그것이 뿜어내는 빛의 이미지들의 상호 역동성과 관계성을 탐구하면서 우리는 우리가 가진 문화적, 정신사적 지층 위에서 보다 풍요로운 삶을 누릴 수 있을지 모르겠다.

몽상의 언어, 시인과 현자

시적 언어는 고대의 원형의 이미지에 가장 가까이 있는 언어 문화 텍스트다. '시적 이미지, 시적 언어'라고 말할 때, 이는 '현실'이라는 산문적 세계와는 다른 언어, 다른 가능성을 의미한다. 그래서 함축적이고 수사적인 언어로 내면성을 드러내는 시인들을 우리는 '언어의 연금술사'라고 부른다. 우리는 시에서 어떻게 연금술의 흔적을 볼 수 있을까. 그리고 원형 도상들의 상징들과 시 텍스트의 언어적 진술을 어떻게 연결할 수 있을까. 시는 상상력의 산물이다. 이때 상상력은 허상이나 도깨비 같이 전혀 실체가 없는 것이 아니다. 원형 도상들은, 무의식적인 것들을 어떤 사물이나 질료 같은 몸체를 가진 이미지의 형태로 표현한 것이다. 우리가 경험한 것들은 정신적인 것들과 결합되어 다시 질료적인 것에 투사되는데, 상상력은 그러한 과정에서 기능하고, 그러한 과정에서 상상적 이미지가 생성되는 것이다.

상상은 인간 내면의 별이며 초월의 몸이다. 이 말은 원형 상징의 세계가 얼마나 아름다운 태고적 천상의 이미지와 연결되어 있는지를 보여준다. 천상의 별은 물질적인 것이 아니라 인간의 내면에 품고 있는 어떤 근원적인 것의 상징이다.[융(c):78~79] 원형 이미지는 현실 세계의 물질들의 특성을 간직하고 있는데, 그러한 물질들은 고정적인 형태로 존재하는 것이 아니라 끝없이 변화하고 다른 것들과 결합해 새로운 이미지들을 생성한다. 물질의 변화는 정신의 변환이자 새로운 단계의 도약을 의미한다. 연금술사들은 물질의 변환과 생성을 시도하는 '작업(Opus)'을 한다. 일상적인 언어를 통해 이미지의 변환과 생성을 시도하는 존재를 우리는 '시인'이라 부른다. 물질들은 시인에 의해 다시 태어난다. 시인은 언어의 연금술사인 것이다.

그렇다면 시인은 어떻게 연금술사가 되는가? 저 몽상과 신비의 시간 속으로 잠깐 몸과 마음을 이사 보내면 시인 스스로 고대적인 영혼을 얻는다. 시간과 공간을 영적으로 가로지르는 연금술의 작업 자체가 하이브리드적인 변형의 과정이다. 안도현의 「국화꽃 그늘과 쥐수염붓」은 시인과 현자가 조우한 순간을 그리고 있다. 연금술사들의 비의적 '작업'의 과정은 시인들의 나라에서는 오랜 연원을 가진 것이다. 국화꽃 그늘이나 쥐수염붓이나 다 도학적인 세계에 놓여 있는 사물들인데, 시인은 거기에 선계에 사는 노인 둘을 끌어들인다. 노인들은 국화꽃 그늘과 쥐수염붓(鼠鬚筆)을 팔 의향이 있는지를 묻는다. 여기서 약국은 질병을 고치는 약을 파는 곳이 아니라, 비범한 재능으로 '신비한 돌'인 금을 만드는 현자들의 실험실이다. 현자들의 약은 물질의 변환을 전제로 한 최초의 물질, 시원의 물질인 메르쿠리우스 물질이다. 이 메르쿠리우스 약국에는 국화꽃 그늘,

쥐의 수염, 흰 토끼털, 박쥐 똥, 뽕잎, 깽깽이풀 같은 약재들을 판다. 이 물질들은 경이롭고 신비하다. 그 물질들은 백년을 쓸어 모아야 한 홉을 만들 수 있을 만큼 귀하고, 노인들의 작업은 그래서 조심스럽고 비밀스럽다. '바삭바삭 소리가 날 것같이' '귀를 대보'기까지 한다. 좁은 골방에서 플라스크 같은 용기에 물질의 변환 과정을 실험하는 연금술사처럼 노인들은 비밀스럽게 작업을 마치고 총총히 사라진다. 그러니까 두 노인은 물질 변환의 기술을 가지고 있으며 선현들의 가르침에 따라 삶의 지혜를 전수하는 비범한 연금술사들이다.[융(c):155~156] 연금술사로서의 시인의 몽상을 통해 시인과 '옛적 시인'은 만날 수 있었던 것이다.

> 나는 다만 백년을 쓸어 모아둔 채 한 홉을 모을 수 없는 국화꽃 그늘과
> 쥐의 수염과 흰 토끼털을 섞어 만든 붓의 내력에 대해 말해주었다
> 그 대신 구워서 말려 놓은 박쥐 몇 마리와 박쥐의 똥 한 홉,
> 게으른 개의 귓속에만 숨어 사는 잘 마른 일곱 마리의 파리,
> 입동 무렵 해뜨기 전에 채취한 뽕잎 일백이십 장, 그리고 술에 담가 놓았다가 볶아 가루로 만든 깽깽이풀 뿌리를 내어 놓았다
> 두 노인은 그것들을 한번 내려다보더니 자신들은 약재상藥材商이 아니라 했다
> 그리고는 바삭바삭 소리가 날 것 같은 국화꽃 그늘에 귀를 대보고
> 쥐수염붓을 오래 만지작거리며 가을볕처럼 총총 사라졌다
> 그렇게 옛적 시인들이 나를 슬그머니 찾아온 적이 있었다

시인이 현자 앞에 내 놓은 것들은 다 연금술적인 변형의 물질들이다. 시인의 몽상 한가운데 잠깐 들어왔다 나간 것들이지만 그것은 백년을 넘

어 지속되는 영원성을 가진다. 유리잔, 단지와 같은 도구들이나 물, 돌 같은 물질들이 있는 '약국'은 연금술사의 실험실의 잔재를 보존한 것이다.[융(b):156~157] 성령한 선물인 생명의 물로 물질을 만드는 고귀한 재능을 가진 그들은 노현자로부터 삶의 신성한 가르침을 전수받는다.

'국화꽃 그늘'이나 '쥐수염붓'은 오랜 시간을 걸친 몽상의 산물이며, 마치 연금술사들의 메르쿠리우스처럼 변형과 변형을 통해 이루어지는 원질료적인 것이다. '백년을 쓸어 모아둔 채 한 홉을 모을 수 없는' '국화꽃 그늘'이나 '쥐의 수염', 염과 흰토끼털을 섞어 만든 붓', '구워 말려 놓은 박쥐 몇 마리와 박쥐의 똥', '게으른 개의 귓속에 사는 잘 마른 파리' 등은 비의적이고 영적인 것들이다. 연금술사들의 작업 과정에서 이것들은 서로 변형되거나 융합된다. 뒤에서 설명하겠지만, 신성한 숫자 '일곱'이 가리키는 원형 심상적 모티프나 계량 단위인 '한 홉' 같은 용어들이 마치 저 신비의 나라에서 행해지는 연금술의 '작업'처럼 신비로운 느낌을 준다. '박쥐, 박쥐의 똥, 파리, 뽕잎, 깽깽이풀'들은 우리 이웃 자연에서 나온 아주 친근한 이름들이다. 우리 주위에 흔히 존재하는 낯익은 세계의 친근하고 작은 이 같은 물질들은 그러나 신비롭고 경이로 가득 차 있다. 마치 무의식의 세계에 놓여 있는 것처럼, 마치 꿈속에서 본 것처럼, 그러한 작고 신비스런 물질들은 우리 주위를 원무하듯 에워싸고 있다.

그런 시인이자 연금술사로서의 인간의 몽상은 점차 사라져버린 것일까. 시인은 '쥐수염붓을 오래 만지작거리며 가을볕처럼 총총 사라졌다, 옛적 시인들이 나를 슬그머니 찾아온 적이 있었다'고 쓰고 있다. 여기서 '옛적 시인들'은 바로 '현자'이며 '두 노인'이다. 우리가 영혼이라 부르는 것들은 의식 이전의 원형적 상인데 그것이 나타나는 형상이 바로 노인 혹은 현자이다. 현자는 마법사, 의사, 사제, 교사, 교수 노인 등 어떤 특정한 권위를 가진 인물로도 나타나며, 죽은 이의 넋, 기괴한 난쟁이, 말을 하는 유식한 동물 등의 형상으로 나타나기도 한다.융(a):284

옛적 시인들과 시인의 조우는 시인의 무의식의 체험을 의미한다. 현자의 방문은 시인 저 스스로 심연의 문을 열었다는 의미이다. '바삭바삭 소리가 날 것 같은' 그런 움직임으로 '슬그머니', 그렇게 약재상의 가게에서 시인과 현자는 만난다. 그곳은 국화꽃의 그 '그늘'처럼 보이지 않는 세계이며 잠재되고 투사된 세계, 연금술사들 혹은 몽상가들의 세계이다. 무의식의 세계로 침잠함으로써 우리는 원형을 만난다. 그것은 완전한 인간, 우주적인 원리에 가까이 감으로써 스스로를 그 우주의 중심에 놓는 행위이다. 나를 찾는 과정은 현자를 만나 깨달음을 얻는 과정이며 자신의 불완전성이나 결핍을 치유하는 과정이다. 그렇다면 시인의 언어는 근원적인 세계를 향해 있는 출입구이자, 인간과 인간을 이어주는 소통의 문이 된다.

박성우는 「도원경」 일상에서 도원경을 살아가는 한 노인을 무심한 듯 그려내고 있는데, 이 노인이 바로 현자의 모습을 띠고 있다.

느릿느릿 빨간 함지 쪽으로 향하던 노인이
파란 바가지 찰랑이게 물을 떠다가
식사 끝낸 나무들에게 기울여준다
손으로 땅의 등을 가볍게 토닥여주는 노인,
부축하고 온 지팡이가 다시 앞장을 선다

어슬렁어슬렁 기어온

고양이 한 마리가 나무 밑동으로 스며든다

툇마루로 돌아와 앉은 노인이 예끼, 웃는다

―「도원경」 부분

시인은 이 노인이 군산시 옥도면 대장도리 1-5번지에 산다고 딱 부러지게 밝혀 놓았다. 도원경이 실제 존재한다고 말하고 싶었던 탓이리라. 노인들은 우리가 잃어버렸던 것, 그리고 주변의 사물들과 동물들과 또 보이지 않는 미물들에게서 혼을 끌어당기며 혼을 접붙이며 살고 있다. 노인은 현자이다. 파란 바가지 가득 물이 생명력으로 출렁이고, 손으로 땅의 등을 토닥이자 지팡이가 나무처럼 혹은 친구처럼 생명을 얻어 앞장을 선다. 어슬렁 고양이가 이 현자 노인과 함께 농을 거는 세계는 디즈니랜드에서 본 지상 낙원의 이미지를 반조하고 있다. 여기에는 사물들, 동물들, 보이지 않은 미물들의 다성악적인 화음의 세계가 존재한다. 사물들, 동물들, 미물들의 세계가 보여주는 이 다성악적인 축제가 곧 도원경의 이미지이다. 언뜻 몽상하듯 다가온 이 도원경은 인간과 인간을, 인간과 동물과 사물과 온갖 미물들이 서로 교통하는 세계이다. '예끼'하고 웃음을 던지는 이 노인의 무심하면서도 은밀한 말들은 환하게 소통하고 있는 우주의 말일 것이다. 의식과 무의식, 아니마 아니무스가 서로 융합하고 융통하는 원형적 세계는 그렇게 유머러스하고 환하며 교향악적인 소통의 세계이다.

약초 파는 노인이나 고양이에게 호통치는 노인은 연금술에서는 현자, 아니마, 그림자 등으로 불린다. 깨달음을 주는 존재로서 이 현자들의 자리는 반드시 노인들에게만 허락된 것은 아니다. 시인들은 이 현자들과의 동일화 과정을 통해 삶의 비의들을 탐색하며 언어의 내밀한 속살을 파고

든다. 그들은 또한 '영원성'에 대한 이데아적 추구를 평생의 과업으로 설정하면서 이 현자의 지위에 올라서기도 한다. 시인이 언어의 연금술사인 이유가 바로 이것이다.

여성 혹은 영원의 시간

서정주는 원형의 이미지를 '영원'이라는 사유 속에서 길러내고 있다. 서정주의 시는 김춘수와는 다른 방향에 있는 듯하다. 김춘수의 시는 일단 문을 열고 들어가기만 하면 별로 어렵지 않게 그 문을 나설 수 있는데, 서정주의 시는 반대로, 들어가기는 쉬운데 빠져나오기가 어렵다. 난해한 시어나 비유를 사용한 것도 아니고, 한자어가 많은 것도 아니다. 일상적인 언어를 사용하고 있는데도 어렵다. 표면에 드러난 시의 내용은 쉬운 듯한데, 그렇게 피상적으로 읽고 나면 무엇인가 알맹이가 빠져버린 듯한 느낌이 든다.

서정주의 시는 우리 문화 코드에 깊숙하게 뿌리내린 원형의 세계에 닿아있다. 그러니 자명한 것 같은데도 설명이 쉽지 않다. 원형! 상징! 얼마나 어려운가. 우리는 고대적 원형의 세계로부터 너무나 멀리 떨어져 있으며, 우리 문화의 원형 상징을 읽어내는 훈련 또한 너무나 부족하다. 조금 성숙한 독자는 서정주의 시를 읽으면서 조금 더 깊숙한 단계로 진입하려 할 것이다. 그 문을 여는 것이 바로 원형 상징을 이해하는 일이다.

서정주의 시에는 득도한 노인의 말 같은 구절들이 자주 나온다. 세속의 일들과 현실의 욕망에 이어져 있는 세세한 끈들을 가볍게 잘라버리듯 처리하고 넘어가는 솜씨가 있다. 마치 현자처럼 시인은 '영원'에 대해 말한다. 시인은 이를 '집착 버리기', '체념' 등의 다른 맥락으로도 말한다. 이를 설명하기 위해 작은 소네트 같은 한편의 시를 인용해 본다.

'영원'이라는 '무거움'의 철학이 '가벼히' 풀리는 시, 「가벼히」를 보자. '풀잎사귀'나 '풀잎사귀 절'이 주는 이미지와 '가벼히'의 상징적 의미를 연결해 볼 수 있겠다.

애인이여
너를 맛날 약속을 인젠 그만 어기고
도중에서
한눈이나 좀 팔고 놀다 가기로 한다
너 대신 무슨 풀잎사귀 하나
가벼히 생각하면서
너와 나 새이
절깐을 짛더래도
가벼히 한눈 파는
풀잎사귀 절이나 하나 짛어 놓고 가려한다

이 시는 1행부터 6행까지와, 7행에서 10행까지 두 부분으로 나뉘어 있는데, 후반부는 전반부를 약간 변용하고 있다. '풀잎사귀 하나에 한 눈 좀 팔고 놀다가는 것을 가벼히 생각한다'는 내용을 후반부에서 약간 변형시켜 두었다. '가벼히 한 눈 파는 풀잎사귀 절이나 하나 지어놓고 간다'로 변용한 것이 읽히는가. 평면적인 진술을 살짝 비틀어 변형한 것이 오히려 읽는 맛의 묘미를 느끼게 한다.

이 시는 그냥 읽으면 '애인을 만나러 가다 도중에 한 눈 파는 이야기'를 하고 있는 듯하다. 윤리적으로 혹은 도덕적으로 시인은 온당하지 않다고 항변할 수도 있겠다. '바람둥이 시인'이라고 면박을 줄 수도 있다. 시가 반드시 윤리적 계몽적 진술일 필요가 없다면 이 시는 좀 다른 맥락에서 읽어주는 것이 필요하다.

사랑하는 사람을 만나러 가는 길이란 격렬한 마음의 움직임이 있는 길이다. 둥둥 떠서 날아갈 듯한 마음의 무늬가 '가볍다'는 단어에 팽창하듯 실려 있다. 얼마나 황홀하고 설렐 것인가. 길가의 모든 풀포기들과 나무들과 꽃들이 그 순간만큼은 자신을 위해 길을 비켜줄 것이다. 그런데도 시인은 애인을 만나러 가는 도중에 한 눈을 판다고 쓴다. 혹 다른 여자를 만나러 가나? 하는 독자도 있겠지만 그렇게 읽어버리면 이 시는 삼류 연애시가 되어 버릴 것이다. 시인이 한 눈을 판 대상은 '풀잎사귀 하나'이다. '애인'을 대신하는 대상이다. 그런데 그 대상이 풀잎사귀 하나인 것이다. 꽃도 아니고 풀잎사귀, 그것도 겨우 하나라니! 그것뿐이 아니다. 이름 있는 풀잎이 아닌 이를 모를, 혹은 이름이 없는 풀잎사귀이다. 이것은 너무나 흔하고 일상적인 것이어서 그 가치 또한 가볍고 물렁하기 그지없다. 가볍고 가벼워서 깃털같이 날아가 버릴 수 있는 존재 아닌가. 그 장엄한 사람을 흔하디 흔하고 가볍기 그지없는 대상으로 치환한 것이 마음에 들지 않는 독자도 있으리라. 어찌 되었든 풀잎사귀에서 가벼운 느낌을 받았다면 오히려 시 읽기에 성공한 것이다.

시인은 풀잎사귀 하나를 가벼이 생각한다고 말한다. 풀잎사귀 하나니, 이는 얼마나 가볍고 가벼운 것인가. 그리고는 너와 나 사이에 절깐을 짓더라도 풀잎사귀 절 하나 지어놓고 가려한다고 말한다. '절깐'과 '풀잎사귀 절' 사이의 거리는 심리적으로도 공간적으로도 질량감으로도 너무 멀고도 멀다. 하나는 무겁고 하나는 가볍다. 그것은 삶의 무게와 존재의 무게와 숙명의 무게의 중량감을 동시에 거느린다. 그러면서 이 둘은 서로 맞서서 존재를 찬란하게 빛나게 한다. 어떻게?

그런데, 너와 나의 만남의 무게는 여기서 참 무겁다. '절깐'의 이미지가 주는 것을 한번 떠올려 보라. 엄숙함, 종교적 의식, 성숙함, 장엄함, 인생, 번민, 고뇌, 의식, 형식 등과 같은 경건하고 무거운 이미지가 일단 떠오른다. 너와 나 사이 절깐을 짓는다는 것은 이 같은 엄숙하고 장엄한 인생의 의식을 통과하는 것이다. 너와 나가 만나 사랑을 하고 결혼을 하고 인생의 여러 고비 고비에 이르는 길을 통과해 나간다는 것은 그래서 참 책임져야 할 일이 많은, 무겁고 무거운 것이다. 그 길에 잠깐 툭 뒤쳐져서 시인은 한눈을 팔고 있다. 한 눈을 파는 것은 이 같은 무거운 삶을 가볍게 들어 올리는 것이다. 그래야 인생은 살만한 것이 될 테니까. 이 시에는 무거움과 가벼움이 함께 어우러져 찬란하게 빛나고 있다. 어디 삶의 가벼움과 무거움뿐이겠는가.

서정주는 자신의 시가 일종의 '영원의 여행'의 기록이라고 말한다. 영원이라는 말은 좀 어렵게 느껴진다. 그런데 이렇게 생각하면 어떨까. 인간의 육체는 유한하다. 그 유한성을 뛰어 넘는 것은 영혼, 정신, 마음과 같은 비물질적인 것이다. 서정주가 '마음'이라고 통칭해서 부르는 것들이다. '마음'은 특별히 시간과 공간을 필요로 하지 않을 뿐 아니라 연대기적인 시간의 순서를 밟지도 않는다. 육체는 한번 태어나 죽으면 소멸하지만 마음은 주위 사람들에게 남겨지고 남겨져서 긴 영원의 시간을 이룬다. 물리적인 역사가 아니라 마음의 역사를 쓴다면 한 인간의 마음은 후대에 남겨져 다른 사람들의 마음과 함께 영원히 죽지 않고 전해진다. '원형 상징'은 이 '마음'의 움직임을 물질적인 형태로, 가시적인 이미지로 표현한 것이다. 이것은 도상이나 조상물의 형태로부터 문자의 형태에 이르기까지 계속 전승된다. 시는 문자로 전승된 원형 상징의 가장 완연한 텍스트이다.

'마음의 역사'로 보면 태고적 인간과 우리는 함께 살아간다. 신라시대의 인간 선덕여왕과 그 후대의 황진이는 필경 우리와 함께 살아 있다. 서정주가 왜 '동천'이나 '신라초', '질마재 신화'에 관심을 가지고 있는지 이해할 수 있는 대목이다. 예컨대 신라시대 선덕여왕의 마음은 우리에게 남겨져 선덕여왕과 우리의 마음은 마음의 역사로 이어져 있다. 선덕여왕의 육체는 죽었지만 그 마음은 우리에게 살아남아 있다. 마음은 그러니까 '영원성'을 갖는다. 원형 상징은 영원성의 시간 속에 우리가 놓여있음을 보여준다. 그러고 나니 부나 명예, 외모, 권력 등등 우리가 세속적으로 집착해 왔던 가치들에 대해 한결 너그러울 수 있다. 우리가 영원을 산다면 육체적인 죽음 같은 것들도 특별히 나쁘지는 않은 것이다. 과거와 현재와 미래는 그래서 영원으로 이어지고 순환한다.

우주는 탄생과 소멸, 재생과 회귀를 반복하면서 스스로 생명을 이어간다. 생의 지속성은 시간의 영원성이다. 그러므로 우리가 사는 '현대'가 절대적인 진화의 끝도 아니고 가장 발전된 세계도 아니다. 찰나에 지나지 않는 시간이므로 우리는 더 겸손하게 삶을 포용할 수 있다. 우로보로스 뱀의 형상은 서정주에게는 영원성의 시간을 나타내는 표상이 된다. 영원의 시간으로의 진입은 여성의 시간을 사는 것이다. 생명을 잉태하고 생명을 가꾸며 다시 그 생명이 자신의 집(자궁)으로 되돌아가는 순환의 시간을 생각하면, 인간의 시간은 찰나적이면서 단편적인 것에 지나지 않는다. 그러니 이 찰나적인 한 순간, 육신이 존재하는 시간에 집착할 필요가 있겠는가.

사랑이나 연애 같은 감정 또한 그래서 한 걸음 뒤로 물러나서 볼 필요가 있다. 서정주는 자신의 시 「연꽃 만나러 가는 바람 같이」를 해설하면서 '체념'과 '집착 버리기'에 대해 말한다. 이 글을 읽다보면 왜 앞의 시의 제목이 '가벼히'인가도 드러난다.

> 치열한 청년기의 모든 격랑들을 잔잔하게 가라앉게 하고, 누구 특별히 정을 준 사람에게 외골수로 쏠리는 그리움 같은 것도 인제는 멀찍이 멎어 견디어 조용히 관망하게 견디어 만들고－요컨대 내 젊은 때의 못 견딜 여러 애인의 자격들을 졸업시켜 한 체념의 학위를 줄밖에 별 도리가 없는 것이라고 말입니다.

그래서 시인은

> 애인의 집을 가다가도 가지 않고 에워싸고 맴돌기만 해서 성공하고, 그와 나 사이에 있는 도중의 풀포기들에 주의력을 옮기어 성공하려 하고, 그래서는 마침내 애인의 자격을 진급시켜 할아버지의 자격으로 고쳐져야 하며 마침내는 하늘 바로 그 자체와 같이 가장 머언 고향에 남아, 타관의 손자들을 생각하는 할아버지의 자리에 앉아 있어야 하는 것이다.

현자, 할아버지, 그림자는 아니마의 형상이다. 서정주의 '애인'은 그러니까 할아버지의 아니마이다. 애인을 바라보는 것은 자신의 심연의 그림자를 물끄러미 바라보는 것이다. 모든 사물을 할아버지와 같은 심사로 쳐다볼 수 있는 것을 서정주는 '집착 버리기'라고 말한다. 그래야만 물리적 시간적 거리를 뛰어 넘어 손자와 그 손자들이, 그리고 그 다음의 손자들이 같은 자리에 앉아 있을 수 있다. 할아버지와 손자뿐인가. 그 할아버지의 할아버지, 또 그 할아버지의 기원을 거슬러 올라가면 우리는 태초의 인간, 태초의 시간과 만난다. 그 만남을 가능하게 하는 것이 인류 공통의 문화적 자산인 원형이다. 이쯤 되면 죽음 같은 것들도 '그래도 괜찮을 것'이 되며, 삶이 섭섭하긴 하지만 '아주 섭섭한 것'은 면하게 된다. 원형 속에서 우리는 그렇게 영원한 삶의 이미지를 얻게 되는 것이다.

시인은 왜 몽상가이기를 고집하며, 시인의 언어가 왜 근본적으로 원형상징의 맥락들을 품고 있는가를 이제서야 우리는 어렴풋이 짐작할 수 있게 된 것이다.

제2장

원형 상징의 기본 개념들

메르쿠리우스(Mercurius)란 무엇인가

원형 상징을 이해하기 위해서는 이것의 기본 개념과 이 개념을 떠받쳐 주고 있는 원형이라는 관념, 그리고 몇몇 중요한 기본 도상들에 대한 이해가 필요하다. 연금술에서 질료 혹은 물질은 물질이기보다는 정신 혹은 혼의 투사를 말한다. 즉 관찰자의 심적 배경이 물질에 투사된 것이다. 똥 같은 오물을 예로 들어 보자. 똥은 현실에서는 더러운 배설물이지만 원형 상징의 맥락에서는 신성한 것이다. 금, 대리석, 점토, 물감 같은 것들은 모두 대지의 내부에서 나온 것이다. 몸에 진흙을 칠하는 원시부족의 관습이나 소똥을 숭배하는 힌두교도들에게서 보듯 배설물에 대한 숭배는 성스러운 행위로 숭배된다. 연금술사들은 똥(원초적 물질, 오물, 부패)을 금(순수, 부패하지 않는 물질)으로 승화시키려는 욕구를 가지고 있었던 사람들이다. 아이들은 배설물에 집착하는 경향을 보이는데, 이는 원초적인 것이다. 그러나 성장할수록 이 같은 욕망은 사회적 훈련을 통해 금기시되고 억압되고 대신 그리기와 조각하기 등의 건축, 조각, 미술 등의 예술 행위를 통해 이 욕망을 승화시킨다. 연금술사들이나 화가, 조각가 같은 예술

태양, 달, 별, 흙, 공기 등 물질의 기본적인 4원소, 즉 메르쿠리우스이다. 이것들은 근원물질이자 서로 결합되어 새로운 물질로 변환된다.

가들은 억압과 금기로 인한 정신적 분열을 승화와 융합으로 전환시켰다는 점에서 공통적이다.[캠벨:91] 서양 예술이 가장 찬란하게 꽃피었던 시기가 선과 악이라는 중세적인 이원론이 붕괴되었던 시기와 일치한다는 사실에서 물질에서 승화와 융합의 정신적 에너지를 확보하는 것이 인류 정신문명사에서 얼마나 중요한가를 확인할 수 있다.

연금술에는 물질의 네 가지 단계가 있는데 그것은 색으로 구분된다.[융(c):17~50] 자연에는 네 가지 색의 단계가 존재하는데, 검게 하는 것(흑화), 희게 하는 것(백화), 노랗게 하는 것(황화), 붉게 하는 것(적화)이 그것이다. 흥미롭게도 이들 네 가지 특성들은 불변의 형태로 존재하는 것이 아니라 변화의 과정 속에 놓인다. 이 네 가지 색은 네 개의 기본 원소인, 땅, 물, 공기, 불과 관련되고, 또 네 가지 성질인 차고(冷), 축축하고(濕,) 마르고(乾), 뜨거운(溫) 성질에 각각 대응된다. 여기서, '4'라는 숫자는 성스러움을 의미한다는 점에서 근원적인 물질이다. 인디언들은 '4'가 우주의 네 방향을 가리킨다고 보고 숭배하는 특성을 보이는데, 네 명의 소녀 혹은 네 사람이 등장하는 신화에서 '4'는 삶의 신비가 지닌 네 가지 측면을 인격화한 것이다. 노란색이 빠진 상태로 삼원색의 형상으로 변형되거나 초록색이 더해져 다섯 가지 색의 행태로 변형되기도 하지만 기본적으로 삼원일체나 사위일체의 형상들은 이 우주의 기본 원소나 근원 질료를 상징하는 것이다.

이들 물질들은 근원적으로 서로 결합하거나 융합, 또는 스스로 소실됨으로써 물질의 생성 과정에 서로 참여한다. 즉 어떤 물질들은 원소 분해, 융해, 부패 과정에서 검게 되고 그것들에서 혼이 다 빠져나가면 백화가 된다. 썩어가는 것들은 흑화를, 마른 뼈의 이미지는 백화의 상태를 암시한다. 모든 것들이 다 빠져나간 뒤의 순수 정결한 상태를 '백골'로 이미지화 하는 것들의 연원이 여기에 있다. 살아있는 것들은 다른 것들과 융합되거나 결합됨으로써 다른 물질로 변형되는데, 여자와 남자의 결합, 달과 해의 결합, 물과 불의 결합 같은 과정은 물질의 변환을 통한 생성의 과정을 암시한다. 달은 백화의 상태지만 태양의 상태인 적화로 더 고양되어야 한다. 이 중간 과정에 황화가 있다. 신화나 장르 영화에서 자주 나오는 불로장생약이나 만병통치약은 원질료라는 개념을 가진 신성한 물질이기에 그것을 구하기 위한 대모험이 시작되는 것이다.

메르쿠리우스(Mercurius)는 근원물질을 말한다. 그런데 이 근원물질은 변형 생성이 가능하다는 점에서 근원물질이자 동시에 변형태로서 존재하게 된다. 물은, 현자의 돌, 철학적 메르쿠리우스, 유황, 혼, 태양, 자연의 불, 독수리, 눈물 등으로 다양하게 표현되지만 이들 모두는 물을 근원물질로 한다는 점에서 동일 물질이다. 즉 물은 돌의 근원물질이다. 그래서 현자들이 어떤 수많은 이름으로 '돌'을 명명하든 그것은 항상 하나의 실체, 물을 말하는 것이다. 모든 것을 함유하고 있으면서, 모든 것을 생성하는 돌은 곧 물을 암시한다.[융(c):24~25]

한 연금술 서적에는 다음과 같은 내용이 기록되어 있다고 한다. '물은 모든 것을 지배하며 그 속에서 길을 잃으며 그 속에서 잘못된 것이 고쳐진다. 그런데 이것은 철학자의 물을 말한다. 이것이 바로 메르쿠리우스의 물(aqua Mercurialisd)이다.' 여기서 '물'은 그 자신이 근원이면서 그 속에 변형 가능한 모든 물질을 품고 있고 그 변형의 동력을 가능하게 하는 우주의 근원물질이다. 즉 메르쿠리우스로서의 물인 것이다. '메르쿠리우스'란, 원물질이자 다른 물질을 용해시키는 용해제이면서 용해되어 생성된 새로운 물질을 의미하기도 한다. 그런데 이러한 물질들은 물질이기 보다는 정신적 상태, 영혼

물 혹은 불 속에서 스스로를 집어 삼키는 메르쿠리우스-뱀의 도상. 플라스크는 이 새로운 물질이 탄상하는 '기적'의 그릇이다.

의 이미지이다. '돌'이 '철학의 물'이라고 언급된 부분을 주목해 보라. 이를 이해하기 위해 옛 연금술 문헌의 한 구절을 읽어보자.

> 돌을 아주 고운 가루가 되게 갈아서 가장 잘 정제된 하늘색의 식초에 넣는다. 그러면 즉시 녹으면서 철학의 물이 된다. 융(c):26

하늘색 식초에 돌을 담그면 철학의 물이 된다. 이 돌 혹은 물이 바로 메르쿠리우스다. 원물질 곧 원형 심상이어서 '철학적'이라는 수식어가 붙어 있다. '돌'은 위대한 어머니 신을 나타내는 가장 오래된 상징에 속한다. 이는 '배꼽 돌'을 뜻하는 그리스 델포 신전의 '옴팔로이(omphaloi)'에서도 볼 수 있다. 산, 동굴, 석주, 바위 등의 돌들 역시 위대한 모신을 뜻한다.노이만:421 돌은 돌로 만든 연장, 불의 어머니기도 한데, 석도는 원시부족들에게 오랫동안 숭배의 대상으로 남아 있었다. 불은 그런 연장을 만드는 중요한 도구로서 돌과 동일한 상징이다. 그런데 '메르쿠리우스 물'은 반드시 선하고 착한 물의 형태로만 묘사되지 않는다. 독, 수은, 고무, 식초, 바닷물, 오줌, 용, 뱀 등으로 불리기도 했는데, 이것들은 현대인의 관념에서는 더럽고 추하며 부정적인 것들의 표상이지만, 원형 상징에서 이것들은 대극적인 것들의 합일을 통한 생성·창조라는 물질의 변형에 대한 기본 관념을 제시한 것이다. 이는, 선과 악, 미와 추 등의 이분법적 사고에 갇힌 현대인의 사고와는 기본적으로 차이가 있다.

이 메르쿠리우스 물을 담고 있는 것은 그릇(용기)이다. 이 그릇은 단순한 도구가 아니라 그것 자체로 기적의 그릇이다. '기적의 그릇'이란 새로운 메르쿠리우스의 물질을 생성한다는 의미를 띤다. 이 그릇(용기)은 우주를 모방한 것으로서 우주의 형상처럼 둥글고 완전한 형태를 의미한다. 철학자의 아들, 기적의 돌을 품고 있는 이 그릇들은 완전한 구의 형태인 '알'로 표현되기도 하는데, 일종의 모체, 자궁 등을 상징한다. 이 우주라는 그릇에 담긴 메르쿠리우스는 오줌 누는 소년, 불을 뿜는 용, 영원한 물로 변화되며, 이 과정에서 별의 영향을 받기도 한다.융(c):29 이쯤에서 우리는 이렇게 질문할 수 있다. 현대에는 이 같은 물질의 변형을 통한 영적인 투사를 누가 할 수 있는가 하고 말이다. 답은 자명하다. 제한적인 것이긴 하지만, 그 작업을 실현하는 것은 예술가들이며, 그 중 하나가 바로 언어의 연금술사인 시인이다. 물질의 변형과 재창조는 언어의 변형과 재창조의 과정과 유사하다. 이를 단적으로 보여주는 것이 바로 시의 은유이다. 은유는 물질의 변환과 대체를 통해 성립되는 것으로 이미 앞에서 지적했듯, "로미오 당신은 태양과 같다"에서 태양은 '로미오'를 변환 · 대체한 것이다. 여기에는 시인의 적극적인 상상력이 개입된다. 돌을 구름으로, 바람으로 치환해 내는 방식은 연금술사들의 작업 방식과 다르지 않다. 단지 언어적 진술로만 그것을 감행한다는 점만이 다를 뿐이다.

연금술이 네 가지 기본 원소, 흙, 불, 물, 공기는 바슐라르가 말한 물질의 4원소와도 통한다. 이들 물질들은 생명의 근원물질이면서 모든 변형된 것들의 '어머니 물질'이다. 바슐라르는 이 네 가지 물질 중 어떤 것에 관련되는가에 따라 인간의 상상력을 분류할 수 있다고 말한다. 인간 심혼에 있는 모든 것들의 고향이 바로 이 네 가지 원소에 관련된다는 것이다. 따라서 '고향'이란 어떤 특정한 공간이기 보다는 하나의 근원물질이다. 시적 이미지는 결국 이 네 가지 물질의 고향을 반추한다. 그가 말한 '물질적 상상력'은 근원적으로 원형 상징의 이미지에 가 닿는다는 점에서 이데아적이다. 인간은 결국 자신이 편애하는 하나의 이미지, 하나의 원시적 감정, 근원적으로 몽상적인 하나의 기질에 지배당한다.바슐라르(a):10~15 광대한 바다보다는 계곡이나 강이 인간의 몽상에 지배적인 요인이 된다는 것이다. 대양의 경험은 해양에서 돌아온 어부들에 의해서 간접적으로 전달되지만, 강이나 계곡은 자신의 구체적인 경험과 육체적인 물질성과 결부되어 있다는 것이다. 바슐라르가 말한 상상이나 몽상은 과학적이고 인식론적인 성격을 갖는 것이긴 하지만, 그 원형을 네 가지 연금술의 기본 물질에 둠으로써 원형 심상의 이미지의 계보를 이어간다.

원물질로서의 메르쿠리우스 또한 결합되거나 스스로 변형되어 다른 성질의 물질이 된다. 불은 물이 되고 돌이 되고 공기가 될 수 있다. 근원이자 저 스스로 변환 가능한 물질인 셈이다. 이들 메르쿠리우스는 보통 여성의 모습으로 형상화되는데 이는 여성이 신성한 생명의 원천으로 '생명수'의 개념을 전제하기 때문이다. 나무에서 여성의 몸이 자라나고 변형되는 과정들은 연금술 도상에서 쉽게 확인된다. 변화는 보통 일곱 단계로 제시되는데 이는 일곱 잎을 가진 장미로 형상화되기도 한다. 원물질인 메르쿠리우스를 나타내는 도상들은 물질의 변형 가능성만큼이나 변화무쌍하고 다양하다.

서정주의 「내가 돌이 되면」에서, 나－돌－연꽃－호수의 변환 과정은 직선적이지 않고 순환적이다. 모든 물질은 순환 과정을 거쳐서 자기에게로 돌아간다. 우주의 순환과 물질의 변환 과정은 상징적으로 서로 얽혀 있다.

내가
돌이 되면
돌은
연꽃이 되고
연꽃은
호수가 되고
내가
호수가 되면
호수는

연꽃이 되고

연꽃은

돌이 되고

서정주의 이 시는 불교의 인연설을 말한 것으로 해석된다. 그러나 이 시는 서로 다른 물성들 간의 변환 가능성과 이들 다른 물질들이 실제로는 원래적인 동질성을 가지고 있다는 사고에서 출발한다. 나와 돌, 연꽃, 호수 사이에는 어떤 장벽도 없다. 시는 음악의 예술이어서 시간에 지배당하는 장르이다. 그러니까 위에 제시된 나－돌－연꽃－호수－돌의 변환 과정을 시간의 순서에 따라 진행된 과정으로 이해하기 쉽다는 뜻이다. 이것은 시를 읽고 이미지를 이해하는 과정에서도 그대로 통용된다. 시간적인 순서에 따라 이들 이미지가 차례로 변형된 것으로 이해하게 되는 것이다. 그러나 위의 시의 이미지는 공간적으로 펼쳐진 상태이며 순서 자체도 카오스적인 것이다. 마치 그림을 보듯 한 번에 동시적으로 이들 이미지를 포착해야 한다. 이 시는 물질의 변성과 우주의 원리라는 관념을 그 자체로 보여주기 때문이다.

연꽃이 있는 호수 속에 잠겨있는 상태는 심연의 한가운데 저 스스로 잠겨있는 상황을 상징한다. 연금술사들처럼 '나'는 이 물질 속에 들어가 존재론적 변신을 꿈꾼다. 연꽃과 돌과 호수는 이 과정에서 투사된 나의 심연의 자아이다. 그러니 여기서 시인과, 시인이 바라보는 대상 곧 호수, 돌, 연꽃이 분리될 리가 없다. 주체와 대상이 따로 분리돼 있지 않은 것이다. 대상과 그 대상을 보는 시인은 이원적인 존재가 아니다. 시인은 이미 자신이 묘사하고자 하는 그 대상 속에, 그 이미지(은유)의 변용 과정 속에 동시에

사찰 벽화 금시조(金翅鳥)
남자와 여자가 한 몸으로 존재하는 도상이다. '영원한 사랑'을 상징적으로 재현한 것이다. (임영주:88)

존재해 있다. 자신의 이미지 속에 변형된 물질의 존재성을 이미 품고 있다. 연금술사가 우주 그 속에 포함되어 있듯 시인은 언어의 직조 과정 속에 그 자체로 존재한다. 이를 사물과 시의 동일화 과정이라고 설명하기도 한다. 생성과 변형의 가능성은 존재론적 조건이며 생명의 원리이다.

바슐라르나 리쾨르는 인간의 창조적 영감이나 상상력에 대해 이성의 하위 개념이나 열등개념으로 이해하지 않는다. 인간의 창조적 상상력은 인간과 세계, 인간과 인간, 인간과 우주와의 은밀한 합일을 가능하게 하며 인간을 존재의 근원에 대한 성찰로 이끈다. '물질적 상상력'은 인간의 상상력을 신비하고 불가지한 어떤 것으로 신비화 시키고자 한 것이 아니라 물질성 자체에서 뻗어 나오는 상상력의 역동성을 말하고자 한 것이다. 상상력은 물질의 근원성 곧 연금술사들이 말한 물, 불, 땅, 공기의 4원소에서 출발해 그것들의 변환과 재생의 과정에서 역동적으로 그 이미지를 튀겨내는 것이다.

이 역동적인 이미지들이 기대고 있는 근원물질성은 독자들과의 소통과 공감의 토대가 된다. 시에서 어떤 이미지의 착상이나 그 변용은 시인과 독자의 창조적 영감에 의해 공유되고, 이는 시를 쓰는 것과 읽는 행위

사이의 상호 소통적인 관계를 형성하는 데 바탕이 된다. 이 같은 소통적 행위를 통해 우리는 예술가의 영혼을 읽는다. 시인과의 정서적 공감이라는 말은 시인이 창조한 이미지 속에 들어가 시인과 같이 삶을 살아본다는 의미이다. 바슐라르가 대상의 실체를 파악하고 그것을 공유하는 것이라고 말한 것에서 시인과 유사한 심미적 체험을 하고 있는 우리 자신을 발견할 수 있는데, 이 공감이 가능한 것이 바로 상상력의 근원으로서의 물질의 원형적 이미지 때문이다. 원형 심상은 공감적 소통의 근원인 것이다.

이성복은 「남해금산」에서 돌과 물, 황금의 이미지 변용을 통해 아름답고 황홀한 연금술의 세계를 그리고 있다. 여자, 남자, 돌, 비, 해, 달, 바닷물, 금산 같은 원형 심상의 질료들이 시 전체를 감싸고 있다. 이들은 메르쿠리우스의 물질들이다.

신비로 가득 찬 미지의 섬에는 항상 여자들이 산다. 돌은 연금술적인 이미지다. 돌의 물질성은 단단하고 느린 움직임 속에서 피어나는 상상력의 그것과 닮아 있다. 그래서 우리는 돌 속에서 꿈꾼다고 말할 수 있다.

한 여자 돌 속에 묻혀 있었네
그 여자 사랑에 나도 돌 속에 들어갔네
어느 여름 비 많이 오고
그 여자 울면서 돌 속에서 떠나갔네
떠나가는 그 여자 해와 달이 끌어주었네
남해 금산 푸른 하늘가에 나 혼자 있네
남해 금산 푸른 바닷물 속에 나 혼자 잠기네

'남해금산'은 원형적인 공간이며 태초의 세계이다. 나와 여자가 같이 들어가 몸을 포개고 있는 돌은 둥근 원형의 집이다. 사랑을 나누는 영원의 우주이며, 우주의 자궁이다. 그것은 생명의 알처럼, 나와 그 여자를 둥그렇게 감싸고 있다. 여기서 남·녀 양성의 완전한 인간의 이미지가 떠올려지는 것은 자연스럽다. 에로티시즘의 궁극적 욕망은 이 양성성, 연속성의 구현이다. 돌은 그래서 최초의 공간이자 우주의 공간이다. 그것을 물질성의 차원에서 이미지화한 것이 '남해금산'이다.

이 돌이 성스럽고 고귀한 황금의 섬에 있는 '금산'인 것은 자명하다. 혹은, 돌은 바로 금이며 금산이다. 우주의 물질들은 서로 변화하면서 순환의 생명을 이어간다. 여자는 영원히 살고 사랑하기 위해 본능적으로 그 생명의 우주를 떠나간다. 나 또한 그 여자와 헤어진다. 그러나 이는 죽음으로 모든 장면이 종료되는 비극적 드라마가 아니다. 그 여자가 떠나가는 것은 일종의 죽음 상태를 뜻하는데, 이는 바다 저 깊은 심연으로의 하강을 의미한다. 밤으로의 항해가 여기에 준비되어 있다. 그것은 사랑의 기운을 원래적인 것으로 되돌리고 삶을 재생하는 통과 의례적 과정이다. 그녀가 떠나간 뒤 남해 금산은 더욱 푸른 물에 감싸인다. 그 물은 생명의 물이며 메르쿠리우스적 철학의 물이다. 나는 푸른 바닷물 속 저 수면 아래 더 아래로 내려가 잠긴다. 그러니 나를 떠난 그 여자를 해와 달이 이끌어주는 것은 당연하지 않은가. 생명의 순환 과정이자 생의 재생 과정이기 때문이다.

나는 다시 '다른' 그 여자와 만나 사랑을 할 것이고 다시 생명의 우주를 만들 것이기 때문이다. 사랑의 영원성은 정착이 아니라 이탈과 하강, 재생의 과정을 거쳐서 완성된다. 이 시는 반복과 재생의 영원회귀적 주제를 관통하면서도 원형 심상적인 물질의 변형성을 아름답게 그려내고 있다.

또한 사랑과 이별, 만남과 헤어짐의 상징적 의례를 통해 인간의 존재론적인 결핍이 극복되는 과정을 보여준다. 이 과정은 아름답고 숭고하다. 이 시의 짙은 아우라는 이미지의 원형성이 갖는 원초적인 아름다움과 그 성스러움에서 기인한다.

변형, 혼종성, 근친성의 정신주의

원형 심상은 물질이나 물체에 깃든 인간 정신의 기원을 담고 있다. 그러나 현재 우리가 가진 경험 실증주의적인 사고로는 물질 그 자체의 근원적인 성질을 이해하기 쉽지 않다. 근대 과학은, 연금술과 화학이 결합돼 있었던 고대적 학문의 틀에서 빠져 나오면서, 엄격한 실험과 방법을 통해 검증된 실증적 결과를 신봉하는 학문으로 정립된다. 실험 결과나 원리에 따라 동일하게 추론할 수 있는 것들을 하나의 명제로 정립하고 이 같은 방법론이 적용되는 것만을 학문 혹은 과학이라 명명한다. 물질을 이해하는 것은 물질의 구획 및 분류 가능성에 기반하고 있다. '물질'은 외형적인 분류법이나 법칙적인 패러다임에 규정된다는 뜻이다. 물질 내부에 깃든 영적인 특성에 무감하며, 정신적 투사를 통한 물질 간의 근친성이나 동질성이 외형적인 것과는 관련성이 없다는 사실에 대해서 우리는 눈감는다. 돌과 물은 다르다. 하나는 고체이고 하나는 액체이며, 딱딱한 것과 흐르는 것은 결코 동일한 물질의 속성일 수 없는 것이다. 아마 초현대적 물질

분석기를 쓰면 이 같은 자명한 사실이 확증될 것이다.

푸코(Michel Foucault)는 『말과 사물』에서 보르헤스(Jorge Luis Borges)가 인용한 중국식 백과사전의 이국적인 분류법에 대해 웃음을 참지 못했노라고 고백한다.푸코: 11~13 양서류의 소녀, 발톱을 가진, 나비, 비늘로 덮인 보기 흉한 피부, 불을 토하거나 들이마시는 괴물 등과 같은 상상의 동물들이 한 곳에 카오스처럼 뭉쳐 있었기 때문이다. 하지만 이들을 공통으로 모이게 하는 것은 바로 원형 상징이라는 대(台)이다. 그러니 서양인의 사고로는 이와 같은 물질들은 결코 분류의 체계 자체에 통합할 수 없는 것이 된다. 그러나 근원물질들의 세계에서 보면 이것들은 원초적으로 동일하다.

이것이 어떻게 가능한가. 잠깐 지중해로 여행을 떠나보자. 올림푸스 산은 그리스에만 있는 줄 알지만 터키에도 있다. 터키 역시 희랍 신화의 중요한 배경인데도 그리스 중심의 서구 문명사적 시각 때문인지 터키 지역 내의 희랍 배경 유적들은 대부분 잘 알려져 있지 않다. 올림푸스 산을 오르다보면 바위 계곡에 야나르타쉬(불타는 돌)가 있다. 바위틈에서 솟아난 신비한 불길이 사람들의 시선을 사로잡는다. 바위 한가운데서 샘솟는 물처럼 불 또한 돌 사이에서 솟아나 대기를 향해 뻗어나간다.

불은 꽃처럼 피어올라서 대기 속의 공기들과 합쳐진다. 불이 물과 꽃의 상상력을 동시에 자극하는 순간이다. 불이 꽃이 되고 물이 되고 황금이 되는, 물질의 변환 과정을 순식간에 확인하게 되는 셈이다. 연금술사들은 이 불타는 돌을 보고 어떤 영감을 얻었을까. 바위가 용을 토해 내고 있는 화산의 이미지는 돌이 불이되는 연금술적 과정과 얼마나 흡사한가. 불은 태양이 대지 위에 심어 놓은 돌이며 황금이다. 태양은 불이며 돌이고 황금이다. 인간의 심장이 몸의 한가운데 있는 것은 이것이 생명의 돌이기 때문이다. 심장은 태양의 모상(模像)이다. 황금이 수은에 들어가 수은을 황금으로 변화시킬 수 있는 것은 이것이 태양의 혼이기 때문이다.

돌 사이에서 솟아난 물은 뱀이나 사자의 입에서 물이 새어나오는 도상과 닮아 있다. 돌, 뱀, 사자는 동일한 원초적 질료이기 때문에 이들은 정신적 차원에서는 같은 물질로 이해되었고, 그것은 서로를 대체하곤 했다. 사자, 뱀 역시 대지의 신을 상징했기 때문에 돌이나 흙과 같은 물질로 이해된 것이다. 불타는 돌과 관련해 '불타는 산'의 모티프는 '에녹(*Henoch*) 묵시록'에 나타나는데, 마치 일곱 개의 별이 불타는 산처럼 그려져 있다. 이는 심판 받는 추락한 천사를 상징하지만 또 한편으로는 야훼의 기적과도 관련된다고 한다. 여기서 '일곱'은 서역의 일곱 번째 산 위에 생명을 부여하는 과일이 달린 지혜의 나무를 가르킨다.[융(b):250] 어쩐지 불과 물, 돌과 태양, 천국과 지옥, 선과 악이 급작스럽게 혼동돼 있는 순간을 우리는 여기서 경험하게 된다.

돌이 황금이 되고 물이 되고 공기가 되는 변환의 사고들은 연금술적 몽상의 과정에서 도출된 것이다. 그러나 실제 현실에서 경험한 것들을 정신적인 것으로 역으로 투사함으로써 원형적인 것을 발견해 내기도 한다. 고대인들은 인간의 육체에 어떤 형이상학적 실체가 숨어있다고 생각하고 이것에서 정신적 구원을 얻었다. 이 같은 물성 자체의 자연스런 변화를 믿지 않고 이는 상상력의 차원에만 존재하는 것이라 믿는 현대인들에 반해, 고대인들은 실제 현실에서 이 현상을 목격하고 오히려 여기에 정신적 투사를 했던 것이다. 우리와는 사고의 추론 과정 자체가 달랐던 것이다. 연금술사들은 물질의 변환 과정 속에서 물성 자체에 정신적 투사를 하고, 현대인은 물질의 변환을 실제 현실이 아니라 상상적인 사고 활동 속에서

만 존재하는 것으로 이해한다는 격이다. 현대인은 물질(육체)보다 높은 정신적 실체가 따로 존재한다고 보고, 보이는 물질적 실체와 안 보이는 정신적 가치는 다른 것이라고 믿는다. 원시인들에게는 청각적 감각이 현대인들에게는 시각적 감각이 우월하게 발달돼 있는 것과도 관련이 있다. 보기 위해서는 '눈'이 필요한 것이 아니라 '마음'이 필요하다. 여기서 '마음'은 심혼의 영역에 존재하는 무의식의 창이다.

'초인적 직관'을 가졌던 니체는 '나를 위해 하나의 상이 돌에 잠들어 있다'고 썼다. 돌에서 신적 인간을 발견해 내는 직관은 고대적 사유 방식이다. 고대 연금술사들이 '나일강으로 가라, 거기서 너는 너의 상이 잠들어있는 돌을 발견하리라'고 말한 것과 니체의 말은 서로 반향하고 있다.[융(c):100] 물질은 정신의 이미지이다. 물질의 변환 과정을 통해 정신의 상승과 사유의 비약을 설명할 수 있다. 연금술에서의 '작업(Opus)'은 여러 단계의 변환을 통해 보다 완전한 정신적 차원에 다르기 위한 과정을 의미했던 것이다.

돌, 물, 불의 도상 이미지들을 어떻게 해석할 것인가

고래로부터 시인들과 철학자들을 절망스럽게 했던 것은, 인간의 언어가 모든 것을 완벽하게 표현해 낼 수 없다는 것이었다. 그들은 언어를 통해 그들의 생각과 철학과 정서와 관념을 드러내고자 했지만, 그들이 생각했던 것과 그들이 하려한 것은, 언어의 불완전성으로 인해, 표현된 것과 표현하는 것 사이의 불일치성으로 인해 항상 간극을 낳았다. 아리스토텔레스는 언어의 한계를 극복하기 위해 형상 언어에 관심을 기울인다. 아리스토텔레스는 '생각한다는 것은 이미지들로 관상하는 것이다'고 언명한다.[최정은: 100] 그러니까 언어로 표현된 것을 이해하기보다는 도상의 이미지를 사유하면서 그 내적 본질을 성찰하는 것이 낫다는 것이다. 어떤 언어도 사물의 핵심을 정확하게 포착할 수는 없는 것이다. 따라서 단번에 직관으로 파악하는 도상 이미지는 지시와 기표의 구속에 얽매여 있는 언어를 단숨에 뛰어넘고 '의미'를 '언어의 감옥'으로부터 해방시킨다.

물질은 정신적인 것들을 가시적으로 드러낸 것이다. 그러니까 물질 그 자체가 아니라 정신적인 것들의 이미지이다. 그러므로 이미지는 물질 그 자체도 아니고 정신 그 자체도 아니다. '이미지'를 실체로 보지 않고 가상적이고 허구적인 것, 그러니까 '가짜'로 보고 부정한 것은 연유가 있는 것이다. 하지만 '가상'이라는 것이 부정적인 것일 수는 없다. '물질'이라는 가시적인 것 또한 연금술사들에게는 물질적 실체가 아니었기 때문이다. 연금술에서 '작업'은 물질을 정신의 가시적 변형태 곧 이미지라는 기본 전제에서 출발한다. 연금술의 작업 과정에서 얻어진 물질들은 물질이 아니라 정신적인 것(무의식)이 물질로 가시화 된 것이다. 그러므로 연금술의 물질들은 결코 고정된 형태로 있지 않다. 결합, 용해 등의 과정을 거치면서 다른 물질들도 끊임없이 변화한다. 그래서 이들 물질들은 우리가 현실 세계에서 이름 붙여둔 물질로 고정되어 있기를 거부하며, 현실에서는 존재하지 않는 상태로 표현되기도 한다. 정신화의 이미지이기 때문이다.

바르트는 이 같은 '이미지'를 일종의 투시력 혹은 영매라고 부른다. 내 자신도 그 곳에 어디인지는 모르지만 나를 유토피아적인 시간 속으로 데려가는 매개적 존재라는 것이다.[바르트:44] '기억의 바퀴'의 도상을 보면, 둥근 원 속에 삼각형이 존재한다. 둥근 사각형들은 현실 세계에서는 불가능한 형태이다. 그러나 이를 무한한 가능 세계의 하나로 이해한다면 이 같은 혼동과 모순의 이미지를 설정하는 것은 충분히 가능하다. 다만 현실에서 실재화되지 않았을 따름이다. 그러므로 '있을 법한 허구'란 언제나 재연 가능한 '잠재적 허구'이다. 우리 눈에 가시적으로 확인이 되지 않는다 하더라도 그것이 존재하지 않는 것은 아니다. 그런 까닭에 연금술의 작업 과정에서 상상은 매우 중요한 역할을 한다.

그런데 이미지나 상상력이 현실에서 보이는 사물들의 본성과 아무런 관련성을 갖지 않는 것은 아니다. 연금술의 상상은 실제 나무의 성장 과정이나 나무의 물질성에 기반해 있고 그로써 그 상상력 자체가 구체성을 가지게 된다. 연금술사들의 '철학의 나무'는 나무를 관찰함으로써 나무의 성장이 어떻게 촉진되는가를 배우는 과정에서 정립된 것이다. 바슐라르의 물질적 상상력의 개념도 여기에 근거한다. 물질을 통해 상상력을 얻고, 이미지를 통해 사고할 수 있는 것이다. 무의식적인 것도 마찬가지로 정신적－물리적인 반(半) 음양적 존재로서 구체화 과정을 거치면서 가시적으로 드러난다. 무의식이 활성화 되어 물질에 투사되기 때문이다.

연금술은 물질의 변환과 그 변화 속에 깃든 정신적 투사를 이해하는 것임은 아무리 강조해도 지나치지 않다. 연금술서의 도상은 문화 원형 텍스트의 도상들과 깊은 연관성이 있다. 연금술사들은 물질의 변환을 통해 가장 궁극적인 정신의 세계에 도달하고자 했고 그로부터 영혼의 구원을 얻고자 했다. 그러한 염원은 도상화 되어 다양한 문화 원형 텍스트들에 나타나게 되는데, 이 텍스트들을 읽는 것은 물질 속에 내재된 인류 정신의 기원과 그 정신적 투사를 의해하는 과정이다.

그러나 여기에는 중요한 전제가 있다. 실증적인 혹은 경험적인 차원에서 이들 도상들을 읽어낼 경우 그 도상이 의미하는 것들을 제대로 포착해내기 어렵다는 것이다. 도상들은 인류 정신의 지나온 흔적과 다양한 문맥들을 포함하고 있기 때문이다. 따라서 이들 도상들은 현재의 우리가 이성적으로 논리적으로 인지하고 있는 것들과는 다른 차원에서 그 맥락들이 펼쳐져 있다. 도상들은 보이지만 보이지 않는 것이다. 한 장의 퍼즐이며, 수수께끼 미로이며, 우주의 책인 것이다. 이들 구성물에는 인간이 실현하고자 하는 세계가 놓여있으며, 그러한 원형적 세계의 인간 본래의 모습이 투영되어 있다. 인류 문화 원형들은 우주의 원리이자 본성이며, 도상들은 그것을 상징적으로 나타내고 있는 것이다.

그럼에도 이를 읽어내는 작업은 사실 그다지 어렵지 않다. 이들 문화원형 도상들은 자연물과 선사시대 인류의 사고를 바탕으로 형성된 것이지만 그 자체로는 어떤 분명한 논리적 구성물 위에서 표상된다. 정작 어려운 것은 우리가 그 구성물을 현재적 시각으로 환원시켜버림으로써 그 깊은 정신적 층위에 존재하는 영혼의 투사를 인지할 수 없다는 점이다. 즉 보이는 것, 실험적으로 증명 가능한 것만이 존재한다고 믿는 현대인의 사고로 판단하건대, 고대로부터 정신적 차원에서 형상화된 도상들, 구성물들을 비현실적이고 허구적인 것으로 치부해버리기 쉽다는 것이다. 기껏해야 신화적 네러티브 구조로, 그리고 판타지 질료로서만 이를 인정할 수 있을 뿐이다. 그러나 그것은 비현실적이고 신비적인 세계의 판타지가 아니라 자기 영혼의 움직임을 볼 수 있고, 그 영혼의 움직임을 실현할 수 있었던 원초적 인간의 분명한 자기 기록이다. 분명 지구상에 존재했지만 이제는 잊어버린 아틀란티스 대륙은 허구의 공간이 아니라 실재의 세계이며, 인류의 과거와 현재와 미래를 소통시키는 원형의 우주인 것이다.

따라서 이제는 저 바다 밑으로 가라앉은 대륙 아틀란티스를 망각하고 있든 허구라고 치부해버리든 그것은 중요하지 않다. 우리가 그것의 실재를 인정하든 그렇지 않든 간에 인간은 그러한 원초적인 인류의 고향, 아틀란티스 대륙을 오랫동안 꿈꾸어왔다. 예술은 그러한 잃어버린 꿈에 대한 자기 보상 행위이다. 그 꿈이라도 없으면 어떻게 우리는 이 신산한 삶을 견뎌낼 수 있단 말인가. 하다못해 우리는 흘러가 버리는 유행가 가사에도 그 인류 시원의 공간에 대한 꿈을 노래한다. 논리와 실증이 진실의 과학이라고 믿는 이 거대한 초과학의 세계에서도 인간은 여전히 원초적인 인류 존재의 기원을 꿈꾼다. 그런 점에서 현대인들은 그러한 원형적 존재로서의 인간에 대한 꿈을 버리지 못하는 불우한 연금술사들이 아닐 수 없다.

원형 심상은 왜 모순적인 것들이 함께 나타나는가

원형 상징의 세계에서는 긍정적인 것과 부정적인 것, 선과 악, 밝음과 어둠, 신과 악마 등 겉으로 보기에는 분명 대극적인 것들이 함께 혹은 동시에 나타난다. 누차 지적했듯, 이것은 물리적인 실체이기보다는 정신적인 것들이 물질에 투사된 이미지이기 때문이다. 원시인들은 이런 대극적인 것들이 대립되는 다른 물질이 아니라 우주의 두 가지 속성이라고 생각

양성체(兩性體, Hermaphrodit)를 상징하는 도상. '해와 달 오누이 신화'는 여기에 연유한다.

했다. 쉽게 말하면, 두 가지 물질을 표상한 것이 아니라 관념 혹은 원리를 나타낸 것이다. 원형 상징에 나타나는 두 가지 모순된 특성은 그 자체가 물질의 대립적 특성을 의미하는 것이 아니라 두 가지 극성을 지닌 우주의 기본 원리인 것이다. 이러한 표상은 이들 대극적인 것들이 분리되지 않고, 의식과 무의식이 분리되지 않았던 원초적 상황을 설명해 준다. 원시인들은 현대인들과는 달리, 이 같은 원초적인 우주, 원초적인 신격이 가진 선과 악, 긍정과 부정의 자기 모순적인 동시성을 일상으로 경험했다.[노이만:28] 고대 세계의 삶은 지금보다 현저하게 무의식적인 힘에 의해 결정되었고 신화의 이미지들과 상징적 의례 속에서 이들 원형들을 체험할 수 있었다. 현대인들은 물과 불은 같이 존재할 수 없거나 서로 가역적으로 변환될 수 없는 상반된 물질로 이해하지만, 원시인들에게 이것들은 서로 공존할 수 있으며 서로의 것으로 변환될 수 있는 것으로 체험된다. 물 속에 불이 있고 물 속에 물이 있으며 불과 물은 같이 존재하면서도 그 특성이

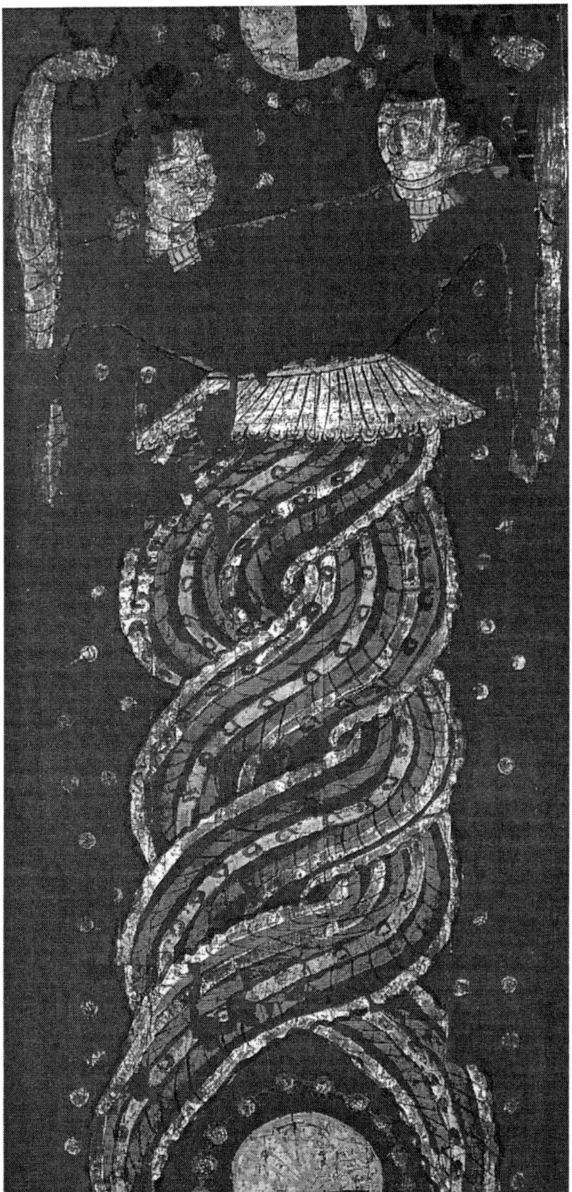

중국에서 6세기 또는 7세기 장례 행렬에 쓰였던 비단 깃발
여자와 남자가 서로의 몸을 나선형으로 감고 있다. 양성체 신화의 기본 개념이 잘 표현되었다. 여기에서 여자는 우주 창조주 '여와'이며, 남자는 그녀의 남편인 '복희'라고 알려져 있다. (후사인:93)

소멸되지 않는다. 우주적인 원리이기 때문이다. 니체는 선과 악, 상승과 하강의 합일적 개념을 나무의 상징으로 설명한 바 있다. 높은 곳으로 밝음 속으로 올라가려고 하면 할수록 인간은 더욱 더 강하게 땅 속으로, 암흑 속으로, 심연 속으로, 악 속으로 향하게 된다. 그러한 정신의 높낮이를 오르내리는 나무는 인간과 짐승들 저 위의 산상에 홀로 높다랗게 솟아난 정신의 나무이다. 이 산상의 나무는 스스로 고귀한 덕을 창조하는 자의 정신을 표상한다. 니체(b): 82~83

태양과 달이 남성과 여성을 상징하는 도상들은 흔히 나타난다. 남자와 여자가 같이 있거나 연결되어 있는 도상은 연금술 서적에서 흔히 볼 수 있다. 해와 달 오누이 신화 및 모티프가 동·서양을 막론하고 오랫동안 전승되어 온 것도 이것이 태초로부터 인식되어 온 우주 원리의 하나이기 때문이다. 따라서 '모순'은 비합리성의 잣대가 아니라 동시성 및 우주의 두 원리라는 측면에서 이해할 필요가 있다. 원형 상징에서 보이는 모순적 요소는 현대인의 사고에서 모순적이지만, 원형적 사고에서는 모순이 아니라 변화와 생성의 가능성이다. 원형의 이미지는 극성의 동시적 존재와 변환 가능성을 의미하며, 순환과 생성의 우주적 원리를 상징한다. 자기 꼬리를 물고 있는 우로보로스 뱀은 연금술 서적에서 오랫동안 나타나는 이미지인데, 이는 최근 〈강철의 연금술사〉 같은 우리에게 낯익은 만화 텍스트에서도 볼 수 있다. 태양과 불과 삼각형과 뱀이 혼합된 '불꽃의 연성진', 태양을 먹는 사자, 식인 모티프 등은 우로보로스 뱀과 함께 이 만화의 서사를 이끌고 가는 상징적 원리이다. 하나의 극은 다른 하나와 연결되어 있고 이것들은 끊임없이 순환하면서 영원하고 궁극적인 우주의 시간을 나타낸다.

이 같은 자기 모순적인 이미지는 순환과 창조, 변화와 생성의 우주의 원리를 설명한다고 말했다. 이 같은 원형 이미지는 하이브리드적인 괴물, 비인간적인 형상의 도상으로 나타난다. 이들 이미지는 그로테스크하다. 하지만 이것은 일종의 비유 화법일 뿐이다. 이들 원형 심상들은 개념적으로 이해할 수는 있지만 그 어떤 단일한 개념으로 공식화 될 수는 없다. 원시인들의 사고에서 나와 너, 주체와 객체와 같은 의식상의 분리가 나타나지 않은 것은 이 때문이다.[노이만:34~35] 문명의 발달 과정에서 선과 악, 선한 것과 악한 것은 분리되며, 현재 우리 또한 이 같은 논리적인 세계에 갇혀 사유한다.

원형 심상들은 현재 종교적 형식 가운데 그것도 변형된 형태로 그 명맥을 유지하고 있다. 하지만 이 성상(聖像)조차 일상적이고 익숙한 것이 되었고, 세속화. 물질화되었기 때문에 그 도상이 주는 신비와 감동은 현저하게 퇴색된 것이 사실이다. 이들 종교적 도상조차 익숙해지면 질수록 철학적 예감과 신비한 상상력을 작동시키기보다는 낡고 케케묵은 겉모습으로 인지될 확률이 크다. 예컨대 기독교의 '삼위일체성'은 더 이상 철학적 상상력을 북돋아주지 않는다. 그것은 이제 단순히 신앙의 대상이 되었다. 신과의 관계에서의 상징의 의미도 축소되었다. 신과의 대면을 통해 너와 나의 상징적 모순 관계를 숙고하고 신비한 예감과 성스러움을 깨닫는 그러한 철학적 과정은 소멸되기에 이른 것이다.

원형 상징의 퇴색은 인간관계의 무미건조성과 내적 결속력을 크게 약화시키는 요인으로도 작동한다. 융은 현대 가족 관계의 문제, 이혼율 증가나 가족들 간의 고립감, 마약의 의존성 등의 원인을 원형적 무의식의 약화 및 상실에서 찾기도 한다. 융은, 모순적인 것들의 상호 공존성을 이해하는 것이 일종의 현대 정신 문화의 결핍을 극복하는 계기가 될 수 있다고 말한다.

양성성과 총체성의 우주

원초적 우주의 형태는 구형(球形)으로 묘사된다. 구형은 완전한 우주, 하늘의 이미지다. 구형체는 머리이며 하늘이다. 이는 가장 신성한 것이며, 우리에게 존재하는 모든 것의 주인이기도 하다. 플라톤은 신들이 인간의 몸 전체를 결합한 후 이것들이 머리에 봉사하도록 했다고 말하면서 머리를 구형의 우주에 비유하기도 했다.[플라톤: 122]

구형의 우주를 나타내는 또 다른 것들은 알, 원반, 둥근 바퀴, 원초적 거인 같은 상징적 도상들이다. 이것 역시 동서양 우주 창조의 신화나 건국 신화 등에서 공통적으로 나타나는 이미지들이다.

남태평양의 이스터 섬에서 발견된 바위 그림
인간과 새의 결합체인 형상이 세상을 담은 알을 들고 있다. '알'은 구형의 우주를 나타낸다. (후사인: 52)

원은 완전성과 총체성을 상징한다. 태초의 하늘은 그래서 둥근 원으로 표상된다. 둥근 하늘은 원환의 우주이며, 원환의 시간을 상징한다. 물질의 최초의 형태는 원 혹은 구이다. '기억의 바퀴'는 천성적이고 원초적인 것을 나타내는 도상이다. 기억의 바퀴는 만다라로 변형되기도 하는데, 이는 물질의 근본 원리이자 회귀를 위한 최후의 근거이다.

황동규의 시 「나는 바퀴를 보면 굴리고 싶다」에서 시인은 바퀴를 보면 굴리고 싶어지는 이유를 원형적인 인간의 욕망에서 찾는다. 구의 원형성과 인간의 근본 욕망이나 원초적 의지는 근친적인 관계에 있다.

나는 바퀴를 보면 굴리고 싶어진다.

자전거 유모차 리어카의 바퀴
마차의 바퀴
굴러가는 바퀴도 굴리고 싶어진다.
가쁜 언덕길을 오를 때
자동차 바퀴도 굴리고 싶어진다.

길 속에 모든 것이 안 보이고
보인다, 망가뜨리고 싶은 어린날도 안 보이고
보이고, 서로 다른 새떼 지저귀던 앞뒷숲이
보이고 안 보인다, 숨찬 공화국이 안 보이고
보인다, 굴리고 싶어진다. 노점에 쌓여있는 귤,
옹기점에 엎어져 있는 항아리, 둥그렇게 누워 있는 사람들,

모든 것 떨어지기 전에 한 번 날으는 길 위로.

우리 삶의 주변에서 둥근 것들은 우주적인 것의 작은 변형이다. 유모차 바퀴, 자동차 바퀴, 옹기점 항아리, 노점상의 귤, 둥그렇게 누워있는 사람들. 이 둥근 것들은 끝없이 굴러가면서 스스로 지나왔던 흔적을 지우고 다시 길을 만든다. 길 속에 모든 것이 보이고도 안 보인다. '숨찬 공화국'이라는 데서 당시의 정치적 현실이 암시되기도 하지만, 그러한 것조차 보이고 안 보이는 끝없는 바퀴(윤회)의 원리에 맞닿아 있다. 그렇다면 이 암울한 정치적 현실도 언젠가는 소멸된다. 그런 점에서 이 시의 '둥근 바퀴'는 유토피아적 이상이다. 그렇게 삶의 고통 같은 것들도 윤회의 법칙 속에서 나타났다 다시 사라지며 그리고 되돌아온다. 모든 추락하는 것들은 날개가 있으며, 모든 떨어지는 것들조차 한 번은 다시 날아오른다. 스스로 굴러가는 것들의 근원은 둥근 것이며, 바퀴의 움직임은 우주 최초의 움직임이다. 이것이 바퀴의 법칙이며 원환의 우주적 원리이다. 그러니 이 굴리는 원환적 행위 속에서 삶의 유토피아가 있는 것이다.

원환의 우주적 원리는 인간의 원초적 생명력을 상징하는 울음을 둥글고 붉은 이미지로 비유하는 데서도 찾을 수 있다. 한하운은 '천형(天刑)'이라고 불리는 문둥병의 비극적 숙명을 '가도 가도 끝없는 붉은 황토길의' 의 울음으로 그려낸다. 김소월의 「무덤」에서 원초적인 울음은 넋을 잡아 끌어내는 소리이며, 그것은 불그스름하고 둥근 돌무더기의 무덤 주변을 에워싸고 있다.

그 누가 나를 헤내는 부르는 소리

붉으스름한 언덕, 여기저기
돌무더기도 움직이며, 달빛에,
소리만 남은 노래 서리워 엉겨라,
옛 조상(祖上)들의 기록(記錄)을 묻어둔 그곳!
나는 두루 찾노라, 그곳에서,
형적 없는 노래 흘러 퍼져,
그림자 가득한 언덕으로 여기저기,
그 누구가 나를 헤내는 부르는 소리
부르는 소리, 부르는 소리,
내 넋을 잡아 끌어 헤내는 부르는 소리.

조상의 무덤에서 우러나오는 소리는 태초의 생명이 열리는 소리이다. 그것은 원형적인 것이기에 둥글고 붉다. 무덤에서 기원한 소리는 내 넋을 잡아끈다. '그림자 가득한 언덕'은 죽음의 공간이며 내 넋이 존재하는 집이다. '그림자'는 내 심연의 아니마이다. '나'의 심연은 죽음의 공간에서 자신의 '넋'의 그림자를 본다. '죽음'은 '나'를 이리저리 끌고 다니며 심혼에 깊이 드리우고 있는 자신의 내면(넋)과 마주치게 한다. 이것이 시인이 가진 비애의 근원이다. 아마 김소월은 그래서 '무덤' 곧 죽음의 집에서 자기 넋(아니마)을 볼 수 있었던 최초의 시인이 아니었을까. 의식의 영역이 아니라 심혼의 영역에서 자신을 볼 수 있었다는 점에서 이 같은 행위는 고도로 위험하다. 자신의 내면을 들여다 볼 수 있는 사람은 강한 심혼의 소유자인 까닭이며 그 심연에 스스로를 몰아넣는 '자멸파'가 되기 쉬운 탓이다. 김소월의 죽음은 그래서 심혼 한가운데서 스스로 선택한 죽음일 수 있다.

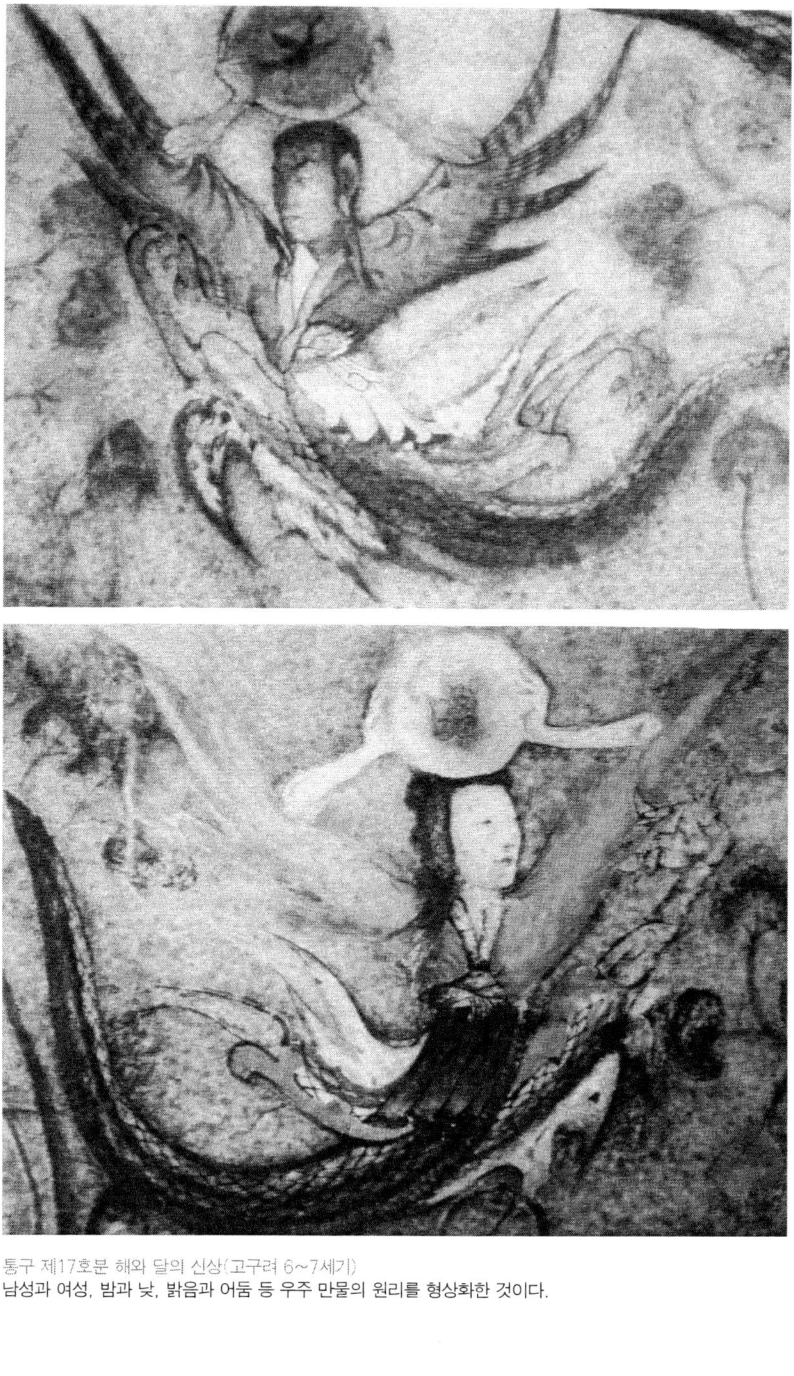

통구 제17호분 해와 달의 신상(고구려 6~7세기)
남성과 여성, 밤과 낮, 밝음과 어둠 등 우주 만물의 원리를 형상화한 것이다.

최초의 하늘이 구형으로 표상되는 것은 그것이 총체성, 완전성을 상징하기 때문이다. 구형의 하늘은 극과 극의 합일을 통한 총체성이 실현된 것이다. 해와 달 오누이 설화, 선과 악 쌍둥이 신화, 어머니이자 아버지인 신과 같은 전승된 이야기들은 기본적으로 우주 생성에 관한 태초의 이야기를 담은 것으로, 이는 완전한 신적 권능을 나타내며 자기 생식의 가능성을 의미한다. 남성과 여성, 밤과 어둠, 암흑과 빛, 이 같은 대립의 쌍들은 이 원초적 우주에서는 근원적으로 하나이며 이를 우리는 '양성성'의 개념으로 설명할 수 있다. 고구려 고분 벽화의 하늘에는 항상 달과 해의 신이 그려져 있는데, 이는 우주의 두 가지 극성, 곧 양성성을 표상한다. 해와 달은 각각 태초의 존재인 동시에 근원의 존재인 것이다. 양성성은 그 가능성이 결집된 본래적 총체성을 의미하며, 대부분의 신화 및 전승 설화에서 최초의 인간은 대부분 양성인으로 나타난다. 양성체의 신화는 태고의 언어가 존재하는 곳에서는 어디서나 깊은 뿌리를 내리고 있는 것이다.

우주의 양성성은 홀로 자식을 잉태하고 생산하는 여신의 이미지로 나타나기도 한다. 존재의 양성성은 신의 특권이며 그래서 신성하다. 원초적 우주에서는 생물학적 성의 차이가 무화된다. 여성이든 남성이든 이는 단순히 대극쌍을 이루는 하나의 성질을 의미할 뿐이며 이것 또한 변형의 가능성을 가진 것으로 연금술사들이 메르쿠리우스라고 부른 것이다. 태초의 신이 설계했던 인간과 우주의 모습은 양성체, 곧 양성성을 가진 존재이다. 플라톤의 『향연(*Symposium*)』에 나오는 우화에도 양성성 개념이 기본적으로 자리 잡고 있다. '사랑'의 개념은 이로부터 나온다. 본래 하나의 몸이 갈라졌을 때 각 반쪽은 각기 다른 반쪽을 그리워하면서 다시 한 몸이 되려고 한다. 그것들은 서로 목을 끌어안고 꼭 붙어 있으려 했으며 또 서로 떠나서는 아무 일도 하지 않으려고 했다는 것이다. 이 양성체적 몸의 '따로 또 같이'는 대극적인 것들의 '아름다운 동행'을 의미하지만, 이 지상에서는 결코 실현되지 않는다. 그것은 상징적 죽음을 통해서만 실현된다. 그것이 바로 사랑의 행위이다. 결국 사람들이 서로 사랑한다는 것은 태고적부터 그들 속에 깃들어 있는 원형적 상태로 돌아가고자 하는 욕망이다.캠벨: 128

아담의 갈비뼈로 이브가 만들어졌다는 「창세기」에서도 우리는 이 익숙한 주제에 접근할 수 있다. 신에 의해 인간이 둘로 나뉘기도 하고 신 그 자체가 둘로 증식되기도 하지만 만물을 낳는 태초의 조상으로서 '남성－여성'은 일원론적인 것이며 자기 충족적인 이미지를 가진다. 캠벨은 현대 개인주의적 인간관의 관점에서 보면, 고대인들은 전혀 인간이 아니라 사회적으로 결정된 원형의 화신이라고 말한다. 고대인들은 신화적 의례를 통해 그러한 원초적 인간의 상태로 돌아가고자 욕망한다. 입문 제의에서 동성애가 행해지는 것 또한 존재가 자신의 내부에 양성이 다 함께 존재한다는 것을 전제한 것이다.

양성성의 신화는 합일과 융합의 신화적 공간을 상징하기도 한다. 어떤 큰 재난이 태초의 우주를 덮은 이후로 이 같은 양성성의 공간은 사라지고 남성과 여성은 분리되기에 이른다. 그래서 원시 부족사회로부터 현재에 이르기까지 제의나 축제를 통해 양성성의 존재를 회복하고자 하는 의식이 거행된다. 양성성의 존재나 그것의 회복을 상징하는 의식은 다양하다. 성인식이나 할례 의식 등은 양성성의 존재를 나타내는 상징적 의식이다. 성기를 절단해 여성의 성기를 만들어 주는 의식을 치르는 것이나 남장이나 여장을 통해 다른 성의 체험을 하는 입문식 과정을 예로 들 수 있다. 두 가지 성의 동시적 체험은 양성성 체험이 인간의 총체성을 실현하는 중요한 과정임을 설명한 것이다. 한편으로는, 성인식 이전에는 성별이 없다가 이후에 성별이 구분된다는 의식 속에는 성의 차이를 확인함으로써 인간이 문화적 과정 속에 들어왔음을 추인하는 의미를 띤다.

어떤 문화권에서는 남성의 몸에 여성의 옷을 걸친다거나 여성의 몸에 남성의 수염을 장식함으로써 다른 성을 가상적으로 실현한다. 신부의 첫날 밤 머리 깎기, 가짜 수염 붙이기 등도 혼인 식 전날 몸을 바꿈으로써 성인식의 의례를 대체하고자 하는 것이다. 양성성의 몸을 갖춘 의례를 거행함으로써 원초적 존재로서의 형상을 회복하는 것이다. 이는 생물학적 성의 바깥 곧 자기 몸 밖으로 나오는 것을 상징하며, 초역사적 공간 속에 자신을 놓는다는 의미를 갖는다.

수염난 아프로디테, 대머리 비너스, 할례 의식 또한 남성이 여성의 몸을 양성적으로 갖는 제의적 과정이라고 할 수 있다. 오늘날 축제에서 대중적이면서 인기를 끄는 것 중의 하나인 가장 행렬 또한 양성체의 이상을 구현하는 것이다. 여장한 남자들의 행렬, 남장한 여자들의 행렬은 사람들을 축제의 장 한가운데로 이끈다. 남자 혹은 여자들이 다른 성을 경험함으로써 신화적 양성성을 실현하는 의례적 행위라는 것이다. 축제의 본래적 의도는 구성원들을 결속시키는 것인데, 이는 '하나－전체'라는 관념을 공동체 전체의 구성원들에게 각인시키는 효과가 있다. 엘리아데(b):143~150 가장 행렬은 공동체의 카오스적 원초성을 회복하고 이를 통해 공동체의 지속적 질서를 구현하는 의례이다. 가장 현실적인 행위이면서 동시에 가장 비현실적이고 비세속적인 상황을 설정하는 이 같은 역설적 행위는 근원, 시작, 처음의 상태를 회복하고 이 행위 자체의 순수성, 순결성을 확정하는 것이라 말할 수 있다. 양성, 무성, 처녀성 등의 개념은 기본적으로 양성성 개념에서 변주된 것이라 할 수 있다.

우리가 익숙하게 접하는 양성성은 해와 달 혹은 남자와 여자가 둥근 원이나 알 속에 같이 있는 도상이다. 대극의 합일, 대립쌍들의 융합, 결합의 신비 같은 용어들은 총체성의 세계, 근원적 우주를 설명한다. 하지만 현대인은 논리적이고 분석적인 사고를 하기 때문에 찬 것과 더운 것, 하늘과 땅, 물과 불 등은 이원론적이고 이항대립적인 물질일 뿐이다. 반대되는 특성과 가치를 가진 두 물질을 동일성의 개념이나 융합을 통한 재생의 맥락에서 이해하기는 어렵다. 이 양극적인 것들이 하나로 마주 서있거나 서로 융합되어 있는 도상은 논리적으로 이해가 불가능하다. 그러나 원형 상징에서 대립되는 두 가지 특성은 물질의 차원이 아니며 정신적 이미지로 표상된 것이며, 두 가지 대립되는 물질은 우주 만물에 존재하는 두 가지 극성을 의미한다. 그래서 하나의 극성은 다른 하나를 무화하거나 소멸시키면서 자신에게로 환원시키려 하지 않는다. 원형 상징의 원리는 배제가 아니라 동시적 존립이다. 악과 선, 마녀와 천사, 추위와 더위, 낮과 밤, 남자와 여자 등의 성질은 대립되는 두 성질의 한 가지 속성에 불과하며 이들은 대립되는 다른 극성으로 변환할 수 있다.

두 극성의 결합은 물질의 근원적 총체성을 상징한다. 총체성의 세계는 하나로 편향되지 않으며 두 속성이 평화롭게 공존하거나 조화되면서 서로를 보존한다. 미녀와 야수의 결합은 상징적인 의미를 띤다. 『파우스트』에 나오는 메피스토펠레스의 존재는 파우스트의 부정의 영이다. 파우스트는 이 부정의 영을 통해 존재론적인 성숙을 하게 된다. 그러니까 메피스토펠레스는 파우스트와 더불어 양성성과 총체성의 신비를 표현하는 하나의 축이다. 융은 이 같은 합일 및 양성체를 대극으로부터의 해방이라고 말하는데, 이 개념은 선과 악, 죄와 구원의 개념에 기반한 기독교적 관념과의 차이를 염두에 둔 것이다. 총체성, 합일의 개념은 대극적인 것들의 기능적 등가치를 전제로 한다고 융은 말한다.[융(a): 149] 즉 대극적인 것들은 동등하게 존재하는 가치이자 그것들은 서로를 반조하고 반향한다.

융의 아니마 아니무스 개념도 근원적으로는 양성성의 합일이라는 개념과 연결되어 있다. 여성성인 아니마와 남성성인 아니무스는 무의식의 측면 중의 하나이다. 남성에게서 자아 즉 남성성이 아닌 것은 여성성의 가능성이 큰 것이며, 이는 자아 밖에 있는 것, 비자아로 경험되며 주로 여성에게 투사된다. 여성에게서 자아 곧 여성성이 아닌 것은 남성성의 가능성을 가진 것이며 이 또한 자아 밖의 비자아로 경험된다.

모든 성은 양성을 동시에 가지고 있다. 남성의 무의식에는 여성성을 가지고 있으며 여성도 마찬가지로 무의식에 남성성을 가진다. 남성의 경우, 생물학적으로 남성성의 유전적인 성격을 결정짓는 것은 남성성이므로 수적 열세인 여성성은 무의식에 남아있게 된다는 것이다. 여성의 경우는 반대이다. 그러니 여성이든 남성이든 저마다 양성을 동시에 가지고 있고 양성성의 존재로 살아가고 있다고 말할 수 있다. 그러므로 아니마는 선도 악도 다 행한다. 아니 선과 악의 범주가 가치론적으로는 구분되지 않는다고 말하는 편이 낫다. 그런 점에서 양성성의 존재는 신성한 힘의 영역에 속하는 것이다. 궁극적으로 모든 인간은 남성과 여성이 한 몸으로 붙어있는 양성체적 존재이다. 따라서 내면성을 가진 인간은 자신의 심연에서 자신의 자아 밖을 성찰하는 존재라고 말할 수 있겠다. 그러므로 '양성체'로서의 인간을 이해하는 것은 '배제'가 아니라 '포용'의 관점에서 '인간'을 이해하는 것이 된다. 우리 '남성'과 '여성' 모두 각기 독립된 '양성체'의 존재이다.

낮과 밤, 천상과 지상

낮과 밤은 태양과 달의 상징을 통해 표상된다. 낮과 밤의 상징에서 더욱 흥미로운 것은 밤의 상징인 달이다. 달은 여성성과 물과 결합된다. 여성혐오, 심술쟁이 노파, 무서운 어머니 같은 여성의 부정적 이미지는 시간의 관념을 표상한다. 짐승에 물어뜯긴 달은 덧없이 사라지는 시간과 죽음을 상징한다. 시간의 신인 크로노스는 죽음의 상징인 사티로스와 결합된다. '크로노스-사티로스'의 형상은 시간이라는 위대한 파괴자를 의미하며 죽음의 새로운 탄생을 상징한다. 저울을 손에 들고 있는 사티로스는 삶과 죽음의 시간을 곁눈질하며 지혜와 전지전능함, 선견지명을 동시에 구현하는 자를 의미한다. 그는 부패시키고 파괴시키는 힘을 가졌다는 점에서 전능하며, 살아서 죽음을 미리 체험하고 예견한다는 점에서 지혜로운 견자(見者)이다.[엘리아데(c):167] 시간의 어두운 이미지인 밤을 상상하는 것은 빛의 이미지에 의한 구원 가능성을 시간에 부여하는 것이다. 상상력이 시간을 결투장으로 끌어내는데 거기에서 시간은 서서히 상상력에 굴복한다. 상상력은 죽음의 괴물들을 과장하여 투영하면서 용을 쓰러뜨릴 무기를 은밀하게 가다듬는다. 부정적인 것(죽음)의 과장은 정반대되는 것

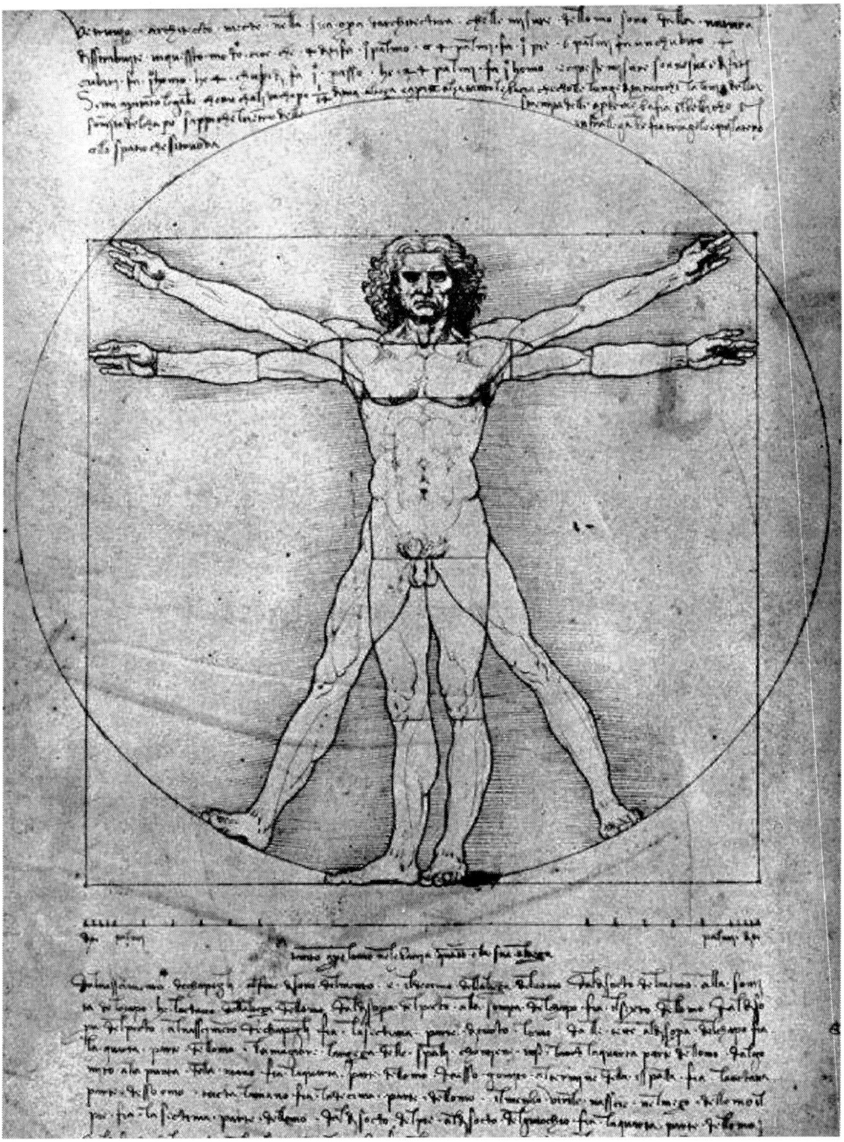

레오나르도 다빈치〈인체비례도〉(1490년경)
인간이 우주 만물을 구현하는 소우주라는 고대적 우주관을 표상한 것이다.

(삶)의 계기일 뿐이다.뒤랑(b):180 따라서 죽음은 삶을 적극적이고 긍정적인 순환의 궤도에 올려놓게 된다.

마찬가지로 천상과 지상, 하늘과 땅은 우주의 두 원리다. 인간의 삶은 천상의 삶을 지상에 옮겨 놓은 것이다. 인간의 몸은 작은 우주이다. 비투르비우스로부터 영감을 받아 그린 것으로 알려진 다빈치의 〈인체비례도〉는 인간의 몸이 만물의 원리를 구현하고 있다는, 고대로부터 아리스토텔레스로 이어져 온 자연철학 및 우주관을 구현한 것이다. 이 지상에서의 삶도 인간의 몸도 우주의 영혼을 담고 있는 것이다. 그러니 어떻게 지상적 삶의 한 순간이, 일상적 행위의 한 가지 한 가지가 소중하지 않을 수 있겠는가. 그래서 시인의 상상력은 부정의 영들을 더 극한으로 몰고 간다. 지상에서의 꽃은 천상의 별을 옮겨 놓은 것이다. 별이 화문처럼 판박히는 한라산 정상에서 정지용은 '별무리 / 꽃무리'의 감흥에 취해 '꽃 – 별'의 천상적 이미지를 시로 구현한 바 있다. 나무가 곧 별이며, 나무의 수관(水管)은 지상과 천상을 연결하는 밧줄이 되기도 한다.

천상과 지상, 밤과 낮, 그리고 별과 꽃의 양성체적 이미지를 그려둔 시를 보면서 이 '대극의 합일'이라는 개념에 더욱 가깝게 접근할 수 있다. 이 양성체 개념이 쉬운 듯 무심한 듯 보이는 시인의 시선 속에 슬쩍 감춰져 있는 모양새가 흥미롭다.

하상만의 시 「방석」에서 '별이 곧 꽃이며, 나무가 곧 별이다'는 고대적 사유를 확인할 수 있다. '꽃'의 자리에 '방석'을 치환했다는 것만 다를 뿐, '별'을 지상에 옮겨 놓은 것은 마찬가지다. '별'은 천상에 있지 않고 일상의 작은 소품으로 가볍게 우리 곁으로 와 있다. 별의 지상적 형식이 방석이 된 것이다. 그러니 우리는 방석이 아니라 꽃 위에 앉아있는 것이다.

내 옆에 방석을 깔아 놓고
기다렸지만
종한이는 오지 않았다.
별과 별 사이가 어두운 것은
아직 도착하지 않은 별 때문인데
별 하나를 기다리는 방석이
밤하늘에는 많다
나도 기다려야 할 어둠을 하늘에 올렸을 뿐이다
그 어둠 속에
종한이의 방석이 놓여있다

시인은 친구 둘과 술을 먹기로 했다가 한 친구가 늦어지자 다른 친구와 먼저 술잔을 든다. 오지 않은 친구와 자신들과의 거리는 방석과 방석 사이의 거리이고, 그것은 별과 별 사이만큼의 거리이기도 하다. 친구의 부재가 주는 공간적 어둠은 깊고 그래서 쓸쓸하고 신산하다. 방석과 방석 사이는 직선적인 거리였다가, 방석을 하늘의 별로 올려둔 순간 공간적인 깊이로 변환된다. 그 어둠은 깊고 우묵하며 음향적 울림이 있다. 어둠은 입체적인 공간에서 뿜어져 나와 음악의 아우라를 가진다. 그것은 빛이 아니라 정서이다. 방석과 별 사이의 거리는 부재와 쓸쓸함을 공명하는 우주적인 공간이다. 지상의 방석을 하늘의 별로 쏘아 올려둔 그 환각적 거리만큼이나 공감의 폭은 울림이 있다. 이 공간적 깊이는 역설적으로 천상과 지상이 동일한 것이라는 원형 심상적 이미지에서 떠올려진 것이다. 천상의 별과 지상의 방석은 그렇게 같은 매트릭스 상에 존재하면서 공간적 깊이를 확보한다. 천상과 지상의 거리는 공간적 깊이를 만들고, 그것은 우주적 공간에 울려 퍼지는 어떤 공명하는 노래를 만든다.

그렇다. 모든 하늘의 별은 사실은 누군가가 와서 그 부재의 자리를 채워야 하는 기다림의 방석인 것이다. 현실을 살아간다는 것이 별을 품는다는 의미일까. 그런 작은 일상의 삶조차 저 천상의 별처럼 성스럽고 소중한 가치를 지닌다는 의미일까. 이 시는 단순하고 작은 일상의 모티프에서 출발했지만, 그것이 뿜어내는 서정적 분위기는 어느 것 못지않게 깊은 공감을 준다. 땅에 엉덩이를 붙이고 사는 이 세상의 모든 '방석'은 구리고 누추한 현실의 상징물이 되는 듯한데, 그것이 단숨에 하늘에 올라가 별이 되는 순간, 현실은 그지없이 신비하게 빛을 낸다.

지상의 방석에 앉아서 우리는 내면의 별을 만난다. 정지용이 「백록담」에서 화문처럼 박힌 땅꽃을 보고 하늘의 별이 '판박혔(花紋)다'라 이름 붙였던 그 화려한 분위기에 비해 이 시는 단순하고 건조하다. 방석을 보고 별이라니! 하지만 시인의 이 같은 상상이 깃들어 있는 대지는 고대적 사유인 원형 심상의 세계이다. 이 시는 기다림의 정서를 방석이라는 조형적인 형상물로 대치하고 지상과 하늘을 하나의 공간으로 일체화시킴으로써 깊은 공감의 아우라를 내뿜고 있다. 이 울림의 근원 역시 천상과 지상, 별과 일상을 나누지 않는 고대적 사유에 그 끈이 이어져 있다.

죽음과 삶

자신의 내면에 떠다니는 별의 무리를 깊고 혼곤한 시선으로 붙잡아 두려는 시인들의 고행은 끊임없이 죽음의 환영에 맞닥뜨린다. 생명수 옆에 놓인 두개골의 환영, 끔찍하고 격렬한 식욕의 축제, 흡혈귀적 정체성에 대한 과도한 욕망 등은 상상의 포로가 된 시인들의 고행을 상징하는 것이며, 물질세계로부터 빠져나와 자유로워진 몽상가의 정신의 유영(遊泳)을 의미하는 것이기도 하다. 그러므로 모든 시인들의 내면에는 죽음과 삶을 횡단하는 혼종성(hybridity)의 관념이 자리 잡고 있다. 시인들이야말로 원형 상징의 세계에 가장 가까이 있는 존재들이기 때문이다.

연금술 서적에 나온 도상(15세기)
'해골'은 죽음을 나타내지만, 죽음은 생명의 근원이다. 여성의 머리에서 나무가 자라나는 '생명수'의 개념을 담고 있다. 아담의 음경에서 나무가 자라나는 도상과 근친성을 갖는다.

죽음과 삶 또한 마찬가지로 천상과 지상 혹은 양성성의 개념과 불가분의 관계에 있다. 무의식을 향한 하강은 의식의 죽음 상태를 의미한다. 무의식을 경험한다는 것은 두려운 일이다. 깨어있는 자아가 자신의 내면의 비밀을 본다는 것은 얼마나 두려운 것일까. 이런 두려움 때문에 고대로부터 무의식으로의 하강은 철저하게 금지되었고, 이는 샤먼만이 이 일을 수행할 수 있었던 중요한 이유가 된다. 죽음을 향한 하강은 귀신들린 상태 혹은 영혼의 위기로 이해되었기 때문에 의도적으로 이러한 상태에 빠지는 것은 신을 모독하는 행위로 여겨졌다. 이 같은 신성모독 행위를 감행한 사람들은 시체가 있는 지하 세계, 바다의 바닥이나 감옥에 갇히는 것으로 이해되었다. 무의식의 공간은 어둡고 축축한 죽음의 지하 세계와 마주하는 것이며, 이는 자궁의 상징성과도 깊은 연관을 갖는다. 그러니 심혼의 영역으로의 하강은 풍부한 생명을 얻기 위해 기꺼이 죽음에 자신을 맡긴 행위가 된다. 죽음은 삶의 원환적 회귀를 의미한다는 점에서 삶의 이면인 것이다.

신화에서 영웅들의 영웅적 행위는 쉬운 전투에서는 발휘되지 않는다. 그들은 가혹한 고행의 과정을 거친 이후에 영웅으로 재탄생하는 계기를 얻는다. 고행의 과정은 영적 갱신의 과정이다. 여기서 고행의 장애물들은, 심연, 동굴, 숲, 섬, 성 등이다. 이는 하강의 이미지와 관련된다. 이들 장애물들은 어떤 위험 지대를 상정하고 있지만 거기에는 고귀하고 순결한 보물이 기다리고 있다. 숲, 동굴, 섬, 성, 바다 등에서 보물(순결한 처녀, 생명수, 죽음을 극복하는 묘약)을 발견한다는 내용의 이야기는 우리 도처에 흩어져 있다.[융(c):148] 이 지하 세계는 누구나 쉽게 들어갈 수 있는 곳은 아니며 거기서 보물을 구하는 것은 더더욱 어렵다. 언제나 목숨을 내놓아야 할 정도의 위험이 따른다. 심연으로의 하강이 두려움을 안겨주는 것과 같은 맥락이다.

자신의 내면으로 깊이 침잠할 때 나타나는 불안은 죽음의 나라로 가는 것에 대한 불안이다. 연금술사들은 이 같은 상태를 용에 잡아먹히는 원시 영웅의 상태나, 용이나 고래 뱃속에 있는 영웅으로 묘사하기도 한다. 우리가 그 죽음의 나라로 깊이 들어가면 갈수록 우리는 더 깊이 그 세계에 빠져들게 된다. 이 죽음의 나라는 치명적인 매혹을 가지고 있어 의식으로 균형을 잡지 않으면 존재는 스스로 혼란에 빠지게 된다. 이성과 심혼, 의식과 무의식의 세계는 동시에 활성화 되고 공존해야 한다. 이 균형이 깨어질 때 인간은 급격히 정신의 위기 상태에 놓이게 되는데, 현대인들의 정신의 위기는 의식의 과잉에 있다는 진단은 이로써 나온다.

영적인 갱신과 새로운 생의 획득과정은 원시적 제의에서 확인할 수 있다. 에콰도르 전통 인디오 치료사는 영적으로 사람을 치료하는 샤먼이다. 그는 불을 태양이라 여기고, 입에서 불과 물을 내뿜고 돌로 환자를 문질러서 새 기운을 환자의 몸에 불어 넣는다. 원초적인 물질의 상태로 몸을 회복시키는 방법이다. 이집트 고분에는 물질의 변형에 대한 신화적인 도상들이 자주 등장한다. 이들 이집트의 신들은 악마로 강등되어 일부는 천체가 되기도 하고 일부는 지구 내부의 광 속으로 되돌아가기도 한다. 그리스 로마 신화에서도 헤르메스(Hermes)는 메르쿠리우스와 동일한 존재로서 양성적 특성을 지닌 존재이다. 연금술의 최고의 신이면서도 한편으로는 연금술사들을 조롱하고 절망에 빠트리는 존재로 그려진다. 그는 안내자이자 유혹자이다. 그는 수성으로 태양과 가장 가까우면서 금과도 밀접한 관련을 갖는다. 그를 대변하는 동물들은 바로 용, 사자, 독수리, 뱀 등의 본능적인 물질성을 가진 존재들이다.[융(b):87] 그러니 헤르메스는 메르쿠리우스인 것이다.

죽음이나 사망 모티프는 물질 속으로의 영의 하강을 상징하는데, 이때 동물 상징이 자주 사용된다. 사자가 태양을 삼키는 도상들은 영의 하강을 통한 물질의 변환 생성을 말한다. 이것은 근친상간적 모티프나 식인의 모티프로 변형되어 나타나기도 한다. 아버지는 아들을 잡아먹고, 어머니는 아들을 잡아먹는다. 연금술사들은 근친상간적 모티프에 대해 고민하면서 이를 설득하기 위해 어머니가 아들과 하나가 되기 위한 필연적 사정을 설명하기도 한다. 즉 세상에 남 · 녀 한 명이 남았는데, 그 남자의 여자가 자기 어머니라는 것이다. 따라서 이 같은 근친상간적 모티프는 인류의 지속과 발전을 위해 필연적이라는 것이다. 자연이 그렇게 지정한 것이며 이는 숙명적인 법칙이라는 것이다. 아마 이 같은 설명 방식은 상당히 논리적인 것인데, 근친상간적 모티프를 설명하기 위해 후대가 고안한 방식으로 짐작된다. 연금술사들이 말하는 "화학적으로 두 개의 주체가 있을 때 하나는 다른 하나의 어머니이다"는 경구가 오히려 원형 상징에서 영이 하나의 물질에서 다른 물질 속으로 하강한다는 개념을 이해하는 데 도움을 준다. 근친상간적 모티프는 물질의 순환 과정, 곧 삶과 죽음, 소멸과 생성의 가역적인 관계를 나타낸다.

남자 형제이자 남편인 오시리스를 포옹하는 이시스. 근친상간적 모티프는 물질의 순환과 재생의 관념을 담고 있다.

프랑코-플레미쉬, 〈사로잡힌 유니콘〉(1500년경)
유니콘 같은 외뿔 짐승은 '혼성성'과 '신성성'이 결합된 것이다.

혼성성, 혼종성, 공생의 관념

양성체의 신화는 혼성성의 신화적 변용을 거쳐 다문화, 탈국가, 트랜스 담론 등으로 현재에도 이어진다. 그 중 대중적인 논의를 띠고 있는 경우는 환경과 소수종 보호, 동식물 보호 문제이다. 인간과 그 타자, 곧 인간과 동물, 인간과 자연의 공생 및 공존이라는 테마는 양성성의 근본 원리를 충실하게 재연하고 있다. '서로 다른 것들의 공생'은 지구에서 살아나가는 근본 윤리가 아닐 수 없다. 러브록(James Lovelock)의 '가이아(Gaia) 이론'은 이 같은 서로 다른 종들의 아름다운 공생을 신화적으로 재해석해 놓은 것이다. 가이아는 지구의 모신이며 대지의 여신으로 모든 생명의 근본 원리를 뜻한다. 이 공생 및 공존을 부정하는 것들은 이 지구상에서 스스로 도태되거나 절멸되기 마련이다. 가이아는 그런 존재들을 결코 선택하지 않는다. 우주의 근본 원리를 부정하는 인간 종들을 가이아는 결코 이 지구의 주인이 되도록 허락하지 않는다는 것이다.

바지락과 게의 공생에서 우리는 혼성성 신화의 현대적 변용을 본다. 복효근의 「꽃잎」은 바지락과 그 바지락의 몸 속에 숨겨 둔 게의 아름다운 공생에 관한 시다. '비릿한 양수'로 유영하는 어린 게에게서 생의 근원인 바다의 자궁이 느껴지지 않는가.

> 비릿한 양수의 냄새 속으로 유영해 들어가려는
> 어린 게를 다독이며
> 꼭 다문 복화술로 자장가라도 불렀을라나

이쯤이면 좋겠어 한소끔 꿈이라도 꿀래

어린 게의 잠투정이 잦아들자

지난밤 바다의 사연을 다 읽어보라는 듯

바지락은 책표지를 활짝 펼쳐 보인다

책갈피에 끼워 놓은 꽃잎같이

앞발 하나 다치지 않은 어린 게의 홍조

바지락이 흘렸을 눈물 같은 것으로

한 대접 바다가 짜다

한 몸이 다른 몸을 품어 안고 달래는 생명의 품이 느껴진다. 그 작은 바지락의 몸이 우주의 몸이 되는 경지가 있다. 모든 모성은 생명의 시원으로서의 바다의 우주를 품는다. 그것이 아무리 작디 작은 존재인 바지락이라 할지라도 말이다. 책을 펼치니 거기에 어린 게가 누워 있다. 바지락은 책을 펼치듯 자신의 모성의 품을 펼쳐 인류 생명의 시원의 역사를 설명한다. 가슴이 책이 되는 이미지의 변주는 생명의 아름다운 신화를 재현한 것이다.

앙증맞게 홍조를 띠고 있는 어린 게는 마치 꽃잎 같다. 앞발 하나 다치지 않게 어린 게를 품어 안는 바지락의 넉넉한 품은 이 세상의 모든 생명을 품어 안고 있는 시원적 우주의 넓이와 깊이를 갖는다. 바지락 한 대접은 모든 바다를 담고 있을 만큼 넓고 짜다. 투쟁과 갈등과 권력적 겨누기의 여성주의가 아니라 포용과 조화와 아우르기의 여성주의. 책처럼 펼쳐지는 바지락의 가슴은 관능적인 신비로움이 있고, 바지락이 흘린 한 대접 눈물의 염도가 느릿하게 전해주는 여운은 짜릿하고 진한 에로티즘을 풍긴다. 바람에 펼쳐지는 책의 이미지는 정신의 자유를 말한 것인데, 이 시에서는 바지락의 식물적 관능성과 생명적인 에로티시즘으로 변용된다. 작은 바지락 우주가 품고 있는 모성의 농밀함이다. 여성의 몸은 생명의 몸이며 우주 탄생의 근원이다. 바지락은 그러한 공생과 공존의 원형적 이미지를 보여준다.

'빛'의 신성성

원형 상징의 기본 개념은 '완전한 우주'에 대한 무의식적 욕망의 투사로 요약된다. '완전성'은 구(球, 圓)로 형상되며 그것의 이미지는 빛이다. 우주는 둥근 몸의 형상과 상동적인 것이며, 빛의 이미지는 스스로 신성성을 품은 자의 자기 표상이다. 따라서 '원(구), 빛, 몸'의 형상은 근본적으로 성스럽고 고귀하다. 원형 상징의 많은 도상들은 여기서 기원해 변용되거나 서로 결합되어 구현된다. 부처나 예수의 도상이나 조상(彫像) 뒤에 그려진 원광은 천상의 존재이자 성스러운 존재의 표상으로서 '빛'을 나타낸 것이다. '빛'만으로 그들은 천상적 존재로서의 지위를 부여받는다.

'빛'은 상승과 정화의 의미를 지니고 있으며 태양, 하늘, 천상과 동형성을 갖는다. 바슐라르는 '우리를 빛과 높은 곳으로 향하게 하는 것은 인간 정신의 동일한 활동이다'라고 썼다. 눈부시고 푸르며 금빛인 강렬한 태양빛은 우리를 눈멀게 한다. 금빛은 높은 곳의 성좌를 이루면서 태양을 다원적으로 구현한다. 금빛은 은빛, 백색과 동형적인 것이어서 흰색 또한 고귀함과 성스러움을 갖는다. 대부분의 종교에서 영적인 계시의 순간은 번갯불에 비유된다. 이 번갯불의 섬광은 어둠을 급작스럽게 찢어발기며 세상의 모습을 바꾼다. 그것은 영혼을 신성한 두려움으로 가득 차게 하며 무서운 신비로서의 가치를 부여한다. 벼락을 맞은 사람은 뇌우의 신이 천국으로 데려간 것으로 간주되었고, 벼락을 맞고 살아난 사람은 완전히 딴 사람으로 바뀐 것으로 이해되었다. 죽음과 부활은 성스러운 영적 체험이며, 벼락이나 흰빛을 받은 사람은 샤먼이 되기도 한다.[엘리아데(b):21] 벼락을 맞은 순간은 신으로부터 계시를 받고 깨달음을 얻는 순간인 것이다.

빛은 종교에서는 신성 그 자체지만, 영적인 체험을 떠나는 자들이 여정의 곳곳에서 마주치는 빛은 영적인 각성의 순간을 의미한다. 빛을 체험한 자만이 정신적 깨달음을 얻을 수 있다. 그리고 그 빛을 체험하는 순간은 존재의 단절을 상징한다. 그러니까 빛을 체험한 순간 그 이전과 이후는 완전히 다른 존재로서의 존재성을 가지는 것이다. 성배를 찾아가는 과정은 결국 깨달음을 얻는 과정이며, 영혼의 성숙을 향해 한 단계 한 단계 나아가는 과정이라고 할 수 있다.

빛과 동형적 성질을 갖는 것은 태양, 황금, 파충류의 비늘, 강물 등이다. 성배 찾기의 모험담이 존재하는 스토리텔링에서 익숙하게 만나는 이미지이다. 빛의 불기둥, 불꽃의 날개, 하늘로 치솟아 오르는 종려나무 숲의 이미지는 빛의 신성성을 표현한 것이다. '파르치팔(Parzival) 신화'에서 빛은 황금 갑옷이나 파충류의 비늘로 나타난다. 유카탄 반도를 아틀란티스의 고대적 흔적이라고 주장하는 고고학자들은, 뱀 인간을 자신들의 조상과 동일시하는 원시 부족의 신화에서 그 증거를 찾는다. 그들의 조상은 뱀 형상을 하고 있으며, 뱀 비늘 같은 배를 타고 이 지역에 상륙했다고 전해진다. 파충류의 권능은 힘과 의지의 권능이며 초월자의 신성한 빛이다. 영국의 패션 디자이너 알렉산더 맥퀸(Alexander Mcqueen)은 파충류 인간을 재현하면서 고귀하고 우아하며 계급적인 지위를 그의 옷의 이미지에 부여한다. 머리카락은 물결이나 파충류의 비늘과 동형적인 상징성을 갖는데, 빛의 아우라를 가지고 있다는 점에서 그것은 신의 권능과 힘을 표상한다. 머리카락에서 뿜어져 나오는 소돔의 힘은 빛의 신성한 아우라 때문이다.

'빛'의 신성성과 성스럽고 고귀한 아우라는 '빛'의 이미지에서 뿜어져 나온 것이다. '빛'을 아우라라고 본 것은 그것이 정서적이면서 성찰적인 행위를 통해 감지된다는 뜻이다. '빛'은 시각을 통해 인지되는 것이 아니라 공감각적이고 입체적인 방식으로 감응되고 인지된다. 영적으로 체험된다는 뜻이다. 기독교에서는 메시아의 도래를 인지하는 순간을 성스러운 빛의 이미지로 묘사한다. 복음서에서 '말씀'은 어둠 속에서 반짝이는 빛과 결합해 성스러움을 갖는다. 말과 빛이 동형성을 갖는다는 점에서 말과 시각은 동형적인 것이다.

강한 빛의 후광은 시선의 문제를 설명하는데, 프로이트가 말한 초자아란 말은 심리(의식)의 초월성과 관련이 있다. 눈, 시선, 투시력은 신성한 초월성과 관계가 깊다. 태양은 신의 눈이다. 지배력의 최고 대응물이자 무기인 말은 많은 문화에서 빛, 하늘의 최고권능과 동형으로 이해된다. 태초에 말이 있었던 것이다. 말은 신성한 빛을 품고 하늘에서 내려온다. 역동적인 말, 주술적인 경구, 신성한 낭독은 투시력 현상을 지칭한다. 성스러운 자나 깨달은 자, 샤먼들의 말은 초월적인 눈, 곧 투시력을 의미한다. 공기 및 기체의 이미지들은 빛의 변형체이며, 이들과 말, 시각은 동형성을 갖는 상징이다.뒤랑(b):230 우화 「백조의 노래」는 '빛나다'와 '말하다'의 동형성을 설명해준다. 죽음 직전의 백조가 부르는 노래는 이 세상 어떤 노래보다도 아름답고 신성하다. 빛처럼 말도 전지전능한 자의 상징인 것이다.

바다 짐승들의 지배자인 〈세드나(Sedna)〉의 상
아버지에게 손가락이 잘린 채 바다에 버려지지만, 잘린 손가락 한 마디 한 마디는 바다표범, 물개가 된다. 물고기가 잡히지 않을 때 샤먼들이 해저에 내려가 손가락이 없어 머리를 빗지 못하는 그녀를 위해 머리카락을 빗겨주면 인간들의 소원을 들어준다는 이야기가 전승된다.

이누트족 샤먼이 행하는 연행에서도 머리를 빗음으로써 스스로를 정화하는 의식을 만날 수 있다. 세드나(Sedna)는 바다의 여신이자 바다 동물들의 지배자이다. 세드나는 자기 마음대로 인간에게 동물을 주거나 이를 금지할 수도 있다. 그녀의 손가락은 그녀의 아버지가 잘라서 바다에 던져버렸다. 그녀의 잘려 나간 손가락은 다양한 바다 생물로 변해 사람들의 먹이가 된다. 인간이 생존할 수 있는 것은 그녀의 이 같은 고통과 희생 덕분이다.

마을 주민들이 질병에 걸리거나 사냥이 잘 되지 않거나 마을 전체가 기근의 위협을 당하게 되면 샤먼은 해저로 관을 타고 내려가 세드나의 집으로 들어가는 하강의식을 거행한다. 램프의 불빛 아래 물고기가 뛰놀고 있는 연못을 등지고 그녀는 앉아 있다. 그녀의 머리카락은 헝클어지고 불결하며 눈 위로 흘러 내려 있어 차마 눈을 뜨고 볼 수가 없을 지경이다. 그녀의 더러운 머리와 몸은 인간의 죄와 악행을 나타낸다. 샤먼은 천천히 그녀를 램프와 동물들 쪽으로 돌아앉게 하고는 머리를 빗어준다. 그녀의 손가락은 이미 잘려버렸기 때문에 혼자 머리를 빗을 수가 없는 것이다. 샤먼이 바다표범의 앞 지느러미가 그녀에게 잡혀있어서

지상의 사람들이 그것들을 끌어올릴 수가 없다고 말하자, 그녀는 동물들을 풀어주게 된다. 비탭스키: 125

이 같은 샤먼의 연행에는 죽음을 상징하는 바다 속으로의 하강, 머리를 빗음으로써 어떤 상황을 정화하는 의례, 난제를 해결한 뒤 다시 지상으로 올라오는 상승의 행위들이 상징적으로 재연되어 있다. 세드나는 손가락이 잘려나가고 머리가 풀어헤쳐진 끔찍한 모습으로 나타나지만 샤먼이 머리를 빗겨주자 원래의 바다 동물들의 신으로 탄생하게 된다. 램프 아래서 머리를 빗겨주자 세드나가 새로운 바다의 신으로 탄생한다는 모티프는 소돔의 이야기를 떠올리게 만든다. 램프, 머리카락과 빛의 신성성이 결합된 것이다. 이 샤먼의 이야기 속에는 죽음, 하강, 소멸, 정화, 재생, 상승, 생명의 회복과 같은 우주의 순환이 간단한 이야기 구조 속에서도 분명하게 제시되어 있다. 빛의 체험을 존재의 각성으로 설명하는 방식은 그 자체는 논리적인 설명을 포함하지만, 본질적으로는 원형 이미지의 핵심에 닿아있다. 이미지를 읽는 것은 어떤 깨달음을 얻는 행위이며 성찰적인 행위인 것이다.

은빛 그 자체의 성스러움을 보여주는 한 편의 시를 보자. 나태주의 「은빛」은 단순명료하다. 대상을 지시하기보다는 대상에서 번져 나오는 아우라 곧 이미지가 핵심이다. 그 같은 이미지는 고정되지 않고 불연속적으로 흩어지는 듯한데, 그 같은 분산성이 오히려 이들 은빛 나는 주체들을 한 가지로 모이게 한다. 분산성이 영속성을 가능하게 한다는 뜻이다. 소리로, 빛으로 흩어지는 이들 이미지들이 어떤 영적인 존재성을 뿜어내고 있기 때문이다. '은빛'은 영적인 성스러움을 품고 있는 정신의 이미지이다.

그런 밤이면 머언 골짝에서
여우 우는 소리가 들리고
하행선 밤기차를 타고 가끔
서울 친구가 찾아오곤 했다

친구는 저수지 길을 돌아서 왔다고 했다

그런 밤엔 저수지도 은빛
여우 울음소리도 은빛
사람의 마음도 분명 은빛
한가지였을 것이다.

언어가 도상적 효과를 가질 수 있는 것은 이미지에 내재돼 있는 잠재적 표상(도상성)때문인데, 독자의 입장에서도 상상력을 작동시킬 때 그 효과는 배가 된다. 언어 그 스스로가 빛나기보다는 시적으로 구현해 낸 이미지들이 마치 그림이나 하나의 기호를 보는 듯한 공간감을 준다. '은빛' 나는 시적 대상들이 뿜어 올리는 아우라는 정적이면서도 역동적인데, 그것은 이 '은빛'이 시각적인 속성뿐 아니라 청각적인 음향 효과가 동시에 부여돼 있기 때문이다. 시각적 · 청각적 물질성이 도상적 효과를 배가시킨다는 뜻이다. 저수지의 표면, 얼음의 빛은 신성성을 띤 은빛이며, 그 얼음이 깨지는 소리마저 은빛의 신성한 아우라를 강렬하게 품고 있다. 여우 울음소리 또한 은빛의 성의(聖衣)를 입은 것이다. 그런 이미지를 보고 있는 사람의 마음 또한 한가지로 은빛인 것이다.

멀리 서울에서 친구가 밤기차를 타고 내려오는 것은 이 신성한 마음의 빛을 따라 온 자연스런 마음의 귀향일 것이며, 은빛 나는 저수지를 우회해서 돌아온 것은 이 은빛 존재들에 대한 외경 아니었을까. 사람과 그 사람을 둘러싸고 있는 모든 것들은 서로를 신성한 이미지로 품어 안고 있다. 여기서 '은빛'의 우주는, 그 자체로 아름답고 성스러운 물성을 품고 있는 시 세계, 말(언어)의 세계가 아닐 수 없다. 그러기에 시는 눈으로 글자를 읽기보다는 시적 이미지들을 공간화 해서 펼쳐보고 시어들을 노래하듯 입 밖으로 불러내야 한다. 시는 눈으로 읽는 것이 아니라 보고 상상하고 소리 내어 읽는 복합적이고 공감감적인 매체이다. 이미지의 '울림', 상상력의 '폭' 혹은 '깊이' 같은 용어는 이미지가 입체적인 감각의 산물임을 암시한다. 시에서 이미지를 읽을 때조차 일차원적 평면 위에서 시간적 흐름을 따라 눈으로 읽는 것이 아니라 공감각적 상상력을 통해 느껴야 하는 것임을 말하고 있다. 원형 심상은 이미지의 깊숙한 심연에 존재하는 것이어서 시의 이미지를 깊이 있게 추적할수록 신비스런 내면의 자아와 마주할 수 있다.

롤랑 바르트(Roland Barthes)는 자신의 독특한 이미지학을 정립한 철학자이다. 그의 이미지학에 대해 여기서 자세히 말할 필요는 없을 것이다. 박강의 「풍툼 氏의 사진관」은 부제가 '바르트에게'로 부쳐져 있듯 바르트의 사진론인 '밝은 방'에 대한 일종의 주석 형태이다. 바르트의 사진론은 이미지론이다. 그는 '푼크툼(punctum)'과 '스투디움(studium)'이라는 용어로 이미지의 두 측면을 설명한다. 찌르는 이미지 혹은 낯선 이미지인 '푼크툼'과, 익숙한 이미지 혹은 기왕 만들어진 이미지인 '스투디움'이라는, 이것들은 어떻게 보면 대립하면서 또한 서로를 아우른다. 푼크툼이 사진을 읽는 자가 '발견하는' 것이라면 스투디움은 이미 만들어진 것을 '보여주는' 것이다. "이미지는 흩어지지만 고정된 '자아'보다 훨씬 영속적이다"라는 바르트의 경구가 공명처럼 울리는 '푼크툼'이라는 용어를, 시인은 유머러스하게 '풍툼'씨의 이름으로 변용해 두었다. 사진 찍기가 대왕오징어가 먹물을 쏟아내는 과정으로 그려진 것 또한 유머러스하기는 마찬가지다. 이 시는 결국 '푼크툼이란 무엇일까'에 대한 기묘한 주석달기를 보여준다.

어쩌죠? 실은 현상된 것이 없습니다
인화지가 먹물을 뒤집어썼군요
어둠뿐인 – 하지만 잘 들여다 보세요
풍툼 씨가 작살을 날렸거든요
사진에 튄 피 한 방울이
오징어의 숨겨 온 삶을 말해줍니다
풍툼 씨 사진의 따라할 수 없는 비법입니다

바르트는 사진학을 말하고자 했지만 그것은 잘 할 수 없다고 하고, 사진에 대한 나 자신의 관조를 에둘러 말할 뿐이라고 겸손의 투로 말한 바 있다. 그에게 사진은 독자를 과거의 시간으로 초대하는 영매(靈媒)이다. 신과 인간을 맺어주는 샤먼의 영적인 힘이 사진 속의 어떤 이미지에 있다는 것일까. 바르트는 겸양의 언어로 말했지만, 이는 이미지가 신성한 신의 영역에 속한다는 원형 상징의 기본 개념들을 떠올리게 만든다. '푼크툼'은 사진의 전체 이미지가 주는 정보나 메시지에서 발생하는 것이 아니다. 독자가 그 사진에서 자신의 개인의 역사를 구성하는 그 찰나적 순간에 작동한다.

사건 자체의 객관적 진실이나 연대기적 역사의 순서는 중요하지 않으며, 정작 사진의 한 부분을 이루고 있는 물질의 파편적 이미지가 가진 영매성이 문제인 것이다. 그것을 시인은 '사진에 튄 피 한 방울'이라 표현한다. 푼크툼이 내뿜는 것은 하나의 작은 얼룩, 작은 파편이며, 우리는 이 파편 같은 이미지를 통해 인간을, 인생을 성찰한다. 시인은 이 한 편의 얼룩, 한 찰나적인 순간에 깨닫는 이미지의 충격을 '작살을 날리다'라고 표현한다. 이미지를 통해 깨닫는 충격적인 각성의 한 순간을 압축적으로 그려낸다는 점에서 이미지를 읽는 것은 존재의 깨달음을 내포한다. 마치 번갯불의 섬광을 통해 신의 계시를 깨달은 순간처럼 말이다.

이 미시적인 충격의 파편 속에서 독자는 자신의 이미지를 구성한다. 자신의 이미지는 고정되지 않는다. 변신한다. 육체의 변신은, 생성하고 끝없이 부유하면서 시간의 제한과 구속을 뛰어넘는 존재의 새로운 탄생을 의미한다. 그래서 이미지는 자아(고정된 육체의 개념)보다 흩어지면서도 영속한다고 말한 것인지 모르겠다. 그러니까 사진을 보는 독자는 사진 속의 주인공이 살았던 역사적 시간의 바깥에 있으면서도 그와 함께 혹은 그 찍혀진 시간과 함께 존재할 수 있다. 그 사진을 보는 순간, 사진이 찍혀졌던 그 시간 속으로 틈입해 들어갈 수 있다는 것이다.

푼크툼은 '숨겨온 삶을 말해 준다.' '푼크툼'은 바르트만의 사진론의 핵심인데, 시인은 유머러스하게 이를 '풍툼 씨 사진의 따라할 수 없는 비법'이라고 말했던 것이다. 빛이 던지는 각성의 한 순간을 나타내는 원형 이미지는 신비스럽게 인간을 감싼다. 마치 신과 우리를 맺어주는 영매처럼 말이다. 시의 이미지가 신적인 속성을 갖는 것은 이 때문이다. 그래서 모든 원형적 이미지는 백색(은색, 황금색)의 아우라, 신성성의 아우라를 갖는다.

하이브리드, 괴물, 요괴, 분류 불가능성

보르헤스는 유니콘(일각수)이 어떻게 생겼는지 아무도 모른다고 말한다. 중국 고전 텍스트에서 유니콘은 초자연적인 존재이자 길조라고 설명하지만, 사실 이 짐승을 알아볼 수 있는 사람은 아무도 없을 것이다. 그것은 유니콘은 결코 분류될 수 없다는 사실에서 근거한다. 우리는 분류하지 않고는 확인할 수 없다. 현대의 인식론은 일종의 분류법을 기반으로 한다. 유니콘은 집짐승도 들짐승에도 들지 않고 말이나 황소 같지도 않고, 늑대 혹은 사슴 같지도 않다. 그래서 우리는 유니콘이 우리 앞에 있더라도 그것이 과연 유니콘인지 알지 못한다는 것이다. "우리는 갈기를 가진 짐승은 말이요, 뿔을 가진 짐승은 황소라는 것을 안다. 하지만 유니콘이 어떻게 생겼는지는 아무도 모른다."보르헤스: 127

하이브리드의 대표적인 도상은 일각수의 경우처럼 외뿔 짐승이다. 외뿔 짐승들은 자웅동체적인 특성을 갖는다. 불사조나 기린, 용에게도 이 같은 특징은 나타난다. 용은 메르쿠리우스의 가장 낮은 형태이며 불사조는 그것의 최고 형태이다.융(c):312 이집트 벽화에서 산사람과 죽은 사람의 메신저 역할을 하는 독수리는 자웅동체적인 신성한 동물로 이해되었다. 자웅동체적인 것은 양성성의 개념과 연결되어 있으며, 분류 불가능한 존재론, 하이브리드 존재론의 원형적 표상이다.

일각수의 머리 한복판에 나 있는 뿔은 '성스러운 것'으로서 구원을 상징한다. 일각수의 뿔을 잔으로 사용하면 음료의 독을 제거할 있다는 믿음은 일각수 자체가 갖는 성스러움으로부터 기인한다. 순결한 처녀만이 일각

기린(국보 제207호) 하이브리드 동물은 그것의 분류불가능성 때문에 '신성성'을 표상한다.

수를 포획할 수 있는데, 그것 또한 일각수의 순결하고 성스러운 힘을 표상한다.피지올로구스:96 뿔의 성스러움과 신비는 별의 그것과 동형성을 갖는다. 그런데 이 뿔과 별의 동형성을 역설적으로 포착한 경우도 생각할 수 있다.

조창환의 「별과 뿔」에서 별을 '폭력적인'이고도 낯설게 치환한 것이 눈에 띈다. 익숙한 '별'의 이미지를 편견과 아집으로 화석화 된 '뿔'의 형상으로 치환해 내는 시선이 날카롭다고 할까.

우리가 뿔인 줄 알았던 집착, 뿔인 줄 여겼던

신념, 뿔이라 생각한 목숨이

한 천억 개쯤 까마득한 허망인 것을

'별'의 고유성과 특수성은 빛이 가진 신성한 아우라와, 천상적인 것으로서 내재된 신비나 동경에서 비롯된 것이다. 그런데 별의 뾰족하고 각진 형상이 '뿔'의 날카롭고 공격적인 이미지로 치환되면서 그것이 알레고리적인 풍자성을 띠게 되면 집착과 공격의 관념과 내밀하게 연결된다. 형언하기 이를 데 없이 왜소하고 이기적인 인간이 허망한 삶의 끝자락에서 깨우친 깨달음이 '뿔'의 저 천상적 이미지라는 것이 흥미롭다. 삶의 골짜기에서 '주저앉아' 듣는 가을 물 소리는 이승의 편에서는 허허로운 인간의 비명일 테지만 저 우주의 편에서는 영원의 소리인 것이다. '비명'과 '영원'을 가로지르는 '뿔'과 '별'은 그 이미지만큼이나 멀고 아득한, 인간과 우주의 거리 바로 그것이다. 시인은 이 뿔과 별의 동형적 이미지에서 순간의 삶을 초월해 저 천상의 이미지들을 비로소 가슴 속에 품을 수 있게 된 것이다.

1973년 경주 황남동 155호 고분에서 신비스런 동물의 형상이 그려진 '말다래'가 발견되었다. 〈천마도〉라는 이름은 거기에 묘사된 동물의 형상이 '하늘을 나는 말'이라는 점 때문에 붙여진 것이지만, 최근 그 동물이 '기린'이라고 밝혀지기도 했다. '기린'은 현재 우리가 알고 있는 '기린'과는 다른 전설상의 동물이다. 머리에 뿔이 있고 몸은 사슴과 같으며 소의 꼬리에 말발굽과 갈기를 지녔다고 고문헌은 전하고 있는데, 이 기린은 성인이 세상에 나올 때 나타나는 상서로운 동물이라고 한다. 그러니까 기린은 우리가 현실에서 익히 보았던 말도 사슴도 소도 아닌 하이브리드 동물인 셈이다. 이 분류 불가능성은 모순되면서도 신비스러운 심혼의 속성을 대변한다. 그것은 물질의 대립적이고 상호 모순되는 속성들이 어떻게 우주의 본질적 성격에 부합하는지를 말해준다.

김영랑은 시 「거문고」에서 거문고의 형상을 이 '기린'에 비유해 '내 거

스타벅스(starbucks) 로고의 변천 '사이렌'이 변형된 것들이다. 원래는 16세기에 그려진 도상을 사용했으나 다소 외설적인 탓이었는지 그 형상 위에 옷을 입혀 새로운 로고를 만들었다. 현대 로고들의 기원이 원형 도상에 있음을 확인시켜 준다.

문고는 아직 울지 않는다'라고 역사 앞에 선 자의 비장함을 드러낸다. 김영랑의 미래적 역사관이 전설상의 신성한 동물이자 하이브리드 존재인 기린을 통해 암시되고 있다는 점은 인상적이다. 민족의 역사는 신성한 것으로 환각처럼 나타났다가 사라진다. 일제시대 말기의 '민족'이 갖는 성스러운 힘은 그렇게 신비스런 동물의 형상으로 구현된다.

우리에게 가장 널리 알려진 하이브리드 도상은 '사이렌'이다. 사이렌은 오디세우스 신화로부터 현대의 '스타벅스' 로고에 이르기까지 폭넓게 사용된다. 주로 '인간-물고기' 형상의 사이렌의 도상이 익숙하지만 '인간-새' 형상을 한 것도 있다.

이 분류 불가능성과 확정 불가능성 때문에 유니콘 같은 일각수 동물이나 하이브리드 동물들은 삶의 역설을 증거한다. 신을 부정하는 사람에게 신은 그에게 신을 증명할 소명을 내린다. 신은 키에르케고르가 악에 물들어있다는 것을 알기 때문에 그에게 소명을 부여한다.[보르헤스: 126~127] 끊임없이 감시를 받으면서도 영국 은행의 지폐를 연구하는 화폐 위조범의 이야기를 통해 카프카는 이 존재의 역설을 증명한다. 이 역설은 또한 카프카의 『성(城)』의 주제이기도 하다. 영화 〈아귀레 신의 분노〉에서는 신을 부정하는 아귀레가 신의 소명을 완성하는 역설을 그려낸다. 역설은 인간의 언어가 아니라 신의 언어이다. 제논은 우리는 결코 A지점에서 B지점으로 도달하지 못한다는 것을 수학적으로 증명해 놓았다. 중간에 수많은 무한대의 지점이 있어서 이 운동체는 도달점에 이르기 전에 무한대의 미궁에 빠져버리게 될 것이다. 결국 인간은 불확실성과 모호성의 미로 안에 일생동안 갇혀있는 셈이다. 하이브리드는 이 같은 삶의 제논적 역설을 증명하면서 모호하고 이중적인 세계가 갖는 성스러움과 삶의 진리와 가치를 표상하고 있다.

이 이중적 세계는 남성과 여성의 어느 하나의 성으로 특징지을 수 없는 중성적 이미지가 갖는 성스러움과 신비와 연결된다. 중성적 이미지의 아름다움은 원초적이고 원형적인 것이다. 동정녀, 천사, 어린아이와 같은 순수 무결한 백지 상태의 존재론은 중성적인 성격에 기인한다. 바르트는 중성적 존재를 설명하면서 미국 영화배우 그레타 가르보(Greta Garbo)의 얼굴을 포착한다.[바르트(cb):160~162] 그녀의 중성적인 얼굴은 인간 형상의 원형이라는 주제를 함축하며 플라톤적인 이데아를 가시적으로 드러내고 있다는 것이다.

가르보가 주연한 영화 〈크리스티나 여왕(Reine Christine)〉에서 여왕은 여자였다가 남자가 되기도 하지만, 이 영화는 성별을 분명하게 구분하지 않으며 가르보는 성별을 바꾸기 위해 결코 변장을 하지 않는다. 왕관이나 커다란 펠트 모자를 하고 항상 눈처럼 희고 쓸쓸한 얼굴을 하고 있다. 바르트는 이 가르보의 성녀(Divine)의 이미지가 육체가 지닌 어떤 본질을 드러내는 것이며, 그녀의 육체가 모든 사물들이 최대한도로 명확하게 구성되고 완성되는 천상으로부터 내려온 것임을 이야기하고자 하는 것이라 평가한다. 관객들이 이 중성적인 가르보의 얼굴을 넋을 잃고 바라보는 것은 그의 얼굴이 이 같은 천상의 질서를 구현하고 있고 존재의 본질을 담고 있기 때문이다. 중성적이며 성녀적인 얼굴은 원형의 얼굴이며 신격화된 얼굴인 것이다. 모자나 안경은 이런 천상의 얼굴을 가려버린 지상의 어둠이다. 그러나 본질은 결코 약화되지 않는다. 관객들은 여전히 가르보의 얼굴에서 이데아적인 것을 탐색하려 하며, 그것은 잃어버린 원형에 대한 무의식적 탐구와 다를 바 없다.

'크리스티나 여왕'으로 분장한 가르보
중성적인 얼굴의 표상이다. 커다란 펠트 모자는 중성적 이미지를 드러내는 도구이다.

괴물 혹은 하이브리드성은 전체성과 자연적인 가능성의 완전한 목록을 상징한다. 뒤랑(b):479 모든 기형적인 것들이 가지고 있는 환상적 성격은 전체성의 환상이며, 이 전체성은 상스럽고 불길한 힘을 끌고 들어온다. 불멸 혹은 정기적인 재생을 하는 것으로서 고갈되지 않은 풍요의 상징, 희생에 순응하는 부드러운 힘의 상징 같은 것이다. 상징을 구성하고 있는 것은 사물이나 대상 그 자체의 속성이 아니라 다양하게 흩어져 있는 대상들을 도상학적으로 연결시켜주는 바로 그 역동성이다. 달의 동물계에서 다양한 동물들은 서로 곁에 서 있다. 괴물 같은 용 주위에 조그마한 달팽이, 곰, 거미, 가재, 양, 뱀 등이 같이 존재해 있다. 뒤랑은 이들 동물들이 함께 존재하는 도상을 설명하면서 달이 동물의 속성을 갖는 것, 즉 달의 동물로서의 역할에 대해 설명한다. 이는 마치 고구려 고분 벽화에서 다양한 동물들이 서로 곁에 서서 천상의 이미지들을 성스럽게 비추고 있는 것과 같다. 한 평면 안에 같이 존재하는 이미지들은 다른 차원으로의 변환 가능성과 변화된 육체성을 표현한 것이다.

하나의 동물은 혼종적 성격을 갖는 표상으로 나타나기도 하며 다양한 상징성을 구현하기도 한다. 달은 성스러운 원형성의 한 극성으로서 '변화'가 본질적인 것임을 상징한다. 달팽이는 성적인 면에서 여성성을, 시간의 차원에서 나선형의 시간을 상징하는 전형적인 달의 동물이다. 달팽이는 번갈아가면서 뿔을 감추었다 드러냈다 하는데, 이는 진정한 달의 현현으로 상징된다. 달팽이의 나선형은 불균형 속의 균형과 같은 반대되는 것들의 균형과 종합을 의미하고, 질서·변화의 파동 속에서의 존재의 영속성을 표시한다. 곰 또한 시베리아와 알래스카 주민들에게 겨울에 사라졌다가 봄에 다시 나타나므로 달의 동물을 상징한다고 알려져 있다. 탈피를 하는 곤충류, 갑각류, 양서류, 파충류 등 탈바꿈을 하는 동물들도 '달의 동물들'에 속한다. 거미는 자신 속에 여성과 동물, 그 연관 관계에 대한 놀라운 신비들을 함축해서 표상한다. 매미 번데기는 내면성과 휴식의 상징이며 변신과 부활의 상징이다. 개구리의 배가 부풀어 오르는 속성은 만월의 부푼 모습과 깊은 연관을 가지고 있다. 동물들의 변태의 단계는 변화하는 달의 모습과 동형성을 갖는다.

동물 상징에서 인간의 속성을 설명하는 것은 인간의 '디오니소스적 성격'을 의미하기도 한다. '디오니소스는 모든 인간적 특질이 원초적 심혼의 동물적 신성 속에 열정적으로 잠겨 들 때의 메울 수 없는 심연을 의미한다'고 융은 썼다. 인류가 동물성에서 벗어났다고 믿는 '문화 인류'라는 시각에서는 이 '동물성을 소유한 인간'은 수긍하기 힘든 공포스런 각성이라는 것이다. 그러나 인간의 이 디오니소스적 본성의 각성 및 동물성의 회복은 인류의 축복받은 체험이기도 하다.[융(b):117] 그것은 인간의 영적 원초성의 회복을 의미하는 것이기 때문이다. 인간은 이 동물성을 회복함으로써 완전한 인간, 소우주로서의 인간, 원형적 인간으로 되돌아간다. 원형 상징의 기본 관념들이 전제하고 있는 것은, 가역성, 다의성, 혼종성, 공존, 변환, 생성, 순환 등의 맥락이다. 이는 현대 인류의 시각으로는 이해되거나 설명되기 어렵다. 과학적, 실증적, 이항대립적 사고를 넘어설 때 우리는 보다 깊숙이 인간 내면의 숨겨진 욕망들에 다가갈 수 있다.

제3장

문화 원형의 근원 이미지와 도상

원형 상징은 연금술사들에게 혼의 영역이 물질로 투사된 것으로 이해돼 숱한 도상들을 담은 서적들을 남기게 된다. 원형 상징의 기본 개념들은 이 실재적이고 구체적인 이미지에서 보다 명료한 해석을 얻을 수 있다. 각각의 민족 문화나 문명 세계에 남겨진 이들 문화 원형 이미지들에는 원형에서 파생된 상징성이 잠재되어 있다. 문화적 조형물이나 문화 텍스트들에서는 이들 기본적인 이미지들을 중심으로 그것들이 변형되거나 각 이미지들이 서로 결합되어 있다. 여기서는 기본적인 원형의 도상들을 추출해 그 근원적 의미를 설명하기로 한다.

태양

태양은 원형 도상 가운데 가장 핵심적인 것이며 중심적인 것이다. 많은 도상들은 이 태양 이미지를 변용한 것들이다. 황금이 태양의 색인 것은 연금술적 물질의 궁극적 최고 상태를 상징하기 때문이다. 황금은 또한 불멸성을 상징하는데, 이집트에서는 신들의 몸은 황금으로 되어 있다고 믿었다. 파라오들 역시 죽어서 신이 됨으로써 황금의 육신을 얻을 수 있다고 믿었다.[엘리아데(c):155] 흰빛 혹은 은빛이 황금색과 동형성을 갖는 것은 빛의 아우라와 관련이 있다고 앞에서 설명했다. 태양은 지구 위를 한 바퀴 돌면서 대지에 황금을 만들어 낸다.[융(c):155] 태양이 자기의 상을 대지에

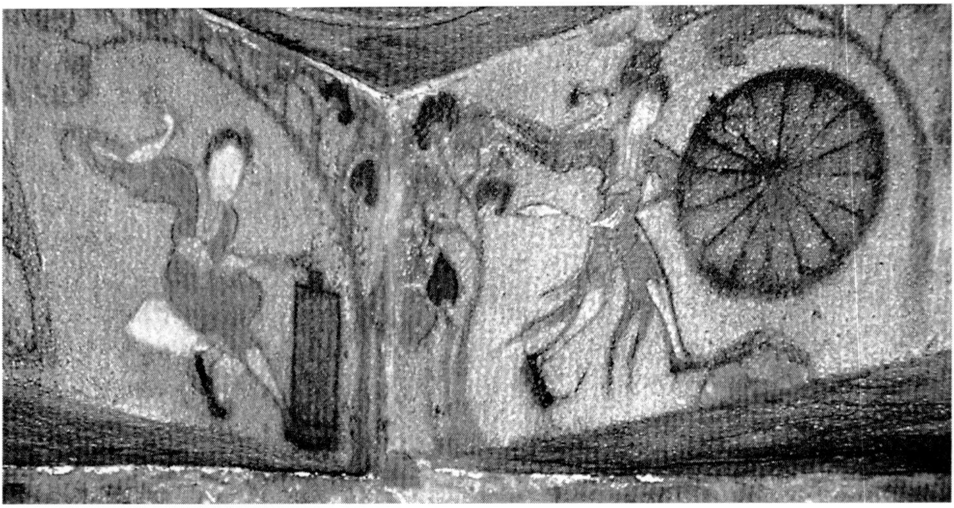

야철신과 제륜신(오회분 4호묘)
뾰족하게 솟은 검은 가죽신을 신은 모습이 이채롭다. 수레바퀴는 태양이며, 수레바퀴를 굴리는 것은 태양을 만드는 것이다.

찍어 둔 것이 황금이라고 설명되기도 한다. 태양의 신으로 표상되는 이집트 파라오들의 황금 마스크는 그 자체로 최고의 신으로서의 정체성을 표상한다. 심장은 대지 속의 황금처럼 인간 안에 있는 태양의 모상이다. 가슴의 커다란 체스 판은 태양의 혼이자 진리이기도 하다. 그러니까 태양, 황금, 심장, 책 등은 동형성을 갖는다.

고구려 고분 벽화에서 여자와 남자는 각각 달과 태양을 머리에 이고 있다. 그들은 최고의 신인 태양족의 후예로서, 이 도상은 이 무덤이 최고 권력자의 것임을 설명해 준다. 여성성과 남성성으로 표상되는 달과 태양이 함께 있는 모습은 완전한 우주, 합일. 총체성의 관념을 표상한다. 고분 벽화의 달의 신은 날아갈 듯이 황금 수레바퀴를 굴리고 있다. 둥근 수레바퀴는 태양과 동형성을 갖는다. 그래서 수레바퀴를 굴리는 것은 태양을 만드는 것이다. 그를 지켜주고 있는 것은 생명의 나무이다. 태양족의 후예로서 이 무덤의 주인은 불멸의 생을 지속할 것이다.

태양의 성스러움을 의지와 정신의 힘으로 이해한 니체는 모든 태양은 자신의 궤도로 여행한다고 설명한다. 태양은 빛을 비춰주는 존재이자 차가운 의지를 가진 자들의 행성이기도 하다. 그래서 빛과 열기를 만드는 것은 자신의 궤도를 가진 차가운 존재들이다. 태양은 빛을 비춰주는 존재이지만, 태양을 따스한 열기의 창조자이자 젖과 위안을 주는 젖가슴으로 만드는 것 또한 적극적인 의지를 가진 존재들이다. 자기 궤도를 가진 모든 존재는 저 홀로 냉혹하게 밤을 밝히면서 동시에 따스한 혼을 가진 태양을 존재하게 하는 자이다.

오 너희 어두운 자들, 너희 밤인 자들, 너희만이 비로소 빛을 비춰주는 자로부터 따스한 열기를 창조해내는 것이다. 오, 너희만이 비로소 빛의 젖가슴으로부터 젖과 위안을 마시는 것이다.니체(b):147

따라서 니체에게 '태양'은 분명한 자기 의지를 가진 자의 존재성을 표상한다. 태양의 성스러움과 열기 또한 차고 냉혹한 자기 의지의 이면적 성질이다. 이 같은 태양의 물질적 변환을 니체는 '모든 태양은 자신의 궤도를 여행한다'는 말로 요약하고 있다. 그는 원형 상징의 최고의 도상인 '태양'에 신성을 부여한다. 니체의 '초인'은 따라서 태양의 존재로서의 신성을 가진 존재가 된다.

원, 삼각형, 사각형

플라톤은 『티마이오스』에서 물, 불, 흙, 공기의 네 가지 우주의 기본 원소들은 물체의 형태이며 깊이를 가진 것으로 설명한다.플라톤:149~151 이 깊이는 다시 면을 가진 것들에 의해 둘러싸여 있는데, 그것이 바로 삼각형이다. 플라톤은 우주의 질서를 도형과 수로 설명하고자 했던 것인데, 물체의 근원을 제시하면서 삼각형의 기하학적 면을 구상했다는 것은 고대적 사유의 전통으로 보인다. 고대인들은 물질의 외형에서 우주의 근본 질서를 찾고자 했다. 따라서 외형이 어떻게 이루어져 있는가 하는 것은 궁극적인 관심 사항이 아니었다. 외형은 내면성의 표상이거나 내면적인 것들의 이미지이다. 따라서 겉으로 비춰지는 물질의 분류학적 기준이란 피상적인 것에 지나지 않는다.

연금술은 이 가시적이거나 과학적인 차원에서의 물질의 분류를 뛰어넘는다. 물질은 변화하며 그 변화 자체가 물질의 근본 속성이기 때문이다. 그러다보니 삼각형, 원, 사각형은 호환적이며 유동적인 성격을 갖는다. 물질의 변형과 창조와 생성은 우주의 근본 질서이며, 이는 동일성과 차이의 신 제우스(Zeus), 존재의 신 크로노스(Cronos), 휴지와 운동의 신 레아(Rhea)로 표상되기도 한다. 정신의 연금술을 기획했던 조르다노 부르노의 '기억의 바퀴'나 프레허(Freher)의 '역설의 엠블럼집'은 물질의 변형과 생성, 창조를 통해 궁극적인 이데아를 추구했던 연금술적 기획의 흔적이다.[최정은: 192~194]

원은 곧 사각형이다. 원과 사각형의 관계는 만다라 형상을 통해서도 확인되는데 만다라 또한 장미의 변형태로 존재하기도 한다. 원의 '정사각형 만들기'는 '돌(Lapis), 붉은 빛으로의 채색, 철학적 금'과 마찬가지로 중세의 정신이 몰두했던 문제였다. 융은 이는 처음의 무질서한 단일체를 네 요소로 분해하고 그것을 다시 더 고차원적인 단일체로 조합하는 것이라고 말한다.[융(b): 157] 남자와 여자로부터 원을 만들고, 사각형을 끌어내고, 삼각형을 끌어내 둥근 원을 만들면, 그것이 바로 현자의 돌을 갖게 되는 것이라는 연금술서의 암시 또한 이 같은 물질적 변환 과정을 통해 우주의 근원인 태양으로 회귀하는 재생과 순환 과정을 설명한 것이다. 사각형, 삼각형, 원 같은 기하학적인 도상들은 근원적으로는 태양의 속성을 가지고 있으며, 장미는 물질의 절대적 근원으로서의 태양을 암시하는 것이다.

송찬호는 「흙은 사각형의 기억을 갖고 있다」에서 삶과 죽음의 계기적

연꽃으로 가득찬 하늘(안악 2호분) '사각형' 안에 '삼각형'이 내재된, 일종의 '만다라' 형상이다.

연관성이 근원물질인 변형에 있음을 직관적으로 밝혀 놓았다. 근원물질의 삼각형을 '트리니티(Trinity)'라고 부른다. 트리니티는 원 안에 그려진 삼각형의 모습으로 형상화되기도 한다. 삼각형은 원의 기억을 가지고 있고, 원은 사각형의 기억을 가지고 있다. 그래서 기억은 물질의 파괴와 변형의 조건에서 이루어진다.

인간이 죽어서 돌아가는 흙은 근원적으로는 일상적인 물질들의 생애로부터 변형된 것이다. 그것은 우리가 살아있을 때 누렸던 것들이다. 흙은 냉장고이며, 버스이며, 책이며, 고무지우개며, 엘리베이터이다. 우리가 살아있으면서 마주치는 많은 것들이 사각형이다. 생과 죽음의 경계에 있는 관 또한 사각형이다. '세상이 사각의 링과 같다'는 것은 생의 전투 현장을 빗대어 말한 것이지만, 그 사각의 링은 금세 생의 둥근 바퀴로 변환 된다. 우리는 흙으로 다시 돌아간다. 흙은 생의 사각형의 기억을 간직한 채 영원한 생명의 수레바퀴를 돌리고 있다. 그러니까 사각형은 원 그 자체가 된다.

흙은 사각형의 기억을 갖고 있다
단단한 장미의 외곽을 두드려 깨는 은은한 포성의 향기와
냉장고 속 냉동된 각진 고기덩어리의 식은 욕망과
망각을 빨아들이는 사각의 검은 잉크병과
책을 지우는 사각의 고무지우개들

오래 구르던 둥근 바퀴가 사각의 바퀴로 멈추어지듯
죽음은 삶의 형식을 완성하는 것이다
미래를 예언하듯 그의 땅에 꽃을 던진다
미래는 죽었다 산 자들은 결코 미래에 도달할 수 없다
그러나 산다는 것은 얼마나 찬란한 한계인가
그 완성을 위하여
세계를 죽일 수 없음을 알면서도 날마다 살인을 꿈꿀 수 있다는 것은

장미의 외곽을 깨트리면 사각형의 사물들이 나타난다. 냉장고, 각진 고기, 검은 잉크병, 책, 사각의 지우개. 그것들은 기억의 성채에 남아있는 생의 흔적들이다. 시인은 오래 구르면 둥근 바퀴가 사각이 된다고 말하고 죽음은 삶의 형식을 완성하는 것이라고 타이른다. 죽음은 삶의 사각진 형식들에서 기원하고 근원으로 돌아가면 원이 된다. 그러니 근원의 형식인 원은 사각의 기억을 갖게 되는 것이다.

장미는 삶이 죽음으로 변환되는 순간에, 그러니까 사각이 원으로 변환되는 순간을 축원하듯 무덤 위에 던져진다. 아마도 산다는 것이 찬란한 이유는 그렇게 죽음을 통해 삶을 완성하기 때문일 것이다. 사각을 깨트리면 원이 된다. 원은 다시 굴려서 사각이 된다. 우주의 만물은 그렇게 변환되면서 그 영속성을 지켜나간다. 물질들은 자신의 전물질의 기억을 신비롭게 가지고 있는 것이다. 그러니 장미에서 불꽃이 자라고, 불꽃에서 만다라를 구하는 것이 허황한 것이라고 누가 말할 수 있겠는가. 장미는 만다라의 꽃이며 이데아이며, 우주 그 자체이다. 그래서 최고의 꽃이다.

원, 피, 불, 장미

불은 원형 물질이다. 바퀴 혹은 원은 생명과 순환을 상징한다. 날아오르고 추락하는 과정은 상승과 하강의 물질적 변환 과정을 의미한다. 신의 인간으로의 하강과 인간의 신으로의 상승을 말할 수 있겠다. 실비아 플라스의 시 구절, '모든 추락하는 것들은 날개가 있다'는 것은 생의 순환에 대한 자각을 담은 것이다. 원은 불의 메르쿠리우스로 나타나기도 한다. 악의 신비까지 포함하는 의미에서 전체성의 표상으로 '불-바퀴'가 등장한다. 화산, 불뱀, 애벌레, 괴물과 같은 벌레가 되는 것은 심혼 속에 있는 본질인 불을 형상화한 것이다. 짜라투스트라처럼 불을 인간의 마을로 옮기려 하는 자는 방화범의 형벌을 감수해야 한다. 초인은 불을 품고 절멸의 고독을 저 스스로 감내함으로써 절대 자유의 경지를 얻는다.

'씌어진 모든 것들 가운데서 나는 피로 쓴 것만을 사랑한다'는 니체에게 피는 곧 살아있는 정신이다.니체(b):79~80 그가 쓴 경구의 글들은 피의 정신으로 쓴 것들이다. '피'는 정신의 '불'이다. 그는 정신을 망치는 책이 아니라 정신의 꼭지점에서 잠언처럼 울려 퍼지며 마음으로 외워지는 책을 원했다. 니체는 경구와 피가 동일한 것이라 생각했는데, 그것은 나비와 같이 가벼운 자유의 정신을 표상하는 것이기 때문이다. 그 경구들은 원형상징의 다양한 변용을 보여주는데, 그는 이를 희박하고 순수한 공기, 가까운 위험, 즐거운 악의로 가득찬 정신이라 말하고 있다. '피'로 씌어진 '경구'는 정신의 꼭지점을 향한 신의 춤이다.

유희와 자유의 정신은 니체에게 '신의 춤' 혹은 '피'의 상징으로 자주 나타난다. 불이 피나 장미의 이미지로 자주 옷을 갈아입고 나타나는 것은 이것이 초인적 정신의 이미지이기 때문이다. 단테는 '연옥' 편에서 속죄의 마지막 단계는 불의 벽을 통과하는 것이라고 말한 바 있다. 그런 점에서 불과 장미는 하나이다.핀코위시: 179~180 그래서 사랑의 장미와 고통의 불은 주저 없이 결합된다.

엘리어트의 유명한 걸작시 「네 개의 사중주」는 마치 베토벤 후기 사중

주곡을 염두에 두고 씌어진 것으로 보이는데, 제시, 발전, 재현의 소나타 형식으로 구성되어 있다. 이 중 가장 유명한 장은 「리틀 기딩(little gidding, 1942)」이다. 이 '리틀 기딩'이라는 제목은 17세기 영국 국교회의 수도원 자리였던 허팅던셔를 기려서 붙인 것이라고 하는데, 이곳은 1646년 크롬웰이 이끄는 청교도 혁명군이 이곳을 쑥대밭으로 만든 뒤 국교회의 성지로 재건되었다고 한다. 엘리어트는 영국 청교도 혁명과 2차 대전 당시 독일군의 공습으로 폐허가 된 이곳을 찾아 피비린내 나는 전쟁의 참상을 떠올리고 이 시를 쓴다. 이 시에서 전쟁의 참상은 피와 불과 장미로 변주되고 있다. 전쟁의 참화가 피와 불로 상징되는 것은 이해되지만, 그것이 어떻게 장미로 변주될 수 있는가 궁금하지 않을 수 없다. 피가 살육의 끔찍함을 상징한다면 불은 전쟁의 포화와 금속성 무기를 떠올리게 한다. 그리고 불은 아름다운 장미로 개화하고 있다. 은유의 성립 조건이 속성의 근친성이라면 이것 각각의 항들이 내포하는 상징성은 충분히 수용할 수 있다 하더라도, 마지막에 '장미'로 귀결되는 대목은 언뜻 이해하기 어렵다.

그러나 이 같은 귀결은 실증적 근거를 통해 증명되어야 하는 문제는 아니다. 물질에 투사된 영혼과 정신의 변환 과정을 통해 이해되어야 한다. '리틀 기딩'의 한 구절은 "죽은 자의 소통은 산 자의 언어를 넘어 불 속에서 널름거린다"인데, 이는 살아있는 인간의 언어로는 완전한 표현을 할 수 없다는 언어의 무력감을 말한 것이기도 하지만 궁극적으로는 노년의 정신적 도덕적 육체적 좌절을 죽음의 불 속에서 정화함으로써 존재의 유한성을 초월하고자 하는 이념을 담은 것이다. 전쟁의 참화는 그래서 '고통의 장미'라는 역설적인 이념 위에서 극복되고 인간의 정신은 그러한 참화 위에서 그 생명성을 꽃피우고 있다. 그러니까 '피'의 '장미'와 '불'로의 물질적 변형은 인간의 끊임없는 정신의 가열한 자기 단련이 투사된 것이며 이들 물질들의 친연성이나 서로의 변형 가능성은 이로써 성립하는 것이다.

라틴어로 씌어진 최초의 소설로 알려진 『황금 당나귀』에서 루키우스는 새로 변신하고자 하지만 하녀 포티스의 실수로 당나귀가 된다. 루키우스가 다시 인간이 되기 위해서는 장미꽃이 필요하다. 장미꽃은 모든 자연의 생명을 지배하는 어머니인 이시스를 상징한다.

정신의 산봉우리에서 삶을 내려다보며 춤출 수 있는 자유로운 영혼의 모험자에게 글은 피다. 그것은 정신의 꽃봉오리에서 개화한 장미이다. 경구에서 나비로, 다시 피로, 또한 장미로의 변환 과정은 원형 상징이 갖는 깊이와 심오함을 날카롭게 보여준다.

뼈, 바람, 돌, 물

영혼의 자기 단련 과정은 거칠고 고통스럽다. 우리 영혼 앞에 사막이 놓여있다. 사막은 비만하고 거친 육체가 영혼의 자기 고행을 위해 마련된 원형적 공간이며 이미지이다. 사막에는 바람, 모래 같은 거칠고 둔탁한 물질들이 놓여있다. 자기 육체의 살을 다 발라내고 난 뒤 한 가닥 남은 육신의 흔적이란 마르고 마른 뼈이다. 바람, 모래는 사막의 배이다. 거기에 실려 내 육신이 사막 바다 한가운데를 가로지른다.

고대적 삶의 질서들은 '사막'이라는 처소에서 펼쳐지는 어떤 상상력 속에서 빛을 발하기도 한다. '모래', '바람', '사막' 같은 이 서정적 언어들은 상투적 감상이나 낭만을 포장하기에 적당하다. 그러나 이것들이 정신이 투사된 것이라면, 이 언어가 갖는 폭은 깊고 심오하다. 사막에서 내 육신은 소멸돼 자연으로 돌아간다. 돌 같이 굳은 '뼈'는 근원적인 질료가 된다.

송재학의 「모래葬」에는 낙타의 몸을 얻은 육신이 풍화되고 기화되어 결국 음악이 되는 경지가 있다. 모든 것들은 음악의 정신을 향해 상승한다. 마치 바슐라르의 공기의 상상력처럼 말이다.

'사막을 건너는 낙타'가 상징하는 정신의 힘은 니체로부터 발원한다. 이 도회의 구석 골방에서 떠도는 육신은 무거워 날지 못하지만, 사막 모래바람 위를 항해하는 마른 뼈 같은 주검들은 가볍다. 어두운 바다를 항해하듯, 인간은 영혼의 사막을 횡단한다. 이렇게 말하는 것 또한 죽음과 삶, 사막과 구석, 변방과 중심, 유목과 정착 같은 이 낡고 고루한 이분법적 사고의 유산 때문일지 모르겠다.

어쨌든 그것은 서로를 넘나드는 처소이자 이미지이다. 노(櫓)처럼 길게 뻗은 뼈들이 스스로 노가 되어 사막의 바다를 헤엄치는 이 혼돈스런 상상력은 아름답다. 이 아름다움은 '노'와 '배' 같은 이미지가 주는 낭만적이고 엑조티시즘적인 분위기 때문은 아니다. 그것은 더 근원적인 데서 온다. 살과 뼈 사이, 돌과 육신 사이의 호환성과 대극적인 두 물질의 가역성에 있다. 우리는 스스로의 육신을 발라내 정결한 원형의 물질로 환원됨으로써 근원적인 생의 중심에 도달할 수 있다.

> 모래葬을 견디지 못하여 모래가 토해낸 주검은 모래 파도와 함께 떠다닌다 모래 파도는 음악은 아니지만 한 옥타브의 음역 전체를 빌려 사막의 목관을 채운다

바람은 귀가 없고 바람 소리 또한 귀없이 들어야 한다 어떤 바람은 더 많은 바람이 필요하다 모래가 건조시키는 포르말린 뼈들은 작은 櫓처럼 길고 넓적하다

뼈는 정결한 정신을 표상한다. 비만한 육신의 살을 발라내고 정결하게 깎은 정신의 협곡들을 건너면 사막의 뼈로 남을 수 있다. 뼈들이 사막의 바다에서 조각배처럼 움직이고 내 육신의 노를 저어가는 풍경은 고요와 침묵 속에서 영혼의 바다를 항해하는 음유시인들의 모습을 닮았다. 뼈들은 자기들의 죽음을 위해 더 깊은 어둠의 사막 속으로 들어간다. 지옥을 가야 해탈을 하고 영혼의 바다 깊숙이 가라앉아야 생명의 몸을 다시 얻는다.

뼈들이 인간이 누리는 가장 궁극적인 영혼의 고양 상태인 '음악'의 상태로 모래사막을 움직여 나가는 모습은 자유롭고 풍요롭다. '바람 소리 또한 귀없이 들어야 한다'고 시인은 충고하고 있지 않은가. 너무 가벼워 찰나적인 경역으로 사라져가는, 그래서 포르말린의 무한지대를 향해가는 뼈들의 축제. 이제 뼈들은 물질도 아니고 그래서 내 것도 아니다. 너무 가벼워 저 무한 공간으로 사라지는 뼈는 우주 만물들의 원상태인 흙의 상태로 되돌아간다. 흙은 우주 혼을 가진 메르쿠리우스이다. 주검만이 육신을 가볍게 하고 삶을 훈계할 수 있다. 죽음과도 같은 딱딱한 잠의 상태는 원질료적인 돌에서 생명을 얻는 고대 연금술사들의 작업과 다르지 않다. 뼈들은 딱딱한 돌이며 부드러운 흙이며 물이며 바람이며 공기이며 생명의 숨길이다. 주검과 같은 사막에서 시인은 생명의 물을 얻는다.

밧줄, 바람, 공기

밧줄은 천상과 지상을 이어준다는 점에서 대기를 자유롭게 가르는 공기, 바람, 햇살과 동형적인 성격을 갖는다. 천상을 오르내리는 계단, 사다리 등도 마찬가지이다. 바람은 우주의 밧줄이며, 공기는 기관들을 엮고 짜는 역할을 한다. 심지어 거미조차 이들과 동형성을 갖는데, 그것은 우주의 네트워크를 직조한다는 관념과 관계가 있다. 줄에 묶인 운명, 실을 잣는 여신이나 요정 등과도 관계를 맺는다. 이들은 천상과의 의사소통을 담당하는 역할뿐 아니라 우주적인 삶과 인간의 운명, 형이상학적이거나 비밀스러운 지식, 마술적인 힘 등의 주제들과도 깊은 관련을 맺는다. 하늘에 황금밧줄을 걸고 자신의 능력을 시험한 제우스의 '황금밧줄'은 우주를 단 하나의 통일체로 묶어주는 줄이며 또한 우주와 인간의 초월적인 힘을 연결시켜 주는 줄이다.[엘리아데(b):239~240]

니체의 천상은 초인의 하늘이며 그것은 가장 높은 삶의 꼭지점이기도 하다. 니체는 '삶은 아득히 먼 곳을 들여다보려 하고 지복의 아름다움을 내다보려 한다'고 삶의 최고 단계를 향한 나아가는 자의 의지를 강조한다. 따라서 초인에게는 천상에 이르기 위한 계단과 그 천상을 받쳐 줄 기둥이 필요하다. 서 있는 것, 걷는 것, 달리는 것, 올라가는 것, 춤추는 것은 날기 위해 필요한 배움의 기술이다. 그것은 습득 단계에 따른 차이를 말하기보다는 '날다'와 동형적 성격을 갖는 것으로 이해하는 것이 옳다. 그러니까 천상은 '날다'의 정신의 최종 단계를 내포하고 있으며, 계단이나 밧줄은 이 정신의 최고 꼭지점을 향해 나아가는 자의 등대이자 나침반이다. "밧줄 사다리들로 나는 많은 창문으로 기어오르는 법을 배웠고, 잽싼 다리로 나는 높다란 인식의 돛대 위로 올라갔다." 높다란 인식의 돛대 위에서 니체의 정신은 마치 자그마한 불꽃처럼 흔들리고 있다. 인식의 돛대 끝에 이르는 위해 인간은 밧줄, 사다리, 계단이 필요하다. 진실에 이르기 위해 우리는 이 도구들을 타고 꼭지점을 향해 길을 가지만, 그 길은 미리 주어져 있지 않다. 스스로 묻고 그 물음에 대한 답까지도 스스로 배워야만 도달할 수 있다. 니체는 '길 자신에게 물었고 길 자체를 시도했다'고 쓰고 이것이 '나의 취미'라고 단언한다.[니체(b):237]

밧줄의 이미지는 단순히 '연결'의 의미뿐 아니라 재생과 생성이라는 신화적 의미를 가지고 있으며 하늘의 소명을 얻은 자라는 종교적 체험을 내포하고 있다. 밧줄을 타고 하늘로 올라가다 추락하는 모티프는 동·서양 신화에 공통적으로 나타나는 것인데, 엘리아데는 대부분의 지역에서 밧줄 모티프는 몸의 찢김 혹은 다시 끼워 맞춰짐이라는 구조로 나타난다고 설명한다. 주술사(샤먼)들의 입문 의식에서 샤먼들은 하나의 환몽을 경험하게 된다. 머리가 잘리고 몸이 여러 조각으로 찢기며 뼈가 깨끗이 닦이는데, 악마들은 이 잘라지고 깎인 몸과 살을 붙여 다시 새로운 몸을 만든다. 이는 일종의 황홀경의 체험이자 상징적 죽음의 체험이며 이 의식을 통해 샤먼들은 새로운 육체를 부여받고 부활하면서 신의 대리인으로서의 권능과 신성을 부여받게 된다는 것이다.

밧줄은 육신의 죽음을 초월해 이승과 저승의 인연을 이어주는 역할을 한다. 박목월의 「하관」에서 아우의 죽음을 아우와 시인의 연(緣)은 밧줄로 이어지고 있다.

이 시는 아우의 장례를 지내는 모습으로 시작된다. 사랑하는 지인의 죽음을 앞에 두고 인간은 가슴 속에 죽은 자를 묻는다고 한다. 그것은 죽은 자에 대한 산 자의 슬픔이 얼마나 크고 깊은가를 말해 준다. '깊은 가슴 안에 밧줄로 달아 내리듯'이라고 시인은 쓴다. 시인의 슬픔은 '가슴 안'이라는 공간적 깊이로 가늠된다. 내 '가슴 안'에 '밧줄로 달아 내리듯' 관을 내린다. 밧줄은 아우와 시인을, 죽음과 삶을, 이승과 저승을 이어주는 통로의 역할을 한다. 마치 바람의 신 헤르메스처럼 그렇게 아우와 나를 이어준다.

> 관(棺)이 내렸다.
> 깊은 가슴 안에 밧줄로 달아 내리듯.
> 주여
> 용납하옵소서.
> 머리맡에 성경을 얹어 주고
> 나는 옷자락에 흙을 받아
> 좌르르 하직(下直)했다
> 그 후로
> 그를 꿈에서 만났다.
> 턱이 긴 얼굴이 나를 돌아보고
> 형님!
> 불렀다.
> 오오냐. 나는 전신(全身)으로 대답했다.
> 그래도 그는 못 들었으리라.
> 이제
> 네 음성을

나만 듣는 여기는 눈과 비가 오는 세상.

너는

어디로 갔느냐.

그 어질고 안쓰럽고 다정한 눈짓을 하고.

형님!

부르는 목소리는 들리는데

내 목소리는 미치지 못하는

다만 여기는

열매가 떨어지면

툭 하는 소리가 들리는 세상

'나'는 꿈속에서 아우를 만난다. 아우에 대한 절절한 그리움이 아우를 꿈속에서 만날 수 있게 한 것이다. 그러나 꿈은 꿈일 뿐 그의 목소리는 아우에게 전달되지 못한다. 그것이 '나'와 아우와의 거리를 더욱 멀게 한다. 이승과 저승은 너무 멀리 있고 그래서 나는 아우와 꿈속에서가 아니면 만날 수 없다. 죽음과 삶의 경계가 확연해서 '나'는 아우를 만나지 못한다. 이승과 저승의 거리는 아우를 만날 수 없다는 것 때문에 더욱 더 멀어진다. 그 심리적 거리의 밀도 또한 너무나 견고하다. '다만 여기는 / 열매가 떨어지면 / 툭 하는 소리가 들리는 세상'은 공간과 상황의 대조를 보여준다. '아우'가 있는 저승은 눈과 비가 오지 않는 초월적 공간이며, '나'가 있는 세상은 열매 떨어지는 소리가 들리는 곳이다. 이 공간의 물리적 · 질적 차이가 아우와 나의 단절을 더욱 깊게 하며 '나'를 더욱 슬프게 한다. '여기'는 아우와의 단절감을 강조한다. '눈과 비가 오는 세상', '열매가 떨어지면 툭 하는 소리가 들리는 세상'은 이 단절감이 비유적으로 표현된 것들이다. 그것은 아우를 만나지 못하는 시인의 비애이며, 죽음과 삶의, 이승과 저승의 단절적 상황에 대한 확인이다.

아우의 죽음을 내면화해서 수용하기 힘들다면 아우를 가슴에 품는 수밖에 없다. 밧줄에 묶인 관이 땅 속으로 내려가지만, 사실 시인은 아우를 자신의 가슴에 품는다. 밧줄은 이승과 저승의 소통이며 생명을 연결하는 끈인 것이다. 아우와 '나'는 영원성의 시간에 살며, 생을 같이 지속하게 되는 것이다. 그래서 시인은 '밧줄'을 통해 아우를 잃은 슬픔을 넘어선다. 단절과 소외, 부재의 상황을 뛰어넘을 수 있는 것은 '가슴에 밧줄 내려 아우를 영원히 품는 것'이다. 밧줄은 그러한 이승과 저승의 소통, 인연의 지속, 생명의 영원성을 상징한다.

미궁, 미로

『미로』를 쓴 미래학자 쟈크 아탈리(Jacques Attali)는 '저 고대의 신화 속으로 추방되었던 미로가 돌아오고 있다'는 다소 선언적인 서두로 이 책을 시작하고 있다.[아탈리:28] 컴퓨터 신경망, 도시의 도로, 인지과학의 발달을 이끈 뇌 연구에서부터, 적들과 얽히고설키는 싸움을 벌이는 오디오 비디오 영화 등의 모든 오락물에 이르기까지 미로가 암시되지 않는 것은 없다는 것이다. 거의 모든 문학과 오락은 절대의 추구로 나아가며, 미로와 같은 수많은 장애물을 통과하며 쫓고 쫓기는 과정으로 요약된다는 것이다. 독일 출신 화가 파울 클레(Paul Klee)는 현대 미술의 기원을 선사시대적인 것에 두고 있다. 파울 클레는 만물은 최초에 직선적인 것도 곡선적인 것도 아니며 유동적이면서 자유롭게 움직이고 있었다고 말한다. 되는 대로 뻗어나갔고 목적도 의지도 법칙도 없이 그 자체로 소멸되고 생성하는 연금술적 변형의 상태로 존재했다는 것이다. 그의 그림은 마치 미로의 헤맴과 같은 이미지를 주는데, 이는 현대예술을 선사시대의 것과 연결하는 아놀드 하우저(Arnold Hauser)의 견해와도 일치한다.

선사시대 동굴에 묘사된 동물들은 역동적인 움직임을 보여준다. 이 이미지는 인상주의 미술의 찰나적 순간의 황홀경이라는 비약의 관념과 이어진다는 것이다. 알타미라 동굴 벽면의 화살을 맞고 쓰러지는 황소의 이미지나, 드가(Edger De Gas)의 〈서커스 하는 소녀〉에서 소녀의 비약적 육체의 움직임은 한 가지로 생명의 도약이라는 힘을 뿜어낸다. 예술사에 깃든 인간의 정신은 원환의 미로 같은 구조 속에서 되돌아오고 다시 되돌아나간다. 피에르 레비(Pierre Levi)가 '누스피어(noosphere)'라는 개념을 설정하면서, 디지털 공간에서 집단지성의 힘으로 인류 전체의 공동선을 이루어나가야 한다고 주창한 것 또한 미로의 개념과 연결되어 있다.

미로는 고대와 현대, 동양과 서양, 문명 사회와 미개 사회를 막론하고 언제 어디서나 존재해 왔다. 미로는 우회와 느림의 길이며 깊은 사색을 통해 목적지에 도달하는 통로이자 그 여로이기도 하다. 책을 읽는 것, 텍스트를 이해하는 것, 그를 통해 지혜에 가까이 가고자 하는 정신적인 작용 역시 미로의 헤맴이라는 문제로 접근할 수 있다. 낱말들은 겉으로 드러난 것과는 아주 동떨어진 의미들을 담고 있기도 해서 그 본래적 의미에 다가

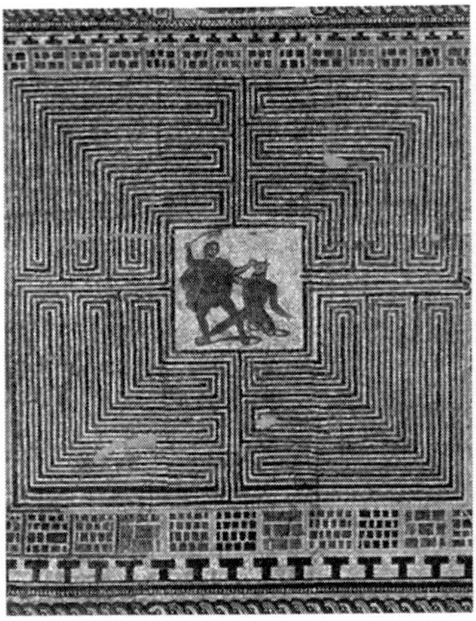

로마시대의 모자이크 미궁도

영화 〈매트릭스(The Matrix)〉의 아스키 코드 화면

미궁 및 미로에서의 헤맴이라는 주제는 고대부터 현재까지 우리 삶의 도처에서 발견된다. 자아를 찾는 모험담을 그린 서사, 맨 꼭지점에 놓인 문자 알렙을 찾는 생명수 탐사 여행 , 의미의 최종결점을 찾는 예술 작품 해석 과정 등은 미로에서의 헤맴이라는 주제와 관련된다. 사이버 공간 역시 미궁이다.

가는 것은 미로의 숨겨진 길들을 탐색하는 것에 비유될 만하다. 알렙(Aleph, 헤브루 문자의 첫 글자, 모든 문자들의 기원)은 문자의 기원이자 의미의 원형적 근원이다. 우리가 책을 읽고 의미를 해독하는 과정은 일종의 '알렙(Aleph)'에 다다르기 위한 과정이다. 우리가 책을 읽고 텍스트를 해석하는 과정은 모든 길들을 탐색하고 미로를 헤매는 과정과 다를 바 없다. 연금술의 현자들 또한 그 같은 노고를 게을리 하지 않았다. 미로는 중심(핵)을 향하여 나아가도록 설계되어 있다. 무덤 건축자 또한 예외가 아니다. 무덤은 어머니의 몸과 유사하도록 설계되기도 한다. 다음 세계로 들어가기 위해 영혼은 다시 태어나야 한다. 그 다음 세계로 가기 위한 미로는 방어와 배제, 방어선의 돌파라는 관념을 보여준다.캠벨:89

김상미의 「몬드리안 호텔 2」는 화가 몬드리안의 그림에서 마음의 여로를 발견하고, 그것을 '영혼의 퍼즐 조각을 끼워 맞추는' 미궁의 이미지로 그려낸다. 색면을 분절해 신조형주의 예술을 창안한 몬드리안의 그림 자체가 복잡한 미궁의 이미지와 닮아있기 때문이었을 것이다.

그런데 이 시인이 만든 '마음의 미궁' 미궁에서는 길을 잃어도 괜찮다. 그것은 '잃은 만큼 훨씬 더 깊어'지기 때문이다. 이것이 미궁의 속성이다. 길을 잃어도 우리는 언젠가 그 중심에 이를 수 있으며, 혹은 미궁의 끝에는 출구가 우리를 기다리고 있는 것이다. 그러니 미궁은 여정의 끝에 도달하는 화려한 몬드리안의 호텔이 아닐 수 없다. 미궁에서 길을 잃을까 두려워하거나, 이 미궁에 '잠복해 있는' '폭력과 분열'의 괴물을 두려워하는 자는 이 아름다운 몬드리안의 호텔에 결코 이르지 못한다. 그러니까 몬드리안 호텔에는 '우리가 진실 안에 집어넣었던 깊은 사연들'이 존재하는 것이다. 그 여정이란 다름 아닌 영혼의 모험이었던 까닭이다.

> 나는 그 사연들을 들으며 내 영혼의 퍼즐 조각들을 끼워 맞추고 있다. 빨강, 노랑, 파랑… 몬드리안 호텔은 내가 창조해 낸 마음의 섬광이다. 수많은 사람들의 피 묻은 손수건을 접어 만든 창가엔 아직도 그들의 열정이 나뭇잎처럼 펄럭이고 있다. 이곳에서 아무리 길을 잃어도 괜찮다. 잃은 만큼 그 길은 훨씬 더 깊어진다. 꿈속에서 시작된 시는 꿈과 함께 영원하듯이 몬드리안 호텔은 내 마음이 사는 골목, 그 끝에 있다. 너와 나 사이, 그 한가운데 있다.

'몬드리안 호텔'은 영혼의 퍼즐을 맞추는 시인의 집이다. '언어는 존재의 집'이라는 오래된 수사를 빌어올 것 없이 이 미궁에서 시인의 말은 생명을 얻고 영원한 꿈을 얻는다. 막다른 골목의 미궁은 어둡지도 공포스럽지도 않다. 그곳에서 시인은 말을 버리고 새와 물고기를 낳아 수풀을 만든다. 여기에는 '피묻은 손수건을 접어 만든' 자들의 '창가'가 있고, 거기서 그들의 열정은 '나뭇잎처럼 펄럭'인다. 그리스 신화의 '미궁'은 여기서 하나의 연금술적 말의 이미지를 얻고 있다. 캠벨이 '미궁'의 괴물 미노타우로스에게서 '신'을 발견하듯, '밖'은 바로 '중심'이며 '외로운 골목'은 '우리가 함께 하는' 세계이다. '몬드리안 호텔'의 미궁은 일상에서 지친 인간들이 긴 삶의 여정에서 잠시 쉬어가는 영혼의 휴식처가 아닐까.

우리 몸은 속악한 성스러움을 간직한 미로이다. 우리 육체의 내부에는 내장 기관들이, 마치 숲 속에 나 있는 낯선 성배를 찾아가는 미로처럼 구부러져 펼쳐져 있다. 우리 몸의 내부로 들어가는 '입'은 그래서 고독한 방랑자가 마주친 낯설고 불안한 여행의 초입처럼 두려움과 공포감을 주기도 한다. 그 길의 끝에는 배설기관들이 자리 잡는다.

라블레(François Rabelais)의 소설에서 미궁은 인체의 장기이며, 다빈치에게서 인간의 육체는 우주의 하계 곧 소우주이다. 출구와 입구가 동일하고 배설하고 생식하는 것이 영양을 보충하기 위해 먹는 것과 다르지 않다면 입은 곧 항문이거나 성기이다. 육체를 우주에 비유하는 방식은 이미 그리스시대부터 있어왔다. 다빈치의 〈인체비례도〉가 인간 몸이 곧 소우주라는 그의 자연주의 사상을 담아 낸 정격의 '몸 그림'이라면, 라블레의 입안의 세계는 중세 세계가 맞닥뜨린 새로운 시대를 축제적이며 몽환적인 형식으로 그려낸 그로테스크 몸의 서사라고 할 수 있다. 끈적거림은 낯설음과 헤맴의 육체적 이미지이다. 우리 몸의 내부 장기들은 낯선 세계에서의 헤맴의 흔적을 미로처럼 봉합하고 있다.

이는 오랫동안 인류 문화사에서 우주의 생성과 소멸, 죽음과 탄생을 상징하는 것들로 자리매김 된 것이다. 몸은 속화된 음란주의와 성화된 에로티즘을 양가적으로 가진다. 그 미로의 끝에서 우리는 다시 우리 존재의 근원을 질문해 본다. '내 존재의 고향은 무엇인가'라고 말이다. 몸을 다 빠져 나오자 우리는 바로 그 몸의 근원인 '고향'에 대해 질문하게 되는 것이다. '고향'을 묻는 것은 공간의 문제가 아니라 존재의 문제이자 시간의 문제인 까닭이다. 그것은 자신의 몸이 놓여있던 익숙한 공간을 떠나는 자만이 물을 수 있는 질문이라는 점에서 존재의 문제이고, 과거의 시간을 현재로 되돌려 다시 근원을 묻는다는 점에서 시간의 문제인 것이다. 결국 '몸'에 대한 기억은 곧 '고향'에 대한 망각이 되는 셈이다. 그래서 몸과 우주에 대한 질문이 있는 시들, 살아가는 것과 사랑하는 것의 관계들에 대한 질문들을 담고 있는 시들은 원형 상징의 질문을 던진다.

카발라적인 신비주의자들은 이 미로의 형상을 '생명의 나무'로 옮겨 놓기도 한다. 생명의 나무는 우주목을 상징하기도 하는데, 알렙은 나무 끝에 존재하며, 다양한 문자들은 알렙을 향해 가는 작은 계단 같은 것이다. 나무를 오르는 것은 미로를 탐색하는 길이기도 하다. 중세 유럽의 한 카발라주의자가 창조한 '골렘(Golem)'은 그 자체로 진리(emeth)를 표상한다. 수수께끼를 푸는 과정에서 성서의 문자를 재조합하다가 만들어진 이 단어는 알렙이라는 문자의 근원적 꼭지점에 해당되는 것이다. 숨겨진 채 진리를 담지하고 있는 골렘은 따라서 낱말의 미로 깊숙한 곳에 웅크리고 있는 미노타우로스와 같은 것이기도 하다.[아탈리:75] 유태인 전설에서 '골렘'은 진흙으로 만들어져 이빨 안쪽에 있는 부적의 힘으로만 생명을 얻을 수 있다. 진흙의 물질성을 가지고 있다는 점에서 이것은 연금술적 물질성을 띠고 있으며 소멸과 창조, 삶과 죽음으로 순환되는 몸의 우주적 형상을 상징한다. '골렘'의 형상은 생성되고 변형되며 소멸하는 연금술적 물질 즉, 메르쿠리우스이자 그 변이 과정을 상징한다.

끈적거리는 '진흙'의 이미지는 변형된 몸이자 미로의 내부 장기이다. '진흙'은 생성과 변형의 연금술적인 근원물질로서 축축한 '돌'이다. 진흙을 주물러 인간의 형상을 만들었다는 성서적이고 신화적인 테마와도 깊숙이 관련되어 있다. 진흙의 형상은 골렘의 형상을 닮아 있고, 그것은 근원성의 악마주의를 표상하고 있다는 점에서 성스러움과 괴기함을 동시적으로 갖는다. 골렘은 악마처럼 골방에 갇혀 이단과 파괴를 꿈꾼다. 파괴는 생성과 창조의 씨앗이며 삶의 근원 회귀적 동인이다.

17세기적인 '골렘'의 주제는 괴테의 『파우스트』에 이르러 메피스토펠레스의 주제로 변용된다. 엘리아데는 이 주제를 신과 악마. 선과 악, 밝음과 어둠, 착함과 나쁨의 대극적인 성질로 변환시키면서 이것의 융합, 총체성의 개념을 설명한다. 모든 물질들의 근원에는 대극적인 것들을 한 몸으로 거느리는 양성체의 성격을 내재하고 있다는 것이다. 최고의 악마이자 부정의 영(靈)인 메피스토펠레스조차 신과의 공감(sympathie)을 추구한다.[엘리아데(b):98] 메피스토펠레스는 인간의 활동을 방해하고 부정하면서 동시에 생명을 자극하고 북돋우는 존재다. 악은 선을 반향함으로써 생의 적극적인 활동을 창발한다. 악과 오류는 생산적인 것으로 간주되며, 괴테는 여기에 '우리는 모순으로 비옥해진다'고 하고, '하나의 오류가 꼭 하나의 진실만큼이나 우리를 움직이게 하고 행동을 유발시킨다'고 덧붙인다. 메피스토펠레스는 운동과 생명을 방해하고 중지와 죽음을 강요한다. 그러나 중지가 곧 지속이며 죽음이 곧 삶이다. 신의 창조물인 생을 방해하고 끝없이 중지시킴으로써 인간은 역동적으로 삶을 변화시킨다. 모든 고여 있는 것, 변화하지 않는 것은 썩고 부패하고 소멸하기 마련이다. 메피스토펠레스는 결국 변형과 파괴의 신이자 생명과 지속의 신이다. 그런 점에서 그는 신의 친구이며 신 그 자체의 도플갱어(Doppelganger)이다.

악마가 신의 섭리의 하나라는 사실은 이미 마니교나 조로아스터교에서 매력적인 신정설로 제시된 것이다. 선뿐 아니라 악 또한 신의 섭리로 이해된 것이다. 1951년 니코스 카잔차키스의 『그리스도 최후의 유혹(*The last temptation of Christ*)』이나 이를 원작으로 마틴 스콜세지가 만든 영화, 노먼 메일러의 『예수의 일기(*According to the son*)』 등은 기본적으로 신과 악마의 권능의 공유에 관한 이야기이다. 신과 악마를 보는 이 같은 관점은 격렬한 논란을 불러일으키기도 했지만, 기본적으로 이 같은 사상은 물질과 존재의 고대 신화적이고 연금술적인 변형 및 물질의 유동성과 관련된다. 진흙의 변형성은 신성(神性)이다. 진흙은 존재의 변형을 가능하게 하는 원물질, 메르쿠리우스이다. 흑화(땅)의 존재이다. 그러니까 '미로'는 궁극적으로 원형 상징의 주제가 끝없이 변형되고 확장될 수 있는 틀로써 작동하고 있다.

오정국의 「진흙들—굶주린 잎」은 진흙을 주요 모티프로 한 일종의 연작시로 이 시인은 오랫동안 이 주제를 탐구해 왔다. 연작시들에서 '진흙'은 카오스적인 무한 물질의 괴력과, 근원 문자로서의 원형 심상적 위엄과, 근원 우주로서의 지모신적 생성(산)력을 동시에 가진 것이다. 연작들 중 '11' 편을 보자. '얽고 얽히는, 물고 물리는' '아수라의 땅'은 바로 '진흙의 땅'이며, 그것은 바로 미로와 같은 인간 세상의 모습이다.

> 진흙땅, 어디선가 이런 꿈을 꿨는데 어떤 꿈인지 알 수 없는
>
> 눈꺼풀 안팎의

혼미한

경계, 아무래도 칡넝쿨이 뒤엉킨 잡목림 속으로 길을 잘못 든 것 같다

자욱한 눈보라 속을 헤매는 거 같다 백만 년 전의 꿈길처럼

아득한 시야, 빽빽하고 물컹한

진흙의 내부, 여기 내 출생의 피문은 방이 있고

선동과 파멸의 격문들,

재의 문자로 가라앉아 있으니

내 목구멍으로 꾸역꾸역 밀려오는 진흙들

작열하는 번갯불의 수수께끼들, 영원의 한 순간을 불태우며

영원의 문고리를 짤랑거리는

이 시의 부제는 '굶주린 입'이다. 입은 생식력과 생산력을 동시에 갖는다. 출구와 입구가 동일한 미궁 마냥 에로티시즘적인 성적 낭만성과 그로테스크한 포식성을 함께 가지면서 하이브리드한 괴물지의 형상을 떠올리게 만든다. 진흙의 상징성은 무한 이미지로 변신하는 언어와 닮았다. '얽히고 얽힌 아수라의 진흙땅 잡목 숲'은 마치 속악하고 비루한 이 세상의 모든 속성들을 겨냥하고 있는 듯하지만 그것은 진흙같이 캄캄한 우주적이고 신화적인 세계를 또한 반조하고 있는 것이기도 하다. 그것은 '백만년 전이 꿈길처럼' 우리를 신화적인 세계로 데리고 간다. '진흙땅'에서 진흙의 내부를 보듯, 여기 아수라의 진흙땅은 내 출생의 피문은 자궁이 있는 근원적 생명의 땅인 것이다. 나무뿌리처럼 누워있는 누대의 신탁과

잠언들, 재의 문자로 가라앉아 있는 선동과 파문의 격문들은 이 카오스적인 현세적 삶이 저 고대 신화적 세계의 제의를 재연한 것에 지나지 않는다. 굶주린 입들, 펄럭이는 혀 같은 이 소란한 현실 세계의 카오스적인 풍경은 끊임없는 미로의 의미들을 재생산해 내면서 혼몽한 삶의 자락들을 끌고 다닌다.

시인은 그 세계에서 소란한 일상의 풍경들을 가라앉히는 신성 세계의 영원한 문자를 꿈꾸고 있다. '내 목구멍으로 꾸역꾸역 밀려오는 진흙들'이라고 시인은 자신의 임무를 밝혀 놓았다. 이 소란한 세계에 고대적 신화적 질서를 회복하고 존재의 영원성을 꿈꾸는 자의 선언이다. 시인은 그래서 이승과 저승, 현세와 신화 사이의 문턱을 지키는 존재가 아닌가. 인간도 신도 아닌, 그래서 세 개의 눈을 가진 중간적 존재로서 시인은 스스로를 기억했던 것이다. 그는 '영원의 문고리를 짤랑거리는'이라고 시인의 임무를 요약해 놓았다. 그것은 대극을 왔다 갔다 하며 천상과 지상의 언어를 소통시키는 연금술사로서의 시인의 역할을 설명한 것이다. 그래서 시인의 문자를 해독하는 것은 미로에서의 헤맴을 본원적으로 떠안는 것이다. 시의 해석은 미로에서의 탈출 과정이다.

동물 상징의 세계

원형 상징에서 두드러지게 나타나는 것은 동물 상징이다. 뒤랑 역시 모든 이미지들 중에서 가장 빈번하고 보편적인 것은 동물에 대한 것이라고 말한다. 뒤랑(b):89 그림 동화의 대부분은 동물 우화나 동물을 소재로 한 것들이고 만화 역시 동물을 의인화 한 것이 많다. 우리에게도 당장 익숙한 것들은 「아기 공룡 둘리」, 「장화신은 고양이」, 「미키 마우스」 같은 것들이고, 테디 베어(teddy bear)는 곰을 주인공으로 등장시킨 인형 캐릭터이다. 동물 상징은 흥미롭게도 그 동물이 가진 속성에 의해서가 아니라 다원적인 속성에 의해 결정된다. 뒤랑은 이 같은 다원적 속성을 공유하는 대상을 '이차적 의미의 동물'이라고 부르는데, 뱀은 매장과 허물벗기라는 속성을 곡식의 종자와 공유하고, 새는 상승과 비행이라는 속성을 화살과 공유한다는 식이다. 그래서 원형 상징은 복잡하고 다의적이며 다른 사물이나 대상들과 의미의 접합점을 무한히 공유하는 속성을 갖는다. 따라서 동물 상징을 이해하는 것은 추상의 의미를 찾는 과정이지 논리적 추론 과정 그 자체의 엄밀성이나 실증성을 숙지하는 것은 아니다.

동물 상징은 프로이트나 융, 뒤랑 등이 다 주목한 것인데, 뒤랑은 이에 대해, 프로이트가 오이디푸스적인 쾌락 원칙의 변형들로 국한시킨데 반해, 융은 거대한 문화 원형 자료를 어떤 기능이나 동형성 분석 없이 잡다하게 수집해 놓는 경향을 보인다고 비판한다. 뒤랑은 동물 상징을 프로이트보다 훨씬 개체 발생적인 지층에 두어야 한다고 말하고, 무엇보다 융이 유럽 지역에만 국한해서 해석했던 공간적 한계를 넘어 더욱 보편화가 가능한 동기로 연결해야 한다고 평가한다. 뒤랑(b):93~96

뒤랑이 분석해 둔 동물 상징은 상당히 추론적이고 논리적이다. 흥미로운 것은 그가 밝힌 대로, 직접적인 관찰에 의해서라기보다는 이차적인 추론에 의해 상징성이 확보된다는 것이다. 그것은 시 · 공간의 한계를 뛰어

넘어 보편적인 인류사의 관념을 말해준다. 뒤랑은 이들을 보다 추론적이고 논리적인 해석 한가운데로 견인시키는데, 구체적으로 그는 낮과 밤을 나타내는 동물 상징을 분석한다. 밤의 부정적 양상을 나타내는 상징들은 밤이 해로운 동물들과 지옥의 괴물들이 육체와 영혼을 습격하는 시간이라는 관념과 관계가 있다. 울부짖음, 비명, 공포, 어둠의 입 등은 밤과 어둠의 부정적인 속성들과 동형적인 관계에 있다. 그래서 검은 피부를 한 종족이나 맹인에 대한 공포 역시 밤이 갖는 원초적 두려움에 대한 관념과 관계한다.

괴물스런 것에 대한 공포는 근친상간적 리비도의 덩어리를 구현한다. 키메라, 스핑크스, 고르곤, 스킬라, 케르베르스, 네메아의 사자 등이 여기에 속하며 동양의 용 역시 그러한 괴물스러운 공포의 상징이다. 용은 바닷속에 사는 괴물이며 재빠르게 도망치는 짐승이고 바다에서 올라오는 짐승이다. 즉 짐승과 밤과 결합된 물의 구도와 원형들에 의해 만들어진 것이다. 황소는 말과 동일한 상상적 역할을 수행한다. 소는 오시리스 신화에서 보듯, 달의 신들과 관계되는데, 황소의 뿔이 초승달 모양과 닮은 점에서 비롯된 것이다. 절단의 도구인 크로노스의 낫은 반달과의 동형성을 갖는다. 포세이돈은 과장된 황소의 형상이며, 포효하는 황소는 천둥, 폭풍우의 황소, 기상의 폭발과 관련된다.

한편, 기거(H.R.Giger)의 괴물들은 우주의 거대한 혼돈을 상징하는 듯하다. 용, 고래, 뱀, 타란튤라, 크라케(바다괴물)들이 사람을 잡아먹고, 그것들은 지하세계, 죽음의 나라, 지옥의 심연으로 서서히 침잠한다. 생명 덩어리 형태의 파충류 동물들이 태아의 형상을 하고 있는 것도 있다. 이 괴물, 하이브리드 동물들이 보여주는 것은, 극도의 원시적인 힘과 압도적인 죽음의 힘이며 이는 생명 의식의 대극적 원리를 나타낸다.

괴물들의 동물학은 우글거림, 물어뜯음과 같은 상징체계로 옮겨간다. 무질서한 우글거림은 공격성으로, 이에 의한 사디즘으로 변형된다.[뒤랑(b):114] 뜯어먹는 이미지의 원형이 되는 것은 아가리이다. 동물의 울음소리는 동물화와 가학 취미 및 탐식 사이의 전이이다. 어떤 콘서트(concert)에서는 동물의 울부짖음을 모방하기도 하는데 이는 음악의 신인 오르페우스뿐만 아니라 디오니소스, 오시리스 등 음악가 영웅들이 야수의 이빨에 찢겨 죽었다는 점에 주목한 것이다.

입문 의식은 희생자를 기리기 위한 것인데, 이때 늑대들은 우주의 죽음을 상징한다. 늑대가 달을 보고 짖는 것은 죽음을 보고 짖는 것을 의미한다. 물어뜯기와 파괴자로서의 시간에 대한 두려움 사이에는 매우 명확한 근거가 있다.[뒤랑(b):118] 크로노스는 인간의 시간을 잡아먹거나 시간을 측정하는 천체를 공격하는 괴물의 얼굴을 하고 있다. 이와 유사한 역할을 하는 동물로 사자가 설정되기도 한다. 사자의 형상을 한 태양이 달을 잡아먹는 이야기가 전승되고 있으며 중국에서는 용, 두꺼비가 그 역할을 대신하기도 한다. 태양은 사자이면서 동시에 사자에게 뜯어 먹히는 역할을 한다. 그래서 '삼키다'

청화백자 학·거북무늬항아리(조선 18세기)
거북은 불을 뿜는 용이다. (임영주:192)

와 '먹다'는 동의어적 성격을 지닌다. 포식의 원형과 어둠의 주제 사이에 존재하는 동형성도 있다. 갈고리는 지옥의 아가리를 표식하는데 엘 그레코가 그린 〈펠리페 2세의 꿈〉에서는 그것이 붉은 기운으로 묘사되고 있다.

동물은 그것이 갖는 상징적 질서에 의해 물질적 범주에서 벗어난다. 특히 새는 상승, 정화, 승화의 역동적인 이미지가 있다. 종다리는 매우 높이 빠르게 날기 때문에 우리 눈에 그 물질적 실체가 보이지 않다. 전형적인 비물질성의 새인 것이다. 바슐라르는 종달새는 오직 공기의 상상력 속에서만 생명을 가진 순수한 영적 이미지라고 말한 바 있다. 날개, 비상, 순수, 수직 상승의 가치를 갖는 종달새는 '날개심리학'을 그려낸다. 독수리, 까마귀, 수탉, 매, 비둘기 등도 비슷한 방식으로 상징화되면서 동물의 범주에서 벗어난다.[뒤랑(b):192] 동물들이 신성한 우주적 원리를 상징하는 것으로 이미지화 되었다는 뜻이다.

니체의 동물들

니체의 명저 『짜라투스트라는 이렇게 말했다』에서 가장 널리 알려져 있으면서 동시에 연금술적 시각을 보여주는 부분은 '세 가지 변용'을 다룬 부분이다. '정신이 낙타가 되고 낙타가 사자가 되고 사자가 마침내 아이가 되는 변용'이 그것이다.

니체는 먼저 자신의 동물 '사자'에 대해 말한다. '사자'는 외로운 사막에서 자유를 획득하고자 하고 자기 자신의 사막에서 주인이 되고자 하는 정신이다. '사자'의 정신은, 새로운 가치를 창조하는 거대한 '용'의 정신이 되기 직전의 정신을 표상한다. 사자는 스스로 자유를 창조하는 자의 정신을 이른다. 용의 정신은 창조된 모든 가치를 집약한 정신의 힘이며 황금빛으로 빛나는 천년의 가치이다.[니체(b):65~67] 니체의 이 같은 사고는 조로아스터교의 불의 숭배와 관련된 것으로 보이는데, 이는 물질의 연금술적 변이 과정에 대한 관념에 깊이 뿌리내리고 있음을 설명해준다. 사막을 가는 낙타가 사자가 되고 어린아이가 되는 이 '변용'은 정신의 능동적인 표상을 말하면서 동시에 적극적이고 창조적인 삶의 의지를 말하고자 한 것이다.

이 세 가지 변용이라는 테마는 한편으로는 역설적이고 초시간적인 시간, 초인의 시간을 위한 예비 과정으로 여기에는 '대립의 합일'이라는 총체적 우주에 대한 관념이 포함되어 있다. '총체적 우주'라는 관념은 반드시 카오스적 우주의 형태로 표상되는 것은 아니며 '새롭게 생성된 우주'라는 개념으로 나타나기도 한다. 이 같은 관념은 사자 옆에 양이 누워있고, 어린이가 독사와 함께 놀고 있는 도상을 통해 확인된다. 사자, 양, 독사가 한 자리에 있는 언뜻 모순된 듯 보이는 도상적 이미지는 모든 대립적인 것들이 사라지고 천국과 같은 원초의 우주로 돌아온다는 관념을 표상한 것이다.

천국의 상태란 서로 다른 것들이 공존하면서 모순적인 것으로 존재하는 형태이다. 사자와 양과 어린이와 독사가 함께 공존하는 세계. 그것은 그러한 세계는 '저기'에 있고, 지금 우리가 살고 있는 '여기'에는 없다. 그러니 이곳은 천국이 아니라는 우울한 메시지를 담고 있는지도 모른다. 천국과 같은 세계는 태초의 우주가 가진 카오스적 혼돈의 상태를 말하기 보다는 새로 생성된 우주의 모습을 보여주고 있다고 설명되기도 한다. 이는 원래적 가치의 회복이나 순수하게 정신적인 상태로의 복귀 및 그 시작을 의미한다. 니체는 이를 영원회귀의 사상으로 요약하는데, 신화적으로는 우주의 순환 생성이라는 관념을 담고 있다. 우주의 종말과 우주 갱신, 새로운 우주의 탄생과 그 반복 등 영원회귀를 의미한다.

사자, 뱀, 독수리 등은 '니체의 동물'이라 말할 수 있다. 한 마리의 독수리가 허공을 헤치며 넓은 원을 그리며 날고 있고, 거기에 친구처럼 매달려 있는 뱀을 보면서 짜라투스트라는 감격적인 목소리로 '저것들은 나의 짐승들이다'고 선언한다. 독수리와 뱀은 태양 아래서 가장 긍지 있는 짐승이며 영리한 짐승이다. 그것은 짜라투스트라의 깨어있는 정신을 표상한다.[니체(b):63~67] 니체는 왜 자신의 저서에서 이 같은 동물들을 언급하는 것일까.

사자, 뱀, 독수리 등은 '원물질로서의 메르쿠리우스'라는 관념을 설명한다. 이들 동물들은 물질의 원형적 성격을 표상하는데 이들 동물의 성격은 본능적이고 원초적인 질료에 가깝다고 인식된 탓이다. 일곱 행성 혹은 아홉 행성 같은 비유들은 하늘의 행성을 지칭하기도 하고 원물질인 메르쿠리우스의 속성을 말하기도 하지만 이들 신들 또한 악마로 강등되어 하데스로 내려가 광물질이 되기도 한다. 수성(Merkur)은 태양과 가장 가까우면서도 금과도 가장 밀접한 관계에 있는 행성이다. 이것의 악마적 속성을 말할 때 용, 사자, 독수리, 까마귀 등의 동물들이 언급되는데, 이는 연금술의 신들의 서열에서 '기본 재료'로서는 최하의 존재이지만 '현자의 돌'로서는 최고의 존재임을 말한다. 즉 양성적 존재이면서 이중 본성을 지닌 '신-악마', '현자-요괴'의 이중적 속성을 지니고 있다.

메르쿠리우스는 연금술사의 안내자이자 유혹자며, 연금술사를 돕는

봉사자이자 또한 절망으로 내몰고 조롱하는 요괴이다.[융(b):87] 뱀, 용, 까마귀, 사자, 바실리스크 도마뱀, 독수리 등은 변환의 물질로서의 메르쿠리우스를 상징하는 것인데, 이들은 본질적으로 값싸고 저속한 '악마군'에 속하는 존재들이다. 그러나 다른 한편으로는 존귀한 것, 신성한 것을 의미한다. 그러니까 물질적 변환은 가장 낮은 것에서 가장 높은 것으로, 가장 저열한 것에서 가장 고귀한 것으로, 동물이자 태고적인 유아성에서 신비적인 최고의 인간으로 이어진다.[융(b):168] 이집트 묘에서 발견되는 '토트'(Thot, 개의 머리를 한 원숭이 인간)상은 신과 가까이에 있는 존재를 표상한다. 토트는 의식에서 밀려난 저 무의식 깊은 곳에 있는 태고적 존재의 형상이다. 이들 동물들은 동물의 인간 '되기', 물질의 변환이나 생성이라는 관념을 표상한다.

사자

사자는 길을 가다 사냥꾼이 자신에게 접근하는 낌새가 있으면 제 꼬리를 휘저어서 지나온 길의 흔적을 없애버린다고 한다. 기독교에서는 하느님이 예수를 지상에 내려보낼 때 영성의 흔적 곧 신성을 감춘 성스러운 존재임을 상징하는 뜻으로 사자를 비유하기도 하는데, '사자처럼 열왕의 왕이며 참 권세를 가진 존재로서 인간들 가운데 인자로 왔다'고 말한다.

융은 원물질적인 메르쿠리우스적인 존재로서의 사자를 설명하고 있다.

태양을 먹는 '녹색사자'(1550)
왕이 아들을 잡아먹는 행위는 물질의 변환과 영의 갱신을 설명한다.

녹색사자가 태양을 집어 삼키고 있는 그림은 대극의 합일 혹은 물질의 변화 과정을 설명한다. 대극의 합일을 나타내는 도상은 해와 달의 신화에서 보듯 오누이 쌍으로 나타나기도 한다. 이 개념은 구체적이고 물질적인 이미지로부터 감각이나 영적 상태에 이르기까지 다양하게 표상된다. 건(乾)－습(濕), 온(溫)－냉(冷), 남성성－여성성, 해－달, 수은－유황, 원(圓)－사각, 물－불, 휘발성－무거움, 육체적－심혼적 등이 그것이다. 이것을 도상적으로 풀어 놓은 것이 원질료인 왕이 자신의 아들을 잡아먹는 그림이다. 아들은 왕에게서 나와 다시 왕에게로 돌아간다. 왕은 아들을 삼킴으로써 부활하며 새 영을 얻는다. 왕의 아들은 아버지 왕이 다시 젊어진 형상이다. 왕과 왕의 아들은 물질의 변환과 그를 통한 영의 갱신을 설명해준다. 사자가 태양을 잡아먹는 그림이나 왕이 아들을 잡아먹는 그림은 이들이 원물질인 메르쿠리우스이며 물질의 변환을 통해 영의 성스러움을 갱신하는 상징적 의미를 담는다. 따라서 죽음이나 사망 의례 역시 밤의 항해와 마찬가지로 생명의 재생, 부활, 죽음의 극복이며 치유 과정이 된다.[융(c):145]

독수리

새는 태양에 가장 가까이 날아갈 수 있는 존재로 여겨진 탓에 성스러운 동물로 숭배된다. 태양을 상징하는 십자가는 한편으로는 비상하는 새를 도식화 한 것이라고 알려져 있다.[골란:444] 독수리가 정오의 해를 상징한다거나 불사조를 태양의 화신이라 여긴 것은 저 자신을 불태우고 부활한다는 믿음을 반영한 것이다. 그래서 저녁노을의 불바다로 사라졌다가 다음 날 아침 태양이 다시 떠오를 때 나타나는 불사조는 태양에 자신의 몸을 불사르고 다시 생명을 얻는 것이라는 믿음을 보여준다. 고구려 고분 벽화에서 수레바퀴를 돌리는 자는 태양을 만드는 자이며, 태양을 이고 있는 선녀는 불멸의 생을 관장한다. 태양 한가운데 그려진 삼족오(三足烏)는 동산에서 서산까지 태양을 굴리며 가는 태양의 새로 알려져 있다.

독수리 또한 상징의 질서 속에서 동물의 육신을 벗는다. 로마에서는 귀족과 특권층 전용의 새이고, 중세에는 귀족과 황제를 나타내는 문장(紋章)으로 많이 사용되었다.[뒤랑(b):193] 그래서 딱따구리처럼 성(性)적인 성격을 갖는 새들과는 같은 범주에 묶이지 않았다. 로마의 독수리는 까마귀와 마찬가지로 신의 의지를 전달하는 심부름꾼으로 이해되었다. 이 같은 사고는 고대인들의 전통에서 이어진 것으로 보인다. 고대인들은 죽은 자들의 영혼이 새에 안착한다고 믿었으며, 고대 이집트 그림 문자에서 새는 영혼을 의미했다.[골란:446] 독수리는 생각의 비상이나 환상을 의미한다. 독수리는 현자의 알에서 깨어나는 형상으로 나타나기도 한다. 불사조, 대머리수리, 까마귀는 모두 독수리의 변형이다. 독수리는 태양과 돌의 융합적 양성체로 표상되기도 하는데, 이는 직관 또는 영적 가능성을 상징한다. 이집트의 파라오 무덤에서 자주 볼 수 있는 독수리 형상은 영원불멸의 영적 동물을 의미하는 것이다. 양성체인 독수리는 따라서 수정을 필요로 하지 않는 그 자체로 완전한 동물이며 총체성의 존재이다.

프로이트는 레오나르드 다빈치의 〈성안나와 성모자〉에서 독수리(원래는 '수리개'였다고도 한다) 형상을 발견해 내고 이를 통해 다빈치 유년 시절에 아버지가 부재했던 현실을 진단한다. 사생아로 태어난 다빈치는 아버지가 없는 현실에서 어머니와 할머니의 손에서 자란다. 아버지 부재의 콤플렉스가 양성적인 몸을 한 독수리 형상을 통해 표출되었다는 것이다. 한편, 독수리가 알에서 깨어 나오는 형상은 자유로워진 심혼의 상태를 말한다. 모든 색의 융합인 공작 꼬리는 전체성을 상징한다. 자연과학자 피지올로구스는 독수리가 태양신의 새라는 암시를 슬쩍 내비치기도 한다.[피지올로구스:29~33] 독수리가 늙어서 눈이 보이지 않게 되고 날갯짓이 무거워지면 맑은 물이 솟구치는 샘을 찾아 나선다고 한다. 태양이 내뿜는 빛발 속으로 날아 올라가서 자신의 낡은 깃털을 깡그리 태우고 눈에 드리운 어둠을 말끔히 씻어 낸다는 것이다. 그런 다음 샘으로 날아와 세 차례 몸을 잠그면 독수리는 새 생명을 얻고 젊음을 회복하게 된다.

독수리 형상이 내포하는 죽음과 부활의 상징적 의미는 뱀에서도 동일하게 나타난다. 연금술사들에게 뱀은 메르쿠리우스적인 원질료를 의미하면서 동시에 연금술적 작업 그 자체를 암시한다. 물은 기본 4원소에 해당하는데, 뱀은 차갑고 매끄러운 특징을 가져 물과 밀접하게 연결된다. 뱀은 물질을 삼켜버림으로써 그 물질을 제압하고 변환시키는 연금술의 변환 과정을 보여준다. 재생과 순환을 상징하는 우로보로스(uroboros) 뱀의 형상은 연금술의 도상에 자주 나타나는 것 중의 하나이다. 물 혹은 불 속에서 스스로를 집어 삼키는 메르쿠리우스 뱀의 도상이나, 뱀의 천상적 동물인 새의 특성을 동시에 구비한 뱀이 불을 뿜고 있는 도상들은 연금술 작업이 카오스적 삶의 질서 속에서 재생과 부활과 변이를 그 근본적인 목표로 하고 있음을 보여준다. 무형의 생명 덩어리로 존재하던 동물이 뱀으로 추측되는 파충류와의 마술적 접촉을 통해 신성한 인간으로 변신하기도 한다. 뱀이 허물을 벗는 속성 때문에 변신과 생성의 관념이 추출되었을 것이다. 파충류의 비늘, 빗살, 햇빛, 물결 모양은 동형적인 이미지이다. 파충류의 비늘이나 거북의 갑옷은 둔탁하면서도 날카로운 선의 역동성을 보여주는데, 이것이 신성을 띠는 이유도 신생, 생성, 변신 등의 상징과 관련되어 있기 때문이다.

뱀

뱀은 다양하고 특징적인 형태로 표현되며 그 상징적 의미 또한 다양하게 변주된다.노이만:225 여성의 원리에서 남성의 원리로 자주 분화하며 이것이 한 자리에 동시에 각인돼 있는 경우도 많다. 뱀은 고대부터 여성을 상징하는 것으로 이해돼 물과 관계있는 도상들과 자주 연결된다. 지그재그 무늬는 물결 모양을 도상화한 것으로 이는 뱀을 형상화한 것이다. 이는 물 숭배와도 관련되는데, '태초에 물이 있었다'는 믿음에 근거해 물을 생명의 원천으로 생각했던 고대인들의 믿음에 그 뿌리를 내리고 있다. 물이나 불에 대한 숭배는 청결이나 정화의 기능보다는 이들이 신의 속성을 띤 물질이어서 이를 통해 신과의 교감이 가능하다는 인식과 관련이 있다. 뱀이 물

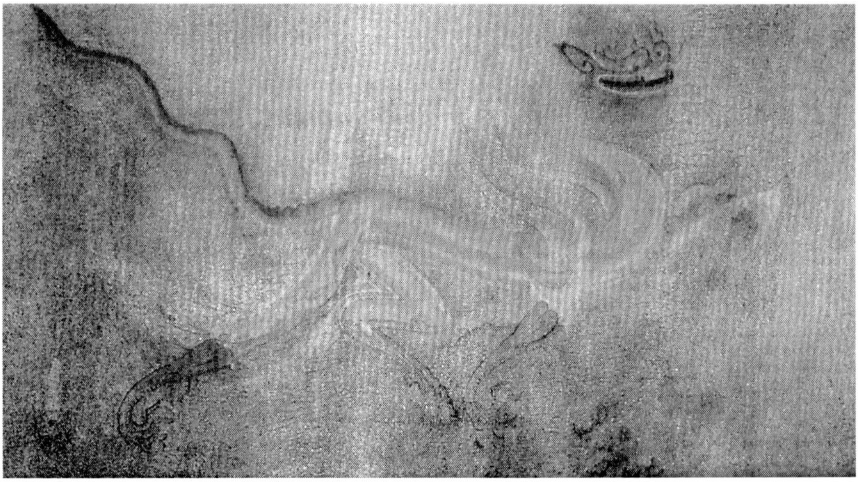

청룡(강서중묘, 고구려 6~7세기)
앞발을 크게 내딛으며 앞으로 나아가는 자세의 용이 묘사되어 있다. 파충류는 무의식의 힘과 생명, 신성, 전체성을 표상한다.

고기로 대체되기도 한다. 이는 물에 대한 관념을 반영하는데, 시원적 존재로서의 뱀이 살던 대양이 모든 우주를 뒤덮고 있었음을 상징한다.[골란:333] 오르페우스(orpheus)는 강의 아들로서 뱀을 뜻한다는 설도 있다. 만물의 모든 가치가 자신의 비늘 하나하나에서 반짝거리고 있는 용은 성스럽고 고귀한 신성 동물인 파충류의 정신을 표상한다. 무형의 생명 덩어리가 파충류와 접촉해 신성한 인간이 되는 꿈은 의식과 무의식의 합일을 의미한다. 이때, 동물은 일종의 생명 덩어리로서 본래적 무의식을 대표하며, 이것이 의식과 합일됨으로써 전체성을 갖는 것이다. 뱀과 같은 파충류는 변신과 신생의 관념을 입증하는 원형의 동물이다.[융(b):180~181]

뱀이 허물을 벗는다는 것은 새로운 삶의 시작을 상징한다. 이 때문에 뱀은 불사의 신으로 숭배된다. 불사조의 특성과 공유될 때, 뱀은 천상의 동물로서의 속성을 부여받는다. 신성한 동물은 하이브리드적인 특성을 갖는다. 뱀은 상스러우면서 동시에 불길한 잡종의 창조물인 것이다. 몸을 굽이치면서 뱀이 역동적으로 움직이는 형상은 우주의 물이 거대하게 살아 움직이는 장관으로 연상되고, 이때 뱀의 날개는 공기와 바람을 상징한다.

'뱀—여성성—다산—비' 등의 연결 고리는 다양한 문화권에서 나타나는 상징이다. 뱀은 조상신을 지켜주는 지하의 동물이다. 죽은 자들의 혼령을 지켜주고 죽음과 시간의 비밀을 알려 준다. 뱀은 긍정적인 입문의 역할을 부여받기도 하는데, 영웅들은 뱀을 죽임으로써 영원한 생명을 얻는다. 뱀은 운명이 뛰어넘어야 할 장애이며 풀어야 할 수수께끼이기도 하다. 뱀은 죽음과 다산, 순화의 세 가지 비밀을 동시에 가지고 있어 식물의 순환적 상징이라는 테마와도 연결된다. 새로운 시작과 고난 속의 영원이라는 약속을 의미하는 동시에, '나무—지팡이'처럼 수직적인 식물의 시간성을 의미하기도 한다. 나무에서 꽃과 과일은 시간의 수련을 통한 결정적인 승리를 뜻한다. 나무는 이 운명의 드라마를 통과하고 귀환해 수직적 초월을 꿈꾼다. 뱀이 식물의 초월과 관련되는 맥락은 삶에 대한 철학적 성찰과 관련이 있다.

뱀이 늙어 눈이 어두워지면 아무것도 보지 못하게 된다. 뱀은 젊음을 찾기 위해 꼬박 사십일 동안 낮과 밤을 아무 것도 먹지 않고 굶게 되는데 이때 뱀 껍질이 흐늘흐늘해진다. 틈새가 좁은 두 개의 바위틈을 찾아 그 사이로 지나가면 몸뚱이가 바위벽에 부딪치면서 낡은 껍질이 벗겨지고 뱀은 비로소 새로운 젊음을 얻게 된다. 도마뱀도 마찬가지다. 나이 든 도마뱀은 눈에 빛이 사라져 사물을 볼 수가 없다. 도마뱀은 태양을 면한 벽을 찾아 갈라진 벽의 틈 사이를 기어오른다. 태양이 떠오르면 도마뱀은 두 눈을 번쩍 뜨게 되고 예전의 젊음을 찾게 되는 것이다. 독수리나, 뱀, 까마귀 등의 원형적 동물들은 태양의 빛을 받아 그 육신을 갱신한다. 이들 동물들은 죽음과 생에 이르는 순환, 영원회귀, 물질의 변환 등의 상징성을 갖는다.

죽음을 통한 새로운 생명의 획득이라는 주제는 죄와 구원이라는 종교적인 맥락으로 이어진다. 죄를 지은 육신과 그것을 감싸고 있는 낡은 거죽을 벗어 던지고 단식과 정결의 좁은 길을 통과하면 새 영혼을 얻는다. 생명에 이르는 문은 좁고 또 그 길이 험하다. 이 길을 통과하면서 육신을 감싸고 있는 거죽을 버리고 새 옷을 갈아입는다. 이 제의적 의식은 새로운 생을 부여하고 영혼을 원래의 상태로 되돌려 놓는다.

뱀의 형상에서 특징적인 것은 자기 꼬리를 물고 있는 '우로보로스' 뱀의 형태이다. 이 뱀은 원의 형상을 갖는데, 원은 앞으로 일어날 일을 예견하는 것이며 물질의 변환 과정을 보여줌으로써 순환, 재생의 원형적 의례

앰피스배나(Amphisbaena)의 도상(1651)
자기 꼬리를 물고 있는 우로보로스의 변형이다. (최정은: 126)

를 재연한다. 자신의 꼬리를 물고 있는 우로보로스 뱀은 의식과 자아가 왜소하고 미발달 상태에 있는 태초의 인간이 가지고 있던 정신 상태 즉 원초적 상황을 의미한다. 우로보로스 뱀은 반대되는 것들의 위대한 총합을 상징하기도 한다. 대극적인 것들과 적대적인 것들이 그 안에 동시에 존재해 있다는 점에서 위대한 원형, 총체적 우주의 표상이다. 부정적인 것들과 긍정적인 것들이 번갈아 나타나면서 우주 생성의 영원한 리듬을 나타낸다. 뱀은 여성성과 남성성의 이원적 형상으로 나타나는데, 뱀과 그릇이 같이 있는 형상은 대극의 원리를 구체화한 것이다.[노이만: 226] 우로보로스 뱀은 원형적 여성성을 거쳐 위대한 어머니로 분화한다. 우로보로스 뱀의 형상에서 삶과 죽음의 끊임없는 도치는, 순환하는 삶의 굴곡을 상징하기도 한다.

'지식수'와 '생명수'는 나무와 뱀이 조합된 것이다. 뱀은 이 둘을 잇는 고리이다. 탈피하는 습성 때문에 갱생의 반복, 곧 불사의 상징으로 여겨졌지만, 뚫어지게 응시하는 뱀의 눈 때문에 지혜의 화신으로 숭상되었다는 것이다. 뱀이 '원죄'의 상징으로 규정된 것은 기독교가 널리 퍼진 뒤였다.[조던: 124]

치유의 뱀은 디오니소스와 가깝다. 동물이 인간으로 변신하는 변신담은 인류 문화사에서 자주 목격되는 것인데, 아직 형태가 없는 생명 덩어리는 파충류와의 마술적 접촉을 통해 신성화된 인간의 머리로 변신한다.융(b):181 파충류를 상징하는 뱀은 이 같은 이교도적 의식에서 자주 나타난다. 뱀뿐 아니라 개구리, 도마뱀 등 기어다니는 파충류는 지하세계의 대표자로서 숭배되는데, 특히 동양에서 거북, 두꺼비 등도 유사하게 성스러운 동물로 숭배되었다. 고구려 고분 벽화에 나타난 두꺼비나 까마귀가 그 예로 제시될 수 있다.

(좌)뱀 여신 조각 (우)램프 받침대
여성과 뱀은 신성성과 생명성을 상징하는 동형적 표상이다. 물의 속성과 부드러움을 공유하는 성질 때문에 모성, 창조, 생명 등의 상징성을 띤다.

박인환은 1956년 31세의 나이로 요절한 시인이다. 젊은 나이의 죽음은 그를 신비화시킴으로써 그의 시 자체의 질적 가치와 상관없이 대중적인 인기를 얻게 했다는 지적도 있다. 하지만 그의 대표작 「목마와 숙녀」는 그의 대중적 유명세를 뛰어넘는 충분한 가치가 있다. 「목마와 숙녀」에서 뱀은 이 시 전체가 가진 우울하고 비관적인 정조, 곧 페시미즘적인 분위기를 한 순간 바꾸어 버린다. 난해한 구절로 알려진 '두 개의 바위틈을 지나 청춘을 찾은 뱀과 같이'가 갖는 원형 상징성 때문이다. 세련된 언어 감각과 도시적 감수성을 활달하게 표출한 것으로 알려져 있는 이 시의 '세련성'이나 '도시성'은 바로 이 고대적인 원형 모티프 덕분인 것이다. 현대적인 것이 고대적인 사상에 끈을 대고 있다는 것은 아이러닉하지만, 원형 심상이 시간과 공간을 뛰어넘어 존속하는 것임을 이는 예증한다. 박인환이 기대고 있는 도시성은 고대적인 것, 원형적인 어떤 것을 향한 갈망 속에서 섬세하게 움직이고 있는 셈이다.

> 한 잔의 술을 마시고
> 우리는 버지니아 울프의 생애와
> 목마를 타고 떠난 숙녀의 옷자락을 이야기한다.
> 목마는 주인을 버리고 그저 방울 소리만 울리며
> 가을 속으로 떠났다. 술병에서 별이 떨어진다.
> 상심한 별은 내 가슴에 가벼웁게 부서진다.
> 그러한 잠시 내가 알던 소녀는
> 정원의 초목 옆에서 자라고
> 문학이 죽고 인생이 죽고
> 사상의 진리마저 애증(愛憎)의 그림자를 버릴 때
> 목마를 탄 사랑의 사람은 보이지 않는다.
> 세월은 가고 오는 것
> 한때는 고립을 피하여 시들어 가고
> 이제 우리는 작별하여야 한다.
> 술병이 바람에 쓰러지는 소리를 들으며
> 늙은 여류작가의 눈을 바라다보아야 한다.
> …… 등대에 ……
> 불이 보이지 않아도
> 그저 간직한 페시미즘의 미래를 위하여
> 우리는 처량한 목마 소리를 기억하여야 한다.

모든 것이 떠나든 죽든
그저 가슴에 남은 희미한 의식을 붙잡고
우리는 버지니아 울프의 서러운 이야기를 들어야 한다.
두 개의 바위틈을 지나 청춘을 찾은 뱀과 같이
눈을 뜨고 한 잔의 술을 마셔야 한다.
인생은 외롭지도 않고
그저 잡지의 표지처럼 통속(通俗)하거늘
한탄할 그 무엇이 무서워서 우리는 떠나는 것일까.
목마는 하늘에 있고
방울 소리는 귓전에 철렁거리는데
가을 바람 소리는
내 쓰러진 술병 속에서 목메어 우는데

이 시에 등장하는 버지니아 울프(Virginia Woolf)는 영국 빅토리아 시대의 여성 작가로서 지극히 폐쇄적인 남성 위주의 사회에서 '여성이 글을 쓴다는 것'에 대해 끊임없이 의문을 가졌으며, 글쓰기를 통해 자신의 정체성을 찾고자 했다. 선구자적인 그의 의식은 오랫동안 신경병 발작과 환청에 시달리게 했으며, 결국 자살로 그는 생을 마감하게 된다. 이 시에서 '울프'의 존재는 목마, 숙녀와 함께 유기적으로 연결돼 상실감, 비애, 허무 등의 의미를 내포한다. '떨어진다', '부서진다', '버릴', '보이지 않는다' 등은 삶에 대한 페시미즘적인 시선을 보여준다. '바위틈', '청춘을 찾은 뱀' 등은 상당히 난해한 시구지만 '뱀'의 원형 상징적 맥락에서 이 구절을 해석할 수 있는 단서가 존재한다. '바위틈을 지나 청춘을 찾은 뱀'은 그 자체로는 '고통의 시간을 통과하면서 인식의 눈을 뜨다'라는 의미로 이해된다. 허무와 절망의 상황에 빠져 있던 시인이 현실을 돌아보면서 그 현실의 모습을 명료하게 재인식한다는 의미이다. 그것은 새로운 시작이자 새로운 자아의 발견이기도 하다.

'인생은 외롭지도 않고 / 그저 잡지의 표지처럼 통속'하는 것은 어떤 의미일까. 이 구절은 허무주의의 극한을 보여준다. 잡지의 표지가 시간의 흐름에 따라 시효성을 잃고 낡아가는 것을 보는 것은 얼마나 쓸쓸한 일인가. 시간의 흐름과 육체의 쇠락에 맞서 더욱 날카롭게 정신을 연마하지 않는다면 삶은 낡아가는 잡지의 표지보다 더욱 처량할 것이다. 목마도, 숙녀도 떠나고 그 언어마저 의미를 잃을 때 극도의 허무한 경지가 찾아올 것이다. 그러니 인생은 그저 잡지의 표지처럼 통속할 뿐이다. 그렇다면 삶에 있어 새삼 서러운 것은 없다. 허무에서 관조에 이르는 길은 절망과 희망 사이의 거리만큼 역설적인 것이다. 이 역설은 뱀, 목마, 숙녀 같은 원형 심상이 우리 내면의 밑바닥을 훑고 흘러가는 어떤 공감 위에서 움직인다.

파충류의 비늘, 빗, 빛, 창살

뱀의 이미지는 파충류의 모티프들로 변환한다. 파충류의 비늘은 마치 기사의 갑옷과 같이 딱딱하고 금속성의 강한 이미지를 가지고 있으며 또 황금으로 빛난다. 강하면서 고귀한 품성을 가진 기사의 존재를 암시하는 듯하다. 황금 갑옷을 입은 기사의 이미지는 수면에서 태양 빛을 받아 날카롭고도 예민하게 강물의 이미지와 연결된다. 그것은 또 한편으로, 흐느끼는 강물은 출렁거리며 다가오는 아름다운 여인의 머릿결로 변신한다. 빗살무늬 토기에서 빗살은 귀중한 그릇이라는 종교적 의미를 가지고 있을 확률이 높다. 뱀의 이미지에서 전이해 온 이들 이미지들이 천상의 문을 열고 들어가는 빛의 이미지로 변주되기도 한다. 소름끼치도록 혐오감을 주는 파충류가 이토록 아름다운 여성의 이미지로 변주될 수 있는 힘이 원형 상징에는 있다. 원형 상징에서 추한 것은 아름다운 것이며 그 역 역시 성립한다. '미녀와 야수'의 대중적인 문화 코드는 파충류와 아름다운 여성의 이미지 변주일 가능성이 있다. 여기서 우리는 아름다운 한편의 시를 만나게 된다.

윤후명의 아름다운 문체에 매혹당한 사람들은 그의 시에서 신비스런 이미지들을 만나는 것이 별스런 일이 아니라고 생각할 것이다. 윤후명의 소설들이 시적 몽환과 이미지를 가지고 있다는 것은 「돈황의 사랑」, 「누란의 사랑」, 「부활하는 새」 등 그가 이왕에 썼던 소설 제목에서도 이미 드러났던 것인데, 이 소설들의 배경인 돈황, 누란, 지심도는 태초적 인간의 꿈이 서린 공간이다. 사막과 모래 언덕만이 존재하는 누란이나 원시림 같은 동백숲이 존재하는 지심도나 그것은 모두 태초의 마음이 머무는 원형적 공간이자 이미지이다. 신비적인 빛의 이미지와 빗의 상징성이 기묘하게 결합된 이 태고적 모티프가 낯설지 않은 것은 이 때문이다.

신성한 빛의 다발들을 빗어 넘기는 '빗'을 팔러 다니는 황아장수가 늙은 현자처럼 그려진 「황아장수의 머리빗」을 보자. '빗'은 삶의 '막다른 골목'에 있는 영혼을 위무한다. 빗은 생의 길을 만들고 하늘의 문을 열어준다.

묘하게도, 이 '빗'은 가녀린 많은 가지들을 먹여 살리는 생명수(生命樹)를 닮아 있다.

> 막다른 길 끝에서 옛 황아장수를 만났다
> 아무도 없는 곳
> 영문 모르고 홀로 가야만 하는 곳
> "머리 빗 사시구려!"
> 그 빗으로 덤불을 빗어주면 가르마가 생겨
> 길을 연다고 그가 말했다
> 그리하여 나는 덤불도 없는 벼랑에서도
> 믿기 어려운 머리빗을 꺼내 들었다
> 황아장수는 이미 죽어
> 지나온 길을 물을 수도 없는데
> 나는 그 딸을 만나러 왔던 듯
> 하늘을 빗으면 열리려나 했던 듯
> 결국 막다른 마음은 외칠 수밖에 없었다
> "머리빗 사시구려!"(전문)

빗의 얼기설기한 빗살무늬 형태는 천상과 지상 사이에서 영혼을 실어 나르는 바람과 다를 바 없다. 빗은 고대와 현재의 시간을 이어주고 이승과 저승을 이어준다. 머리카락은 시간과 강물의 이미지를 반조하면서 삶의 성스러운 여정을 표상한다. 이 시에서 머리카락은 '덤불'의 이미지 속에 녹아있다. 빗을 빗으면 덤불은 가르마 같은 길을 환하게 밝혀준다. 신화에서는 시간의 강물을 건너가는 모험의 여행자들은 강어귀에서 머리를 빗고 있는 반인반수의 아름다운 여성들을 만나게 된다고 반복적으로 묘사한다. 그 여성들은 시간의 껍질들이 얼기설기 엮어진 파충류 같은 황금 갑옷을 입고 머리를 빗고 있다. 시간의 강물은 그 여자들이 빗는 머리카락의 빛을 받아 눈부시게 빛난다. 그러니까 머리빗은 성스럽고 신성한 영혼의 여정에서 마주치는 성물(聖物)이다. 제의적이고 상징적인 것이다.

자신에게 이 빗을 팔았던 옛 황아장수는 죽고 없고 시인은 대신 딸을 만나러 온 듯하다고 쓴다. 시간은 그렇게 과거에서 현재로 다시 미래로 흘러가면서 생을 반복한다. 시인은 빗으로 하늘 문을 열고자 한다. 이 빗은 여성적 구원과 태고적 시간의 회귀에 대한 약속을 매개한다. 막다른 길 끝에서 막막한 영혼들이 만나는 이 빗의 페티시즘(fetishism)은 성스럽고 몽환적이다. 여성적 구원 가능성과 원형적 시간성이 내밀하게 그 빗의 물질성에 각인되어 있다. 이 소설가는 자신의 전 언어를 이 상징적 원형성에 내맡기고 있는 듯 '머리빗 사시구려!' 하고 외친다. 마치 그렇게 외침으로써 인간 언어의 질곡에서 벗어나 천상의 언어를 통해 스스로 구원될 수 있다는 듯 말이다. 빗을 파는 황아장수는 시인의 영혼을 먹여 살리는 천상의 대리인, 연금술적 현자, 자기 무의식의 그림자, 아니마가 아닐까.

고래

밤의 항해를 상징하는 도상들 가운데 눈에 띄는 것은 고래이다. 영, 로고스, 신적 정신 등은 육체에 지배당하는데 고래에게 잡아먹힌 요나는 육체에 사로잡힌 의식을 상징하며, 육체와 그것을 대표하는 기관이 의식을 제압하는 강한 힘을 획득하고 있음을 보여주는 것이다. 이는 의식의 활성화와 영적 재생을 위해 반드시 필요한 죽음의 과정이다. 영웅 신화에서는 영웅들이 불의 동물인 용에게 잡아먹힘으로써 새로운 영을 얻게 되는 과정을 보여주는데, 바다 속 고래에게 잡아먹히는 도상은 영이 무의식으로 하강하는 것을 나타낸다. 지하 세계나 바다의 바닥은 지옥과 죽음의 세계를 상징한다. 어두운 무의식과 죽음의 그늘 속에 있던 심혼의 영들은 거기서 풍부한 생명력을 얻는다. 고래는 어둠의 자궁이면서 생명의 근원이다. 헤라클레스가 태양의 배를 타고 밤의 항해를 하는 도상은 기원전 아테네 화병의 문양에서 자주 볼 수 있는데, 이 영웅 신화의 도상 또한 새로운 생명력의 획득과 관계가 있다.[융(c):153] 요나가 고래의 입에서 나오는 그림은 밤의 항해가 끝났음을 상징하고 그것은 물질의 새로운 변환 과정을 통해 메르쿠리우스인 '돌'을 획득했음을 의미한다. 요나의 배 속은 너무나 뜨거워서 영웅의 머리가 빠질 정

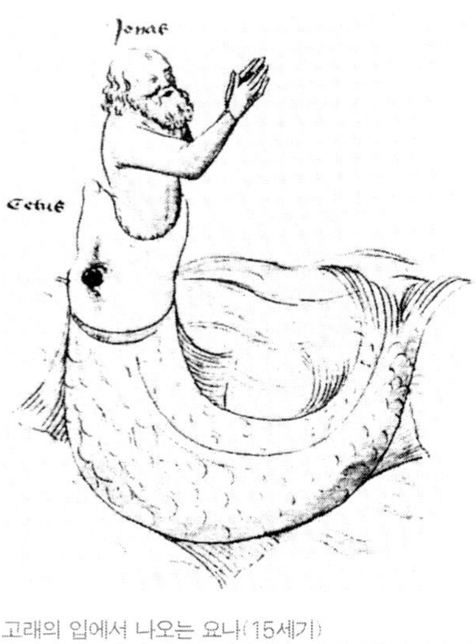

고래의 입에서 나오는 요나(15세기)
육체에 사로잡힌 의식을 상징한다. 의식의 활성화와 재생을 위한 죽음을 표상한다.

도이다. 영웅은 대머리가 되어 다시 아기로 태어난다. 영웅들은 왜 지하 세계로 내려가는지, 지옥의 불은 왜 지독히 뜨거운가 하는 이유가 여기서 설명이 된다. 열기는 물질을 변화시킬 뿐 아니라 육체를 눌러 의식의 영을 각성시켜 청정한 정신으로 되돌려준다. 뜨거운 지하 세계의 불이나 바다의 찬 습기는 내적 대극을 이룬다.

복효근의 「고래를 이해해야 하는 이유」에서 고래는 성가족(聖家族)의 형상을 하고 있다. 이 시에서 고래는 가난하고 소외된 우리 사회 한 가족의 초상인데 이 고래 가족에게서 동정과 연민보다는 의지와 생명을 느끼게 되는 것은 고래의 원형적 이미지와 관련이 있다.

상어도 바다코끼리도
아무도 우리를 건드리지 않았다
고막껍질 같은 지붕 아래
고래심줄 같은 가난이
우리를 친친 감아 하나로 묶어주었다
그 때 그 아버지의 나이쯤 이르러 나도 가끔 고래가 된다
항상 지는 싸움이긴 하였어도
싸우기 위해 고래가 되었을 것이다
고래를 이해해야 하는 이유가 거기에 있다
그 생애 추웠을 것이나 맑았다는 듯
검은 이불홑청 같은 하늘 한구석
고래자리 별들이 호롱을 켜고 있다

이 시는 1980년대 민중시적인 전략과는 다른 길 위에 있다. 이 가난한 '고래 가족'은 '성가족(聖家族)'이다. 이 성가족을 묶어 주는 것은 '고래심줄' 같은 정신의 힘이다. '고래고래 질러대는 고함 소리에' 파도는 가라앉고 바람은 잦아든다. '항상 지는 싸움이긴 해도 싸우기 위해 고래가 된다'는 것은 '고래 가족'이 가진 정신의 힘을 말한다. 그것은 '고래등'처럼 높이 솟아 가난과 불우를 넘어서는 정신의 봉우리가 된다. 따라서 '고래를 이해해야 하는 이유'는 '고래로 살아왔던 이유'이며 또 그렇게 살아갈 이유이다.

이 시의 아름다움은 '변신'의 연금술적 환치이다. 그것은 추위를 녹이는 맑음이며, 검은 어둠을 밝히는 빛이 된다. 고래의 검은 등은 추위를 녹이는 이불 홑청이 되고, 검은 하늘 한 구석에서 다시 어둠을 밝히는 호롱이 되고, 고래자리 별이 된다. 이 고래 가족의 깊고 검은 슬픔은 이 변신적 상상력에 힘입어 순결하고 고귀한 정신의 경지로 끌어올려진다. 그것은 깊은 감정의 협곡 너머에서 울려오는 메아리처럼 이미지를 공명시킨다. '지상의 캄캄한 어둠'과 '성스러운 빛을 품고 있는 고래별'은 찬란하게 맞서고 있다. '고래로', '고래등', '고래목', '방고래', '고래고래', '고래등', '고래심줄' 같은 단어들은 검고 검다. 그 검은 빛은 원형 이미지의 아우라와 겹쳐져 아름답게 빛나고 있다.

거미

이 세상의 낮과 밤을 함께 짜는 태양 역시 바람과 동일하게 세상을 연결하고 있는데, 거미 또한 이 역할을 하는 신성 동물이다. 거미는 존재하기 위해서는 결속되고 통합되어야 한다는 우주의 근본 관념을 표상한다. 중심에서 출발해 네 방위의 공간을 완벽하게 묶어주는 거미줄은 인간은 결국 타인에게뿐 아니라 자신의 모든 과거에 종속되어 있는 존재임을 보여준다. 죽음은 한 존재에서 다른 존재로 옮겨가는 무수한 윤회의 출발점일 뿐이며, 인간은 타자들과의 신비로운 결합 속에서 자신의 생을 꾸려가는 것이다.

니체의 거미는 복수의 정신 혹은 동등에의 의지를 표상한다. 삶은 높이를 필요로 하고 인간은 스스로를 정신의 맨 극점까지 끌어올려야 한다. 하지만 타란튤라들은 이 같은 정신의 상승을 부정하고, 스스로 극복하면서 삶의 최고 단계를 꿈꾸는 사람들을 비난하면서 오히려 이들에게 복수하기를 원한다는 것이다. 자신의 동굴에 앉은 채 삶에 등을 돌리고 있으면서도 삶을 칭송하는 체 하고, 그렇게 함으로써 타인을 해치고자 하는 동등에의 정신이 독거미들의 정의라고 비판한다.니체(b):139~141

자기의 몸으로 우주를 짜는 거미는 불멸(aksara)의 신이라 여겨졌다. 세상을 짜기 위해 자기 몸에서 뽑아내는 거미줄은 그래서 근원적인 생명의 물질 메르쿠리우스이다. 거미는 창조주이다. 창조주는 일종의 직조자이다. 그가 자신으로부터 방출해 낸 세상과 모든 존재를 보이지 않는 줄과 밧줄로 자신에게 묶어 둔다는 점에서 그러하다. 씨실과 날실로 짜는 우주라는 개념은 자신의 몸에서 체액으로 뽑아내 거미줄을 짓는 거미의 존재를 각인시킨다. 거미는 개인의 죽음에서 끝나는 것이 아니라 한 존재에서 다른 존재로 옮겨가면서 무수히 윤회하는 존재이다. 그래서 거미는 윤회와 생의 반복 순환을 뜻하는 우로보로스 뱀과 근친성을 갖는다. 한 브라만의 격언집 표지에는 우로보로스 뱀에 둘러싸여 있는 거미가 그려져 있다. 이 거미는 순환과 반복, 재생과 창조의 설화가 빚어내는 우로보로스 뱀의 이형태가 된다.[융(b):275]

고도의 정신적 수준에 있는 사람들이 상징을 이해하는 과정은 아주 논리적이고 질서정연한데 그것은 중심점을 향해 주변의 것들이 나선형 모양으로 서서히 집중해 들어오는 형상으로 비유되기도 한다. 즉 거미줄 중앙의 중심점에 거미가 버티고 있고 그 주변을 우로보로스 뱀이 나선형 우주를 감싸고 있듯 거미줄을 두르고 있다. 무의식적 과정이 서서히 중심부를 향해 접근해 가면서 뚜렷하게 중심부가 부각되는 특성으로 표현되기도 하고, 그 자체로 중심점은 인식되지는 않지만 서로 일치되지 않은 무의식의 여러 가지 재료들과 과정들에 중심이 영향을 끼쳐서 이들을 거미줄처럼 견고하게 잡아매두고 있는 형상으로 표현되기도 한다. 중심이 인식되든 그렇지 않든 간에, '거미'는 중심의 어떤 힘으로 스스로를 계속 갱신하는 무의식적 힘이 작용하고 있음을 암시한다.

중앙을 나선형으로 묘사한 그림들의 대부분은 갱신과 창조의 중심적 힘을 상징한다. 알을 감고 올라가는 뱀의 형상은 창조의 중심으로서의 존재를 형상화한다. 만다라 또한 마찬가지 의미를 갖는다. 갱신은 일종의 소실을 의미하기 때문에 두려움과 소심함으로부터 자유로울 수 없다. 두려움에 싸여 달아나면서도 인간은 그 중심을 향해 계속 가까이 다가가고 중심 주변을 맴돈다. 중심은 모든 변화를 이끄는 '핵화(核化)'이다. 미궁의 중심에 핵(알렙)이 있는 것과 같은 형국이다. 그것은 '수정', '결정(結晶)의 압축, 핵심의 이미지를 가진 '알'의 형태로 나타난다. 알은 생명의 원천이자 변화하는 힘의 '중심'이다.

그릇, 용기의 형상은 천계 또는 여성 자신을 상징한다. 여성은 달과 별, 해 등의 발광체를 거느리는데, 그러므로 위대한 어머니는 달과 별이 빛나는 밤의 망토를 입고 있는 숙명의 여신이다. 그는 운명을 짜듯 실을 엮는다. 그 점에서 여신은 시간의 여신이기도 하다. 그러니까 공간과 시간은 원형 상징의 맥락에서는 동일한 것이다.노이만:356~360

John Strudiwick, 〈황금 실을 잣는 세 명의 여신 모이라(Moirae)〉(1885) 맏이 클로토는 운명의 실을 뽑아내는 여신, 둘째 라케시스는 운명의 베를 짜는 여신, 셋째 아트로포스는 목숨이 다하면 운명의 베를 가위로 자르는 여신으로, 제우스조차 아트로포스의 뜻을 거스를 수 없다.

천을 짜고 실을 잣는 신화에서 여신은 종종 3인조로 나타나거나 3의 중첩인 9인조로 등장하는데 이집트 신화에서의 네이트, 네트에트, 이시스, 게르만 신화에서의 우르드, 홀다(페르흐타), 익스첼(페르흐트), 그리스 신화에서의 에일레이티아(아테네) 등은 숙명의 실을 잣는 방적공이다. 스페인 동부지방 카탈로냐의 프레스코화에는 숙명을 잣는 위대한 어머니로서의 성모마리아 상이 나타난다. 1400년 경 독일 지역에서도 원형적인 이미지의 성모상이 나타난다. 마리아의 중심에 그려진 아이는 마리아의 몸을 구성하는 옷감이다. 운명의 실을 잣는 방적공으로서의 여신은 종종 거미로 변이되어 올가미, 그

물, 매듭, 밧줄 등과 함께 부정적 어머니의 상징이 되기도 한다. 이 같은 부정성의 거미는 원초적으로 죽음을 상징하며 남성의 원리와 대극을 이룬다. 이는 죽음 대신 영속성, 변화 대신 영원불멸성, 창조적 생성 대신 법을 갈망하는 남성의 의식을 보다 높은 단계로 끌어 올려 영적 의식을 고양시키는 여성 원리로서 기능한다.[노이만:366]

프로이트는 이 '거미'의 부정성을 남성들의 거세 공포에 대한 상징성으로 읽어낸다. 거세된 자로서의 여성은 성모의 자궁과 가슴에 우주적 의미를 부여하는 종교적 관념 체계를 갖게 되는데, 이때 남성들은 여성을 자신들을 거세할 존재로 인식해 두려움과 불안을 갖게 된다는 것이다. 여자 괴물 및 식인 마녀, 이빨 달린 질(the toothed vagina), 긴 손가락과 큰 코를 가진 마녀의 이미지는 남성들의 거세 공포가 투사된 것으로 일종의 남근 상징의 어머니를 표상한다. '거미'와 남근 상징의 어머니는 무의식적으로 연결되어 있다는 것이다.

김신용의 「실젖」은 인간 몸과 거미 몸의 동형성을 암시한다. '거미'는 아름다운 생명의 메르쿠리우스 '실젖'을 만드는 우주의 몸이다. 이 시에는 '여성의 몸'과 '거미 혹은 누에의 육체', '유동적인 것'과 '굳어진 것', '물'과 '돌', '젖은 것'과 '마른 것', '젖'과 '꽃눈', '젖'과 '봄비'같은 이종적인 몸들이 화려하게 펼쳐진다. 이들 물성들 혹은 몸들 사이의 경계를 넘나드는 상상력의 흐름과 그것들의 변이 과정이 밀도 있게 조직돼 있어 아름다움을 준다. 시인은 물성들의 변이 과정을 따라가면서, 그 속에 깊숙이 자신의 시선을 개입시키고 그 스스로의 육체를 일체화한다. 정서의 회감에 의해 혹은 서정적 분위기 때문에 시적인 감응을 주기 보다는, '몸'이라는 물질적 경험이 투사되어 있어 선명하고 실감이 있다.

‘실젖’을 사유하는 것에서 나아가 실제로 그것을 입 밖으로 발음해 볼 때 그 구체성이 강렬하게 살아난다고 시인은 말한다. 시인은 ‘실젖’을 속으로 읽지만 말고, 눈으로만 보지 말고, 입 밖으로 가만히 되뇌어 보라고 말한다. 그렇다. ‘실젖!’ 하고 입 밖으로 한번 내뱉어보라. ‘실젖’은 그제야 말의 ‘육체성’을 얻어 실감과 구체성을 확보한다.

> 그러나 실젖, 하고 가만히 발음해보면
> 고치를 지어 자신의 몸을 둥글게 만 누에의 것도 실젖이어서
> 그 거미줄로, 둥글고 말랑한 고치를 짓고 싶어진다
> 그러면 고치의 집 속에는 羽化의 몸짓이 웅크리고 있으리니
> 그때, 실젖은 거미의 몸에 붙은 꽃눈이겠다
> 거미집을 맑고 투명한 꽃으로 피우는 꽃자리이겠다
> 몸속에 고여있을 때는 연한 액체지만
> 몸 바깥으로 흘러나오는 순간, 돌처럼 굳는, 고체가 되는
> 거미줄이, 슬픔의 발을 씻어주는 洗足의 물이 될 것 같다

‘실젖’하고 불러내는 순간 ‘실젖’은 뚜렷한 ‘존재의 인장’을 갖는다. 불러내기(呼名)는 물질성을 부여하는 행위가 된다. 시인은 ‘실젖’에서 가난한 어머니의 마른 젖을 떠올린다. 유선도 젖꼭지도 없는 ‘실젖’은, 가난해서 생명의 물들을 품을 수 없었던 어머니의 마른 육체를 상기시킨다.

‘실젖’이 ‘슬픈 모성’의 육체를 단숨에 뛰어넘는 것은 ‘실젖’을 입 밖으로 말하는 그 순간이다. ‘실젖’하고 ‘가만히 발음’하는 순간이 ‘슬픈 모성’이 변신의 몸들을 얻는 순간인 것이다. ‘실젖’은 발음상 고치실을 짓는 누에

고치의 몸과 연결되고, 이는 다시 우주적이고 원환적인 모성의 육체로 변이된다. 둥그런 누에고치의 육체로 전이된 '실젖'은 이제 우화(羽化)를 준비하고 있는 꽃눈이 된다. 거미의 몸속에서 액체로 고여 있던 거미줄은 몸 밖에서 발을 씻어주는 물이 된다. 비의적인 연금술의 기원은 바로 '실젖'이라고 말하는 그 순간이다.

'실젖'이라는 말의 물질성에서 뽑어져 나온 것은 부드러움이며 그것은 연하고 어린 생명을 키워내는 어머니의 물, 곧 '봄비'의 이미지와 연결된다. 시인은 '젖꼭지도 乳腺도 없지만, 그 부드러움에 가만히 입술을 대면 / 너무 가늘어서 細雨라고 부르는, 봄비에 젖는 느낌이어서'라고 쓴다. 마르고 건조한 것에서 부드러움을 느끼고, 가늘고 여린 것에서 깊숙하고 풍족한 영혼의 움직임을 느끼게 하는 것이다. 시인의 상상력이 우리를 데려가는 곳은 그러한 혼융과 조화가 있는 어머니의 세계, 생명과 풍요의 시원이다. 우리는 단지 '실젖' 하고 입 밖으로 불러보면서 말의 물질성을 체험하기만 하면 된다.

칠, 북두칠성, 신성한 수

숫자 역시 신성성을 갖는다. 숫자 중 칠(7)은 가장 널리 알려진 신성성을 갖는 숫자이다. '칠'은 가장 높은 단계를 상징하는데 '태양화'라는 상징성은 그 절정의 표상이다. 이는 일곱 행성, 일곱 장미 같은 물질과 대응된

'해'와 '달'의 양성체가 반인반수의 머리 위에서 화려하게 빛나고 있다.

다. 성인식의 단계에서 '7'은 이루어야 할 가장 높은 목표를 상징하며 신의 사다리에서도 정점에 위치한다. 우리에게 가장 익숙한 경험은 일주일 단위가 7일이라는 것이다. 천체의 운행 주기에 따라 일 년 365일과 일일 24시간을 상정한 것과는 다르게 일주일을 칠일로 한 것은 그 근거가 분명하지 않다는 주장도 있다. 흥미로운 것은 일주일의 각 요일마다 신에서 따온 천체의 이름을 붙였다는 것이다.[핀코위시: 291~294] 오시리스가 다스리는 지하 세계에는 일곱 개의 문이 달린 일곱 개의 전당 또는 아리트(arit)가 있다는 설도 있다. 지하 세계의 일곱 개의 거주지는 대지와 다산성을 상징하는 여신과 관련되거나 일곱 마리 암소나 황소와 연관되기도 한다.[노이만: 258~259] '고대 세계의 7대 불가사의', 창세기에 묘사된 창조의 7일, 로마의 7개의 언덕, 중세의 7가지 교양 과목 등 '7'을 기본 묶음으로 하는 수많은 예들을 들 수 있다.

그런데 '칠'은 단계의 정점 혹은 최고의 경지를 나타내는 표상이기도 하지만 불확정성 혹은 모호함을 상징하기도 한다. 난장이와 식인 도깨비의 동화 속에서 일곱 번째 난장이는 행복과 불행을 동시에 가져다주는 이중적 존재로 그려진다. 그는 총명하고 순진무구하지만 그 자신이 식인 도깨비이기도 하다.[융(b): 83~103] 태양의 지상적 대응물은 '장미'이다. 중세 후기의 장미 십자회나 스스로 태양신이기를 꿈꾸고 '배교자'가 되었던 고대 로마 황제 율리아누스(Julian)에게서 '태양'의 '장미'로의 지상적 이행 과정을 확인할 수 있다. 그래서 장미꽃잎은 일곱 행성이나 일곱 단계의 변화 과정을 설명하기 위해 일곱 겹으로 그려지곤 한다. '장미꽃'이 '황금꽃'이 되는 과정은 자연스러운데 '푸른 꽃'이며 '푸른 사파이어 꽃'으로 표상되는 것은 어쩐지 낯설다. 낭만주의 시인인 노발리스의 '푸른꽃'은 '장미꽃'의 상징성을 계승하고 있다. 칠은 성스러움을 가진 숫자이지만 이것 또한 고정되어 있지 않다. 칠은 여섯이나 여덟이 되기도 한다. 『파우스트』에 나오는 네라이덴(Nereiden, 海神 네로우스의 딸들)과 트리톤(Tritonen, 바다의 신 포세이돈과 암피트리트의 아들들)의 수도 일곱이지만, 경우에 따라 여섯이 되기도 하고, 여덟이 되기도 한다. 카비렌(Kabirenszene, 불과 대장장이 신인 헤파이스토스의 대장장이 아들) 역시 그 숫자가 명확치 않다.

송찬호의 「무당벌레」는 '일곱 개의 까만 점을 가진 무당벌레'를 다룬 시다. 왜 하필 일곱 개일까.

> 우리집은 그냥
> 무당벌레 집이라고 하면
> 편지가 안 와요
>
> 우리집은
> 지붕은 빨갛고
> 지붕에 일곱 개 까만 점이 있는
>
> 감자잎 뒤에 사는
> 칠점무당벌레 집이라고 해야
> 편지가 와요

그냥 '무당벌레 집'이 아니라 '칠점무당벌레 집'이라고 말할 때의 명징성이 재미있다. '칠점무당벌레 집'은 다른 무당벌레집과 뚜렷이 구별되는 기호이다. '무당벌레 집'과, '감자잎 뒤에 사는 칠점무당벌레 집' 사이에는 명징성이 소통 행위의 출발점임을 암시하는 시인의 시선이 있다. '편지'는 소통과 교환을 상징한다. 그것은 언어와 언어 사이에, 시인과 독자 사이에, 사물과 시인 사이에 놓여있다. 이 '소통과 교환'을 가능하게 하는 것이 바로 이 이름붙이기의 명징성인 것이다. 이름이 있어야 존재할 수 있고 소통할 수 있다. 단순한 이름붙이기가 아니라 공명이 있는 명명법이 필요한 것이다. '지붕은 빨갛고 그 지붕에 일곱 개 까만 점이 있으며 감자잎 뒤에 사는 칠점 무당벌레 집'은 여러 단계의 묘사적 과정을 거친다. 그 이후에 편지는 배달된다. 하지만 사물들은 시인이 이름 붙여준 그대로 그냥 가만히 존재해 있지 않다. 사물들도 시인이 붙여준 이름을 거부할 수 있다. '무당벌레'가 아니라 '어떠어떠한 칠점무당벌레'라고 하는 이 길고도 요약적인 이름으로 불리기를 기다리면서 말이다.

'일곱 개 까만 점을 가진 무당벌레'의 존재는 이 순간 천상의 별처럼 빛난다. 일곱 개를 가졌기에 그것은 천상적 존재로서 지상의 삶을 살아간다. 일곱 개여서 명징하며 천상의 신성성을 가졌기에 그러하다. 천상적 삶이 지상에 실현되는 바로 그 순간 삶은 신비와 경이로 가득 찬다. 이 시는 그러니까 이름붙이기와 소통의 명징성에 대한 시인의 로망을 보여주고 있다. 자신의 내면에 깃든 상상의 별을 찾는 시인들의 오래고 긴 로망을 우리는 '대로망'이라 부를 수 있을 것이며 이는 연금술의 과업이기도 하다. 시인이 된다는 것은 물질들에 꼭 맞는 원형 상징의 이름을 붙이는 대로망의 기획이자 황홀하고 신성한 사업이 아닐 수 없다.

거울, 책, 문자

'거울' 상징은 다양하고 복합적이다. 디오게네스에 따르면, 소크라테스는 젊은이들에게 거울을 들여다보게 하고 그렇게 해서 잘생긴 이들은 자부심을 갖게 하고 못생긴 이들은 교육을 통해 미운 곳을 가리는 법을 배우게 했다. 거울은 '너 자신을 알라'의 보조자로서 인간이 자신을 신격화하지 않도록 해 주며 자신의 한계를 알아서 자만에 빠지지 않도록 함으로써 자신을 완성하도록 해준다. '모방'의 '수동적 거울'을 의미하는 것이기보다는 '변형'의 '능동적 거울'을 말하는 것이다.보네: 132~134 술 취한 사람들에게 거울을 주고 술에 절은 자신의 모습을 보도록 했다는 기록도 있다. 이때 거울은 단순히 육체의 겉모습을 보여주는 것이 아니라 내면의 태도를 보여주는 것이다.

거울은 정신적 삶의 동인으로서 인간이 악덕을 물리치는 것을 돕는다. 거울은 인간의 있는 그대로의 모습과 이상적으로 그렇게 되어야 할 모습을 동시에 보여준다. 세네카는 화가 난 사람의 손에 거울을 쥐어 주어 추해지는 영혼으로 얼굴이 일그러지는 것을 보게 했다. 이 주제는 플로투스의 작품에 나오는, 거울을 통해 지나온 삶의 거리를 읽는 노인의 이야기로 변형돼 인기를 얻는다. 즉 거울은 내면 성찰의 매개적 주체이며, 인간은 거울을 통해 과거와 현재, 미래로 이어지는 생명을 지속시킨다. 마술 거울 앞에 선 파우스트는 부정의 영인 메피스토펠레스의 악행으로 끊임없이 시험당한다. 파우스트는 거울 앞에서 젊은 여인에 매혹당하며 자신의 육체를 이십대의 그것으로 되돌릴 수 있다는 메피스토펠레스의 말을 뿌리치지 못한다. 이 장면을 렘브란트는 〈마술 거울 앞에 선 파우스트〉(1652년경)라는 동판화로 남겼다. 선을 악으로, 악을 선으로 반사하는 마술 거울은 선과 악의 능동적 변형 속에서 영적 완성을 향해 가는 파우스트의 자기 성찰의 존재면이다.[융(b): 147]

거울은 신화의 의미가 얼마나 두터운가를 증명해 준다. 메아리는 거울의 동형체이다. 거울로 된 궁전은 신화는 번역되거나 해독될 수 있는 기호가 아니라는 점을 상징한다.

흥미로운 것은 책과 거울이 쌍둥이 관계라는 사실이다. 그것은 세계를 재현하고, 존재의 성찰을 도모한다는 점에서 동형적이다. 거울은 현실이 아니라 현실과 똑같이 닮은 가상의 세계를 보여준다. 책 또한 마찬가지다. 인쇄된 글자는 실재 존재하지 않은 것들을 있는 것처럼 표상한다. 문자는 있지도 않은 '현실'을 만들어 낼 정도의 강력함 힘을 가진다. 이런 가상의 세계가 갖는 강력한 힘을 보여주는 것으로 보르헤스의 「틀뢴, 우크바르, 오르비스테르티우스」를 들기도 한다. 그곳에 묘사되어 있는 세계는 실재 존재하는 세계처럼 보인다. 우크바르는 실재 존재하지 않은 세계임에도 불구하고 우리는 이 책에서 거대하게 구축된 우크바르의 존재를 각인한다. 문자로 기록되는 순간 모든 것들은 마치 현실을 모사하거나 거의 그대로 반영한다는 환상에 빠지게 되는 것이다. 문자가 갖는 권력은 그토록 압도적이다. 한자로 자신들의 신분 체계와 주자학적 이념의 성채를 공고하게 지켜나가던 사대부 귀족들이 세종의 '훈민정음' 창제를 왜 그토록 반대했던가는 이를 통해 설명된다. '훈민정음'이라는 민중적 문자가 자신들을 어떻게 전복하고 주자학적 이념을 무너뜨릴 것인지를 그들은 직관적으로 깨달았던 것이다.

글로 창조된 세계는 현실 세계에 침입하기도 한다. 예컨대, 각 지자체들이 『홍길동전』의 무대가 자신의 지역에 있다고 주장하는 근거는 '홍길동전'이라는 텍스트이다. 실재는 여기서 중요하지 않다. 허균이 창조한 하나의 가상의 공간이 이 경우 실재를 뛰어넘는다. 문자는 허구의 무대를 실재한 것처럼 믿거나 믿기를 강요한다.

시인은 원형 상징의 언어를 통해 책의 세계로 나아간다. 시인의 언어는, 카오스적이고 번잡하고 혼란해서 모호한, 그런 태초의 우주를 닮아 있다. 그 언어의 묶음이 시인의 책이다. '시인의 책'은 유목적이고 경계가 지워져 있지 않은 광대한 상상력의 영토에 존재하며, 그 말들은 구술적 언어로 발화되고 구름처럼 자유롭게 떠돌며 바람 속에서 발효한다. 그 말들은 부족적 언어이다.

서영처의 「구름부족들」에서 우리는 원시적이고 원형적인 태초의 책을 만난다. 부족의 사건과 역사를 기록하는 책의 서판은 두루마리이다. 두루마리가 아니고 거대한 바윗돌이면 어떤가. 거대한 선사시대의 선돌은 원시 부족이 기록한 원형 무의식의 서판이다. 비의적이고 주술적이고 모호한 은유의 말법을 가진다는 점에서 시 언어의 기원은 선사시대 부족적 언어의 기원으로 거슬러 올라간다. 시는 그래서 근대적 활자 문화의 선형적 속성을 띠기보다는 알 수 없는 기호와 도상들이 뿜어내는 이미지의 구름 같다. 디지털 시대 언어는 고대적 언어의 속성과 더욱 친근한 것이다. 인류의 시간은 그래서 순환적이다.

부족의 기원은 거룩한 날로 거슬러 올라간다 소나기와 뭉게, 새털, 장막, 조개, 구름 혈족의 내력은 일일이 헤아릴 수 없지만 그들 상징과 은유는 수많은 두루마리에 기록되어 있다 마술을 부리는 부족이 안개를 흩어 유서 깊은 마을을 휩싼다 마을이 고립된다 사라진다 구리빛의 늙은 카우보이가 구름평원을 달린다 구름보다 빨리 구름보다 자유롭게, 구름평원에 빛의 신비화성이 울려 퍼진다 멕시코 선인장에서 붉은 꽃이 피고 카우보이는 구름부족으로 귀화한 자들의 발자국을 모아 저녁 지을 땔깜으로 쓴다 모닥불 타오르는 밤, 구름부족은 광활한 평원에 방랑을 꿈꾸는 시인의 책을 완성한다

'부족의 기원'은 '거룩한 날'로 거슬러 올라간다. 이 부족의 신성성과 원형성은 태초의 시간에 속해 있음으로써 부여받은 속성이다. '소나기와 뭉게, 새털, 장막, 조개, 구름' 등은 신성 부족의 언어이며, 늑대들이 얼씬거리지 못하는 신성불가침의 영역이 저들의 거주지이다. 그들의 언어가 기록된 수많은 두루마리는 상징과 은유로 가득 차 있는 신성한 책의 기원이다. 그것은 말이 문명과 기술과 산문에 의해 훼손되지 않은 태초의 시간의 기록이며 무엇에 대한 무엇, 곧 기표와 기의가 임의적으로 인공적으로 분리되기 이전의 주술적 말의 존재성을 가진 세계에 속한 것이다. 책은 곧 세계인 것이다. 이 세상에 존재하는 단 한권의 책을 꿈꾸었던 말라르메의 책이 지성적 사유의 성채 위에서 건축되었던 것에 비해 서영처의 책은 연금술적이고 신화적인 상상력의 우물에서 건져 올려진, 말 그대로 '시인의 책'이다. 흥미로운 것은, 그 같은 상상력이 책읽기를 통한 글 지식의 산물이라기보다 영화 매체의 시각성에서 비롯되고 변주된 이미지로 보인다는 점이다.

'미래의 책'은 어떨까. 필연적으로 현재 문자의 환경은 그다지 좋지 않다. 책은 문자적 환경에서 벗어나 그를 둘러싸고 있는 주변의 도상적 문

화 공간들과 더욱 연대하면서 공감감적 복합 매체로서의 속성을 가속화할 것이다. 고유한 언어 장르인 시 장르 또한 문자적 존재로서의 시의 존재론을 부정하거나 점차 탈각하게 될 것이다. 도상과 결합된다는 것은 원형의 이미지와 결합된다는 의미다. 시적 언어가 기원적인 태고적 언어, 이른바 부족적 언어로 되돌아가고 있다는 것은 시가 본래적으로 원형 상징의 언어라는 점을 증거하는 것이며, 심층적으로는 시 양식의 원본적 속성을 강화시키는 증거이기도 하다.

오탁번의 「擧風」은 책의 기원과 생명의 기원을 나란히 놓고 있는 시다. 책의 고귀한 기품을 빗대어 야한 농담을 하는 것이 좀 엉뚱하다는 생각이 들 수도 있다. 그러나 책은 생명수의 이파리들과 동형성이라는 점에서 '붉은 해학(에로티시즘)'이 지닌 상상력의 밀도를 음미할 수 있다.

> 쉰 감자 냄새 자욱한 서가에서
> 책을 꺼내 뙤약볕에 말린다
> 宮刑을 당한 司馬遷이
> 피로 쓴 史記도
> 첫사랑의 불 밝혀주던 古典도
> 드센 바람앞에 펴 놓는다
> 곰팡이 피고 좀이 슨
> 내 영혼의 男根도 거풍시킨다

시인의 에로티즘은 불같이 타오르지만 그 꼭지점에 빛나고 있는 불은 책과 영혼의 '음욕(淫慾)'이다. 영적인 탓에 짜릿하며, 심오한 탓에 더욱 유쾌하다. '거풍'의 궁극적 목표는 결국 책의 쇄서(曬書)에 있고, 그것은 또한 존재의 뿌리인 '영혼의 남근'을 바람의 입김으로 정갈하게 갈고 닦는 것이기도 하다. 시인의 염결성은 책을 통해 영혼의 불을 밝힌 서재인의 감각에서 왔던 것이다.

연륜을 보여주기 위해 이상적이고 도덕적인 인간의 표정을 할 필요는 없다. 그런 훈계조의 사변과 낭만의 계몽주의는 얼마나 삶을 따분하게 하는가. 연륜의 시인에게 필요했던 것은 사변과 훈계의 도덕주의의 확인이 아니라 일생동안 품어왔던 책 절대주의자(philobiblon)의 자기 확인에 있

〈호피무늬 커튼이 있는 책거리 그림〉(조선시대 민화)
호피무늬 커튼은 이 서재를 가꾸는 자의 자기 존엄성과 고결함을 상징한다. 책을 사랑하는 자들(필로비블론, philobiblon)은 정신의 절대 왕국을 꿈꾸는 지상의 아프로디테들이다.

었던 것. 음담과 요설적 해학이 영적인 '책'의 사유와 만나는 결절점이 이 시의 에로티시즘이다. 시인이 말하는 바로 그 '영혼의 음욕'이 이 결절점에서 빛을 품고 있다.

책을 사랑하는 자는 육신의 영양을 건사하기 위해 먹지는 않는다. 핏줄 하나 없이 창백하고 결핍된 육체를 가진 서재인의 용모는 서구적 관념에서 기인한 육체와 정신(영혼)의 이분법에서 비롯된 것일 터. 하지만 '거풍'과 '쇄서'라는 오래된 삶의 지혜와 이것의 비유적 저점을 통과해 나가는 정신의 긴박도를 생각한다면, 이 서구적 관념이 가진 그것은 박하고 얕기까지 하다.

책을 읽고 주석을 다는 것은 일종의 빙의이다. 타인의 몸이 내 몸에 들어와 영혼의 육식을 위한 한 상차림을 내어주는 과정과 다르지 않다. 책읽기는 몰입을 통한 자기 망각이라는 죽음의 상징적 제의의 대체물이다. 그래서 얼얼하게 정신을 내어놓을 정도의 치명적인 독을 가진 것이기도 하다. 책을 사랑하는 자들은 자기 망각을 통해 끝없이 절대 정신의 왕국을 꿈꾸는 아프로디테들인 것이다. 오랫동안 물질의 변이 과정의 비밀을 영적 투사를 통해 독해하고자 했던 연금술사들이 종국에는 '책을 찢어라 그래야 너희 심장이 찢어지지 않는다'고 주장한 것은 이 같은 책읽기와 주석달기가 인간의 지혜 속에서 얼마나 뿌리 깊게 중독성을 띠고 있는지를 말하고자 한 것이다.

신성한 문자

문자의 위력은 태초의 사물에 이름을 붙이는 신적인 업무가 문자에 부여되어 있었다는 데서 찾을 수 있다. 이름을 붙이지 않으면 사물은 존재하지 않는 것과 마찬가지다. 이름 붙이기는 일종의 창조 행위이다. 김춘수의 시 「꽃」은 '이름을 불러주어야만 꽃이 되는' 것이라고 이름 붙이기의 신성한 위업에 대해 말하고 있다. 보르헤스의 「신의 글쓰기」는 문자의 권력과 신성성에 대한 암시로 가득차 있다.[보르헤스: 98~99] 카올롬 피라미드의 마술사 치나칸(Tzinacan)은 스페인 사람들이 그 도시를 정복했을 때 살아남은 유일한 생존자다. 그는 정복자들에 의해 감옥에 갇히는데, 그는 옆방에 재규어가 갇혀 있음을 알게 된다. 오후 잠깐 동안 이 주검 같은 감옥에 빛이 들어온다. 카올롬은 차츰 이 빛을 통해 신이 내린 계시를 깨닫게 된다. 인류의 종말과 불행을 구원할 수 있는 신의 글자를 해독할 수 있는 사제로 자신이 선택되었으며, 재규어의 가죽에 그 신의 문자가 기록되어 있다는 것을 알게 된다. 그는 꿈속에서 물과 불로 된 바퀴를 보고 우주의 비밀을 알게 되는데 이것으로 그는 진리의 책에 쓰인 문자의 기원을 이해하고 마침내 재규어 가죽의 글자를 해독하게 된다. 치나칸은 이런 깨달음에 이른다.

> 나는 인간의 언어조차 우주 전체를 암시하지 않는 것은 없다고 생각하게 되었다. 즉 '호랑이'라고 말하는 것은 그를 낳은 호랑이들, 그가 삼켜버린 사슴들과 거북이들, 사슴들이 뜯어먹은 목초, 목초의 어머니인 대지, 이 대지를 낳은 하늘을 통칭해 말하는 것이다. 나는 신의 언어에서 모든 말은 그렇게 무한한 인과의 사슬

을 명백하고 즉각적으로 내포하고 있다고 생각했다. 시간이 감에 따라 신성한 문장의 해독은 내게 유치하고도 신성 모독적인 것으로 보이기 시작했다. 신은 단지 하나의 단어만 말해야 하며 그 말 안에 다른 모든 말들이 들어있으리라는 생각이 들었다. 그에 의해 발음된 그 어떤 말도 우주보다 열등하거나 시간의 총합보다 적을 수는 없다.

신성과 말과 우주는 같은 것이라는 깨달음을 얻는 과정에서 치나칸은 무한한 원형의 바퀴를 보게 되는데 그것은 물과 불로 되어 있다. 이것은 신과 치나칸이 합일되는 단계를 상징하는 원형 심상의 모티프이다. 이로써 그는 신의 문자의 비밀을 해독하게 된다. 신의 문자인 재규어의 얼룩무늬 형상이 보르헤스의 다른 작품 「포폴 부」에서는 다른 형상으로 끊임없이 변형된다.

7일 동안은 뱀으로 변했다. 확실히 뱀처럼 보였다. 그리고 7일 동안에는 독수리로 변했다. 그리고 또 다른 7일 동안에는 호랑이로 변했다. 그것은 확실히 독수리이고 호랑이였다.

재규어, 호랑이, 독수리, 뱀들은 모두 신의 문자를 상징하는 형상으로 신성성을 갖고 있다. 이 신의 동물들은 모두 원물질로서의 메르쿠리우스적 성질을 가지고 있고 이것은 끊임없이 자신의 존재를 변화시킨다. 물질의 변형은 생성과 재생을 통한 끝없는 창조를 의미한다. 변형을 가해도 신적인 속성에는 변화가 없다. 신은 우주의 태초의 근원이자 기원이기 때문이다. 보르헤스는 이 신의 동물들에 매혹당한 동기를 이렇게 설명한다.

어린 시절 나는 호랑이를 열심히 숭배했다. 파리나 강의 아욱덤불 밀림이나 아마존에 서식하는 밤색 털과 흰자위 눈의 호랑이가 아니라, 아시아 줄무늬를 가지고 있는 진짜 호랑이, 즉 코끼리 등위의 안장에서 전사들만이 대적할 수 있는 그런 호랑이 말이다. 나는 동물원의 한 우리 앞에서 한없이 서 있곤 했다. 나는 호랑이를 찾아 여러 권의 백과사전과 자연사 서적들을 섭렵했다. —유년기가 지나가면서 호랑이에 대한 열정은 식었다. 그러나 호랑이들은 여전히 내 꿈 속에 있다. 깊이 침잠해 있는 혼돈스런 그 곳에 그들은 꼼짝하지 않고 웅크리고 있었다.

호랑이나 재규어 같은 신의 동물들은 신의 의지를 표상한다. 그것은 창조된 세계를 표상하고 재현하는 신의 상형문자로서 끊임없이 스스로 형상을 변화시킨다. 세계를 표상하는 문자의 집적물인 책 역시 신이 창조한 세계의 거울로서 존재한다. 진시황이 만리장성을 축조하고, 책을 불태운 것은 본래적으로는 동일한 행위이다. 책은 모든 현자들의 기록과 모든 기억의 집적물로서 각 우주와 개인의 의식을 가르치는 모든 것을 담은 성전이다. 그것을 불태운다는 것은 과거의 모든 기억과 시원을 불태우고 부정함으로써 모든 시원을 자기로부터 존재하게 하고 다른 황제에 대한 기억과 과거를 동경하는 자들을 물리치고자 한다. 불로초를 찾아 헤매고 한 해의 날 수 만큼이나 되는 방들이 있는 궁궐에서 은거함으로써 그는 죽음을 저지시키려고 한다. 시간의 분서(焚書)와 공간의 밀폐를 통해 그는 불멸성을 확인하고자 하며 밀폐된 공간으로는 어떤 훼손이나 위험도 침투할 수 없다고 생각한다. 진시황은 책을 불태우고 성을 축조함으로써 자신의 시원을 창안하고 영속시키고자 한 것이다. 보르헤스: 137~138

> 인간은 과거를 사랑하며, 그 사랑에 맞서서는 나도 나의 망나니들도 별 수 없다. 그러나 언젠가 나처럼 느끼는 사람이 있어 내가 책을 파괴했듯이 나의 성을 파괴하고 나의 기억을 사살할 것이며 나의 그림자와 나의 거울이 될 것이며, 그리고 그것을 알지 못하리라.

진시황의 행위에서 우리는 결코 실현되지 않는 세계에 대해 무언가를 말하고 있다는 인상, 계시의 임박성을 깨닫는다. 그것은 미적인 것이다. 그런 점에서 페이터(Walter Pater)가 말한 '모든 예술은 형식에 다름 아닌 음악을 지향한다'는 말과 통한다. 무언가를 말하려 한다는 것은 결코 실현되지 않은 가상의 미적 영역 속에 존재한다는 점에서 그것은 형식적인 것이며 순수 이데아적인 것이다. 진시황의 '분서'나 '만리장성 축조'는 상징적인 행위이다. 그것은 불사의 약을 찾아 천하를 주유하는 행위와 다를 바 없는 가상적 미에 대한 절대적 탐닉이기도 하다.

거울, 딸들의 시간

거울은 가상의 세계를 존재하게 함으로써 문자와 같은 권력적 기반을 갖는다. 거울은 허구와 가상, 현실과 환상이 대립적으로 존재하며, 그것이 서로를 비추고 있다는 사실을 증명해 준다. 여기서 '비추고 있다'는 것에 대해 생각해보기로 한다. 비춘다는 것은 각각의 존립 자체가 다른 것

(타자, Others)이 없으면 불가능하다는 것을 의미하면서, 그것들끼리 한편으로는 맞서서 대립한다는 말과도 통한다. 하나는 다른 하나의 변형이거나 왜곡일 수도 있으며, 거울에 맺히는 무한한 변형의 상만큼이나 그 변형 가능성이 무한대로 열려있다는 뜻이다. 가상을 통해 자신의 한계를 깨닫고 진정한 배움을 얻을 수 있다는 중세적인 가르침 또한 거울이 갖는 '허상으로서의 세계'가 갖는 중요성을 말한 것이다.

서양에서 거울은 신(진리)에 도달하는 매개이다. 거울은 반성적 사유를 의미한다. 지혜의 여신은 왼손에 책을 들고 오른 손에 거울을 밝힌다. 개개인 인간 역시 살아있는 하나의 우주이다. 인간은 살아있는 거울로서 소우주를 이룬다. '거울'은 여기서 지성을 의미한다. 쇼펜하우어 역시 '거울'의 메타포를 즐겨 썼다. 지성은 비추어보기로써 끊임없이 스스로를 재인식하도록 설득한다. '거울'은 인간이 자신의 통찰력을 가꾸는 데 있어 '필수적인 항법 계기'여서, 길 없는 미로에서 자신이 나아갈 방향을 분명하게 일러준다는 것이다.

거울을 본다는 것은 반사상에 대한 의식이다. 의식의 반사상인 거울상은 그러므로 비실재 혹은 환상이다. 하지만 환상이라고 언제나 거짓은 아니다. 환상은 심리적 현실의 유용한 순간이 될 수 있다. 거울은 주체가 원래의 모습을 감추고 자신의 환영과 관계를 맺는 전이의 장소이며 잠재적 공간이다. 거울에 반사된 허구라는 '이미지'는 현실과 상상의 엄격한 구분을 염두에 두지 않는다. 거울에 비친 반사상은 실재를 떠난 자율적이고 위협적인 분신으로 존재하며, 때로는 주체를 앞서간다. 즉, 거울의 상은 실재의 반영적 이미지로서만 존재하는 것은 아니라는 뜻이다. 거울은 죽음과 삶의 경계, 이 마음과 저 마음의 경계, 현실과 환상의 경계, 영원과 찰나의 경계에 존재하는 문이다. '죽음이 영원의 문에 들어서는 입학'이라는 말은 결국 죽음이나 하강을 통한 재생과 삶의 회복이라는 순환적 시간을 말한 것이다. '거울'을 통해 인간은 영원을 사는 것이다.

인간은 어떻게 역사를 이어가는가? 서정주는 이 해답을 마음의 역사에서 찾고 있다. 선조들의 마음이 합해지고 합해져서 영원히 후대의 마음속에 남겨진다는 것이다. 그 옛날 태고부터 모아진 마음이 한 천년 쯤 지난 뒤에, 어느 비 오는 오후 쯤, 어느 대폿집에 앉아 있을 어느 낯모를 청년의 마음으로 전해진다. 이런 마음들이 이어지는 시간을 서정주는 '영원의 여행'이라고 말한다.[서정주:53] '영원의 여행'이라는 화두는 거울 상징으로 되살아난다.

서정주는 「외할머니의 뒤안 툇마루」에서 거울의 이미지를 통해 고대의 시간을 불러 내고 있다.

> 외할머니네 집 뒤안에는 장판지 두 장만큼 한 먹오딧빛 툇마루가 깔려 있습니다. 이 툇마루는 외할머니의 손때와 그네 딸들의 손때로 날이 날마다 칠해져 온 것이라 하니 내 어머니의 처녀 때의 손때도 꽤나 많이는 묻어 있을 것입니다마는, 그러나 그것은 하도나 많이 문질러서 인제는 이미 때가 아니라, 한 개의 거울로 번질번질 닦이어져 어린 내 얼굴을 들이비칩니다.
>
> 그래, 나는 어머니한테 꾸지람을 되게 들어 따로 어디 갈 곳이 없이 된 날은, 이 외할머니네 때거울 툇마루를 찾아와, 외할머니가 장독대 옆 뽕나무에서 따다 주는 오디 열매를 약으로 먹어 숨을 바로합니다. 외할머니의 얼굴과 내 얼굴이 나란히 비치어 있는 이 툇마루에까지는 어머니도 그네 꾸지람을 가지고 올 수 없기 때문입니다.

이 여행에 중요한 소도구가 되는 것이 '툇마루' '거울'이다. 다른 서정주의 시와는 달리 이 시는 그다지 어렵지 않게 읽힌다. 외할머니네 뒤안에는 툇마루가 하나 있다. 이 툇마루의 표면은 오랜 세월에 걸쳐 닦여졌다. 외할머니와 딸들의 손때가 묻어있다. 하도 많이 문질러서 이제는 먹오딧빛이 날 정도다. 그러다 보니 표면이 반질반질해져서 거기에 얼굴을 비추면 거울처럼 자기 얼굴이 비친다. 여기까지는 사실적인 진술에 가깝다. 그런데 2연은 사실적인 진술에서 좀 더 나아가고 있다. 툇마루가 왜 거울이 되는가에 대한 시적인 접근이 이루어지고 있다. 화자가 어머니한테 꾸지람을 듣고 찾아오는 곳이 이 툇마루다. 할머니가 장독대 옆 뽕나무에서 오디 열매를 따다 준다. 먹오딧빛 때거울 툇마루는 이 오디 열매의 검은 색을 연상시킨다. 화자가 때거울에 얼굴을 비추면 할머니와 자신의 얼굴이 나타난다. 툇마루는 오디 열매가 숨을 바로 하게 하듯 어머니의 꾸중을 할머니의 사랑으로 치유하는 기능을 한다. 툇마루는 어떤 상처의 치유와 관련된 상징을 띠고 있는 듯 보인다. '때거울 툇마루'은 거울과 동형성을 갖는다.

인간은 거울을 보면서 자신의 이미지를 읽고 이를 통해 존재의 상처를 치유한다. 거울은 현실의 자신을 반영하기도 하지만 그렇게 되고 싶은 자신의 모습을 동시에 보여준다. 거울은 물리적으로 현재 거울을 들여다보는 자의 얼굴을 비추는 것이지만 서정주의 시에서 보듯 자신의 영혼을 비추는 거울이기도 하다. 결핍, 부재의 자아로부터 벗어나 충족적인 자아의 이미지를 구성하는 것은 거울을 들여다보는 행위에서 가능하다.

할머니는 현실에서는 부재한다. 할머니를 불러내는 것은 툇마루이다. 시인은 '툇마루－거울'에서 할머니의 존재를 확인한다. 시인은 과거의 행복했던 유년시절의 할머니를 기억해 내고 할머니를 불러내기 위해 툇마루 거울을 가져 온다. 그렇게 현재는 과거와 연결된다. 그 툇마루 거울은 후대의 자손에 의해 다시 미래와 연결될 것이다. 외할머니와 어머니와 딸들과 또 그 딸들로 이어지면서 원환적인 시간 속에 존재하게 될 것이다. 마치 우로보로스 뱀의 형상처럼 말이다. 영원이라는 시간 속에서 현재는 찰나의 한 순간에 지나지 않는다. 현재는 원환적인 영원의 시간 속 지극히 작은 한 점일 뿐이다. 현재의 부재나 결핍도 영원의 시간이라는 관념 속에서는 찰나적이고 덧없는 한 순간에 지나지 않는다. '상처'도 지극히 찰나적인 하나의 사건일 뿐이다.

궁극적으로, 이 시가 여성의 시간으로 설정된 것도 이젠 자연스럽게 이해될 것이다. 영원한 생명을 사는 신은 동서양 공히 여성인 것이다. 이 시는 그러니까 '거울—툇마루' 이미지를 통해 생명 창조와 죽음 회귀의 순환적 시간 속에서 영원히 계속되는 '딸들의 우주 질서'를 말하고자 한 것이다.

제4장

어머니 신과 변신하는 몸들

프로이트는 어머니의 육체에 대해 '우리가 그 곳에 있었음을 그토록 확실하게 말할 수 있는 다른 장소는 없다'고 말한다. 어머니의 몸은 모든 사물들이 거주하는 집이며, 존재들의 자궁이며, 죽어서 회귀하는 무덤이다. 그래서 어머니 신(여신, 여성성, 모신)은 여러 흥미진진하고 기묘한 형상으로 변형돼 나타나는데, 그것이 주는 울림은 어느 원형 이미지보다 깊고 진하다. 나무, 물고기, 책, 무덤, 바다, 축제의 공간, 미로, 진흙, 테크놀로지 바다, 혼성 동물, 혼종적 욕망, 이 모든 것들을 한데 모이게 하는 공통의 장소가 어머니 몸인 것이다. 그러므로 어머니 여신은 모든 만물의 우주이며 총체성의 근원이다.

우주의 어머니, 우주목, 그릇

원형 심상에서 두드러지게 나타나는 형상 중의 하나가 '위대한 어머니'이다. 여기서 '위대한'이라는 수식어는 인간적인 모든 것과 창조된 자연 전반에 비해서 이 '어머니' 원형이 소유하고 있는 것의 우월성을 의미한다. 이때 '어머니'는 혈연관계뿐 아니라 자아의 복합적인 정신적 상징을 가리킨다.[노이만:28] 어머니 신은 우주의 어머니를 말한다. 그것의 이집트적인 형상은 이시스(Isis)이다.

이시스는 천사 같은 이미지로도 악마 같은 이미지로도 나타나지만, 그 둘은 서로 동형적인 것이다. 자식을 낳고 기르는 천사의 어머니는, 자식의 피와 생명을 핥아먹는 긴 혀를 가진 힌두교 도상에서 보는 식탐의 어머니와 동일한 존재이다. 풍부한 젖가슴은 날카로운 괴물의 이빨과 동일하다. '먹는 행위를 통한 임신'이라는 모티프는 '천사'의 어머니와 '악마'의 어머니를 동시에 구현한 것인데, 이는 수많은 신화에서 나타나고 있으며, 죽음을 통한 갱생이라는 상징적 의미를 갖는다.

우주의 어머니는 그것이 어떤 대립된 형상으로 나타나든 단일성의 존재이다. 루키우스 아풀레이우스(Lucius Apuleus)는 소설 『황금 당나귀(*Golden Ass*)』에서 위대한 우주의 여신이자 어머니인 이시스를 이렇게 표현하고 있다.

> 나는 자연의 어머니, 모든 원소의 주인이며, 인간들의 기원이고, 모든 영적인 것의 군주이며, 신들의 여왕이고, 신들 중에서 가장 높은 신이며, 죽은 자들의 여왕이고 동시에 죽지 않은 모든 것들의 여왕이기도 하며, 둥근 하늘에서 살고 있는

모든 신들의 유일한 징표다. 나는 고개를 끄덕이는 것만으로도 빛나는 하늘을 통치하고, 모든 바닷물과 지하 세계의 침묵도 지배한다. 나는 여러 면에서 숭배를 받고 있고, 수많은 이름으로 불리고, 여러 상이한 의식을 통해 경배받는 유일한 존재이며, 이 세상의 모든 사람들이 나를 우러러본다. (…중략…) 아침의 태양이 가장 먼저 밝아오는 에디오피아인이나 고대의 학문에 뛰어났던 이집트인들은 나의 신격에 어울리는 예찬을 하는 사람들이며, 나의 진정한 이름인 이시스로 나를 부른다. 아풀레이우스: 373~374

이시스(Isis)는 모든 신들의 형태를 취할 수 있지만, 궁극적으로는 모든 자연의 섭리를 관통하는 우주의 원리로서의 어머니를 표상한다. 노이만: 74~75 중대하고 불변하는 원리로서의 이시스를 보기 위해서는 우리는 눈앞에 있는 형상들을 포기하는 '고통'을 감수해야 한다. 그러니 이시스의 절대적 형상은 몇몇 삶의 지혜를 가진 사람들에게만 보이게 되는 것이다. '어머니(여인)'의 시적 이미지에 감추어진 것은 이시스의 절대 고독의 형상이다.

위대한 어머니는 지하와 천계를 흐르는 원시바다의 단일성으로 표상된다. 노이만: 347 그녀는 빛의 신들의 거룻배가 항해하는 천계의 바다이다. 동시에 그녀는 대지의 상부와 하부에서 생명을 생성하는 원형의 대양이다. 생명 있는 것들은 그녀의 아이이다. 그녀의 아이인 물고기는 그녀 안에서 헤엄친다. 천계의 천정으로서 그녀는 암탉이 병아리들을 보호하는 것처럼 지상에 있는 자신의 피조물을 감싸고 있다. 그래서 그녀는 문과 하늘의 뚜껑으로 불린다. 이시스의 펼쳐진 두 날개는 오시리스와 모든 죽은 자를 감싸고 덮어주며 그들에게 은신처를 제공해 준다.

생명을 잉태하고 생명을 키우는 어머니의 육체는 그릇(용기)으로 표현된다. 죽은 자를 자신의 팔 안으로 받아들이는 이집트의 여신 누트는 석관의 뚜껑에 그려져 있다. 이 석관 위에 그려진 여신 누트는 아이와 어른 둘다를 보호하는 태고의 그릇이다. '그릇'으로서의 여성의 몸은 세계를 잉태하는 우주로서의 몸이라는 원형 상징인데, 이는 바다(연못, 호수, 대양 등), 나무, 봉분 등으로도 표상된다. 바다는 생명의 원시 자궁이다.[노이만:71~72]

등반가들이라면 한번은 가보고 싶어하는 '안나푸르나 산'이 있다. '안나푸르나' 라는 말은 힌두교에서 음식을 의미하는 '안나(anna)'와 풍요를 의미하는 '푸르나(pŭrnã)'가 결합된 것으로, 자식을 먹여 살리는 우주의 어머니로서의 '용기'의 맥락과 다르지 않다.[캠벨:90] 모든 생명체가 태어난 곳은 물이다. 물은 젖과 동형성을 갖는다. 젖은 모든 생명체의 탄생의 근원이며 생존의 토양이기 때문에 이는 가슴과도 밀접하게 연관된다. 물은 지상의 몸, 곧 대지의 젖이며 가슴은 생명을 먹여 살리는 젖의 그릇이다. 그릇, 사발, 고블렛 그리고 기독교의 성배는 가슴과 동일한 원형 상징군을 형성한다. 그릇의 형상은 몸의 다른 부위인 입, 가슴 등과 상관관계를 가지는데, 이들은 영양분의 공급과 생명 현상의 중심이라는 맥락과 관계가 있다. 비가 천계 암소의 젖으로 비유되고, 지상의 물이 지상의 젖으로 비유되는 것은 이 때문이다. 토기 모양의 여신이 가슴에 그릇을 안고 있는 형상은 생산과 양

몽고 지역에서 발견된 고대 유목민의 토기
복부 부분이 강조된 것은 양육의 어머니로서의 상징성을 강조하기 위한 것이다.

육의 이중성을 표상한 것이다.

위대한 대지의 어머니는 모든 생명을 그 자신의 몸에 가지고 있는 나무 곧 생명의 나무로 비유된다. 신화에는 세 개의 구도가 있는데 이는 우주를 설명하는 기본적인 틀이다. 위에는 인간이 도달할 수 없는 하늘이 있고, 아래에는 미지의 땅이 있다. 이는 천상과 지상(지하)으로 이해되기도 한다. 이 두 세계를 연결해 주는 것은 나무다. 나무는 이들 두 세계를 연결해주고 지탱해주는 중심축으로서 뿌리는 지하로 연결되고 가지는 하늘에 이어져 있다. 나무는 세계나무이자 생명수이며 우주목이다. 한자에서 나무를 뜻하는 '목(木)'은 수관과 뿌리를 나타내는데, 이는 나무가 신성한 대상으로서 하늘과 땅을 연결해 주는 세계수임을 나타낸다.

남아프리카에서 발견된 암각화
여성의 몸에서 한 그루의 나무가 자라고 있다. 나무를 기어오르는 샤먼들은 하늘에 닿을 것이다. (비텝스키: 15)

인간이 하늘과 분리된 이후로, 인간 대신 나무를 타고 하늘로 올라가는 자들은 샤먼이다. 이들은 인간의 질병을 영적으로 치료해주는 주술사이며 신의 아들이다.비텝스키: 15 천(天), 지(地), 인(人)의 원리에 따라 만들어졌다는 훈민정음 모음자는 우주를 설명하는 삼원 구도를 상징한다. 거기서 인간은 하늘과 땅을 잇는다. 인간을 뜻하는 한자 '人'은 세계수로서의 나무와 형상적으로 유사하다. 인간은 천상과 지상을 연결하는 나무이면서 그 스스로 하나의 작은 우주이다.

생명수로서의 나무는 새들에게 둥지와 은신처를 제공하는 데서 어머니 우주로서의 동형적 상징성을 갖는다. 우리의 영혼이 우리의 몸 안에 살고 있듯, 나무 안에는 나무의 정령이 살고 있다. 생명수로서의 나무는 다른 한편으로는 대지의 남근으로서 남성성을 동시에 가진다. 위대한 여신으로서의 어머니가 괴물(하이브리드)의 형상으로 존재하듯, 나무는 여성이자 남성으로 나타나기도 한다. 생명의 기원으로서의 나무는 교수대, 화형주, 십자가와 같이 죽음 나무와 같은 이형태로 나타나기도 한다. 그러나 생명수든 죽음 나무든 이것은 동형적인 상징이다. 인간은 나무에게서 태어나 나무에게로 돌아간다. 나무 매장의 도상이나 나무에서 태어나는 아이의 도상은 나무가 생명이며 곧 죽음의 대지임을 보여준다.

(위) 〈아도니스의 탄생〉(1500년경)
(아래) 〈원시 부족의 나무 매장〉(1880년경)
'나무 매장'과 '나무에서 태어나는 아이'는 '나무'가 생명이며 동시에 죽음의 대지임을 상징한다. '죽음'은 곧 '생명'이다. (노이만: 390~391)

낭만주의 시들에서 자주 나타나는 나무의 이미지는 생명수의 원형 상징성을 내포하고 있다. 여성의 몸에서 한 그루 나무가 자라는 도상은 여성 육체가 생명의 나무이며 우주의 나무임을 표상한 것이다.

영화 〈아바타〉에서 숲의 한가운데 나비족들의 수호신인 거대한 생명 나무가 있다. 이 나무는 제이크와 네이티리의 사랑의 순간을 지켜보는 나무이며 나비족들의 생명과 영혼의 원천으로서의 생명 나무이기도 하다. 숲이 사라지는 것은 나비족들의 수호신인 생명 나무와 그 영적 정령들이 몰살되는 것과 같다. 생명수와 나비족들은 영적인 신호를 주고받는 신경계로 이어져 있다. 생명수의 줄기는 나비족들의 신경 세포(뉴런, neuron)이다. 나무는 출산하고 변환시키고 영양을 공급하며 나뭇잎과 잔가지는 나무에 달려있으면서 나무에 의존한다. 원형 상징에서 생명 나무는 생명의 원천이자 생명의 지속을 가능하게 하는 영적 토템이다.

『리그베다』와 『에다』에는 무한대로 뻗어가는 나무뿌리 어딘가에 뱀이 산다는 내용이 들어가 있고, 『길가메시』에는 "나무뿌리에는 뱀이 둥지를 틀었고 그 깊은 곳에는 새가 부화하였으며 그 둥지에는 처녀 릴리스(Lilith)가 집을 지었다" 는 내용이 있다. 나무는 새, 뱀, 처녀 등 신화에서의 성스러운 대상들과 함께 우주목으로서 숭배 받았던 것이다.[골란:739] 프레이저는 나무와 여성 형상 사이에는 깊은 관계가 있다고 말한다. 여자가 나무에서 생겨났다는 믿음이나, 나무의 영령이 여성의 형상으로 나타난다는 믿음은 민간 신화나 예술에서 흔히 나타난다. 죽은 뒤 대지의 여신에게 돌아간다는 믿음으로 목관을 조성하거나 집의 형상을 한 무덤의 형태를 만드는 것도 나무를 여성신의 형상이나 그 대체물로 이해한 전통과 관계가 깊다.

나무 기둥은 생명을 창조하는 나무, 세계의 기둥으로서의 나무라는 상징을 가진다. 이는 나무 기둥들이 마치 나무가 하늘을 이고 있는 듯한 모습을 하고 있다는 데서 연유한 것이다. 이 형상은 한 여자가 하늘을 떠받치고 있는 형상과도 유사하고 성배를 들고 있는 여신의 모습을 연상시키기도 한다. 세

〈그리스의 젖가슴 형태의 술잔〉(기원전 520~500년경)

미켈란젤로, 〈피에타(Pietà)〉(1499)
고대 토기 양식에서 자주 보이는 '양육하고 보호하는 어머니' 상이 변형된 형태이다. 르네상스적인 재현으로 볼 수 있다.

계나무 혹은 생명 나무는 우주의 지주이고 하늘을 받치는 기둥이다.골란:747

영혼의 비를 뿌려주는 하늘과 연결되면서 나무는 태양의 형상과 함께 나타나기도 한다. 태양의 형상은 둥근 원으로 나타나지만 간혹 불모양을 한 혀의 형상으로 도상화 되기도 하며, 불기둥으로 나타나기도 한다. 찬란함(연소)과 상승이라는 불의 두 이미지가 결합된 것이다. 천상으로 솟구치는 나무에서 불타오르는 빛은 성스러운 별빛이다. 부처의 형상에서 머리 위에 그려진 원광이나 불꽃의 형상 또한 성스러운 태양 혹은 나무의 형상이다. '나는 불꽃이 되었고 공중을 날아 일곱 종려나무의 깊이에 이르렀다'는 부처의 말을 전하는 불경도 있는데, 태양, 나무는 모두 성스러운 근원물질을 나타낸다.엘리아데(b):39

바슐라르는 '나무는 꽃피는 불꽃에 지나지 않는다'는 노발리스의 시를 인용하면서 불꽃과 나무와 촛불의 이미지를 관련시킨다. 상상해 보라! 나무가 땅에서 양분과 수액을 빨아들이는 것처럼 촛불이 양초의 기름이나 왁스에서 양분을 흡수해 타고 있다.[바슐라르(a):110~112] 흰 불꽃이 나무의 이파리같이 느껴지는가. 나무의 최종결자는 꽃과 열매이다. 이처럼 모든 것이 마지막으로 환원되는 것은 꽃과 열매이며, 이는 그 궁극적 꼭지인 흰 불꽃의 이미지에 그대로 대응되고 있다. 촛불은 나무의 이미지를 가지면서 명상하는 인간의 이미지를 그대로 투영한다. 조용히 타오르면서 몸을 불태우는 촛불의 이미지는 명상 속에서 생을 관조하는 철학자, 시인, 현자, 몽상가의 전형이 된다.

나무는 꽃피고 열매 맺고 잎이 떨어지면서 극적인 성장을 꿈꾼다. 나무의 의인화는 직립 보행하는 인간의 형상에서 비롯된 것이다. 수직 방향은 저항할 수 없는 생명의 힘이다. 잎이 나고 꽃이 피는 나무는 새의 나무이며 여기에는 메시아주의가 잠재되어 있다.[뒤랑(b):518] 나무는 남근 모양의 돌의 상승적 의미와도 관련이 있으며, 나무 기둥은 우주의 점진적 수직성을 강조하면서 우주적 종합을 의미한다. 르네 마그리트의 나무 기둥 인간 '빌보케(Bilboquet)'는 상승하는 돌이며 비약하는 인간 정신이다.

북구 전설의 나무 이그드라실은 우주목의 전형인데, 뿌리는 지상의 심장에 박혀 있고, 가지에는 청춘의 샘이 흐르고 있으며, 모든 창조가 이곳에 둥지를 틀고 있다. 나무 아래에는 뱀이 살고 있고, 나무 위 하늘에는 독수리가 날고 있다. 독수리는 그 존재만으로도 나무의 우주적 존재를 입증한다.[뒤랑(b):525] 거꾸로 된 나무의 이미지는 뱀의 양성성 혹은 성의 역전을 나타내는데, 이는 우주의 순환을 상징한다. 우파니샤드의 우주목은 하늘에 뿌리를 내리고 지상에 가지를 뻗치고 있다. 이 나무는 '브라만'의 우주 만물의 원리를 상징하며, 상승적 창조와 하강 과정을 변증법적으로 표현한 것이다.

다음 시는 모성적 상황, 곧 성장과 변환에 관한 시로, 여성성의 원형적 심상을 나타낸 것이다. 고대로부터 내려오는 우리 시가 「제망매가」를 떠오르게 한다. 호메로스의 시대에서부터 현재까지 동, 서를 막론하고 전 세계에 걸쳐 이 같은 여성성이 지배하는 시가 널리 분포되어 있다.

바람이 소나무 숲을 뒤흔들고,
그리고 그 발치엔
거센 산들바람 한점 불지 않네;
여기 저기 솟아난 뿌리들
바닥 위에 그리고 경계 너머에서
빛을 발하는 이끼들처럼 잠잠하네
소나무는 고엽을 떨어뜨리네;
수중처럼 고요하네
그 위에, 그 위에선
구름이 구름을 추격하듯,
경쟁하며 삶은 맹진하네;
그리고 우리는 떠나가네,
그리고 우리는 나무 과실들처럼 떨어지네,
심지어 우리도,
심지어 그렇다네.

— George Meredith, A reading of Earth(1888)의 "Dirge in Woods"노이만:81

이 시를 읽고 신라시대의 향가 「제망매가」를 떠올리는 사람도 있을 것이다. 그러나 불교적 제행 무상감을 노래한 것이라는 「제망매가」의 주제는,

위의 시와 관련시켜 읽어본다면, 원형 상징의 맥락에서 보다 광범위하게 확장된다. 이 시의 주제는 나무의 여성 원리로부터 솟아난 것이다. 여성성의 지배를 받는 곳에서 성장과 변환은 비극적 양상으로 나타나며, 이는 생자필멸의 지상계로 내려오는 변환뿐 아니라 불멸과 영원의 천계를 향해 올라가는 변환을 동시에 보여준다. 인간은 죽을 수밖에 없는 운명을 가졌고, 이 때문에 비극적 숙명성은 비켜갈 수 없는 것이며 지상의 삶이란 인간 삶의 한쪽 측면에 지나지 않는다. 우주 전체의 순환적 질서로 보면 이 지상에서의 삶이란 반쪽의 삶일 뿐이고, 죽음을 통해 인간은 지상계의 삶을 마감하고 천상계로 올라감으로써 인간은 영원과 불멸을 얻는다.[노이만:80~82]

나무에서 인간이 태어나는 형상이나 나무속으로 들어가는 매장 풍습은 동형적인 것이다. 그것은 재생을 위해 자궁으로 돌아가는 통과 의례적인 상징의 일종이다. 창조의 순간에 따르는 고통은 어둠으로부터 우주가 창조되는 신화를 재연한다. 어둠의 공포는 창조의 고통과 동형적인 원초적 경험이다.[캠벨:86] 나무는 생과 죽음을 동시에 아우르는 인간의 생애, 원환적 시간 의식, 우주 창조의 원리를 표상한다.

생명수, 물고기 나무

깊은 영혼의 눈을 가진 사람은 몸에서 철학자(현자)의 나무를 키운다. 죽은 몸에서 생명의 물을 발견하는 것도 마찬가지로 예리한 눈을 가진 현자들의 정신적 투사에 의해 가능한 것이다. 물이 여성을 상징한다면 여성 원리의 진리를 담고 있는 책이 물고기 형상으로 나타나는 것 역시 어렵지 않게 유추할 수 있다. 시인들은 섬세하고 적극적인 상상력을 통해 몸의 나무가 뿜는 내면의 빛을 발견하고 그 상징의 풍부한 협곡들을 따라간다. 상상은 '인간 내면의 별'을 발견하는 것이어서, 적극적인 상상을 수행하던 시적 몽상가들의 평생에 걸친 과업이기도 했다.

켈트족의 조형물
책을 펼치는 것은 우주를 펼치는 것이다. '가슴'은 만다라이자 우주의 중심이며, 우주 만물의 진리를 담고 있다. (상소네티: 181)

책이 모성적 세계를 상징하는 것은 여성 육체가 우주적 펼침이라는 상징성을 띠기 때문이다. 책을 펼치는 것은 우주를 펼치는 것이다. 책을 통해 세계를 상상하고 책에서 세계를 얻는 것은 시인의 고유한 권리가 아닐 수 없다. '책 읽는 자'로서의 시인의 모습은 원형적이고 존재론적인 것이다. 책을 읽고 몽상의 언어들을 붙잡는 시간은 고독한 작업실에서 황금을 찾아내는 연금술사의 작업과 다르지 않다. 책을 사랑하는 자는 그래서 책 속에서 진리를 구하는 속세의 현자인 것이다.

나무, 책, 물고기가 동형적인 이미지로 나타나는 한 편의 시를 보자. 조인선의 「책을 읽다」에서 시쓰기란 일생 동안 책읽기의 역사에 다름 아니다. 물고기 몸이 책나무로 변이해 가는 연금술적 과정은 시인이 언어를 찾아가는 과정이다. 물고기 나무는 역동적이고 생성적인 책의 우주이다. 물고기 나무는 생명수처럼 시인의 상상력을 먹여 살린다. 사유의 협곡에서 언어의 조각들이 떨어져 나가는 경험은 상상력의 나무에서 헤엄치던 물고기들의 비늘이 하나씩 떨어져 나가는 것에 유추된다. 책을 읽는 자는 물고기의 눈동자에서 우주의 중심을 읽는 자일 것이다. '물고기 눈동자가 손맛처럼 느껴'지는 때는 투명하게 빛나는 비늘이 물고기의 몸체에서 편린처럼 떨어져 나가는 한 순간이며, 언어의 황금어장에서 시적 심상을 낚아채는 찰나적 시간일 것이다. 옛 사람은 '나무에서 어떻게 물고기를 구할 수 있겠는가'하고 물었지만, 시인은 상상력의 나무에 매달린 물고기의 육체를 아름답게 빚어낸다. 물고기의 비늘은 시인이 만든 문자 언어이다.

> 나무를 보니 그 많던 물고기 어디로 갔나
> 나이 마흔 셋 돌아보니
> 불타오르던 시절은 가고 누군가 세상은 재만 남았다 한다
> 물고기 하나 손에 들고 나 서 있다
> 스스로 눈멀어 딸아이 잠든 줄도 모르고 책 읽어준다
> 점자처럼 희미한 세상 손끝으로 헤아리니
> 만져지는 건 거대한 물고기 눈동자를 감싸던 투명한 눈꺼풀이었다
> 타다 남은 비늘 몇 조각이었다

책은 시인들이 창조하는 언어들의 거주지이며 창조의 샘이자 원천이다. 나무는 우주목으로서 생명을 키운다. 나무는 책이며 나무에 매달린 물고기들은 우주의 어머니의 자식들이다. 따라서 '책읽기'는 세계를 읽는 것이자 나를 깨닫는 과정이기도 하다.

'책읽기' 모티프는 '자화상'을 그리는 시인의 행위와 연결된다. 자화상

을 통해 시인은 시란 무엇인가, 시인이란 무엇인가라는 질문의 답을 찾아간다. 이는 이른바 '메타시'(시란 무엇인가를 말하는 시)의 자질과 공유점을 갖는다. 책에서 물고기를 건져 올리던 시인은 문득 나이 마흔 셋에 건져 올렸던 물고기들의 흔적을 돌아본다. '불타오르던 시절은 가고 재만 남'은 나이에 손에 남은 건 한 마리 물고기뿐이다. 그러나 그것도 잠깐, 실제 만져지는 건 타다 남은 비늘 몇 조각뿐이다.

책읽기가 곧 세상 읽기며 그것이 시 쓰는 일이라고 믿었던 젊은 날의 불 같은 열정은 이제 없다. 생명수의 가지 끝에 걸려있던 청춘의 샘은 흔적조차 없이 사라졌다. '확신'의 세상은 점자같이 희미할 뿐이다. 시인이 읽었던 책들이 다 환영이었다는 것일까. 싱싱하게 살아 생명수를 기르던 물고기들의 선명한 눈동자는 사라지고 그것을 대신하는 것은 그 눈동자를 감싸고 있는 투명한 눈꺼풀이라고 시인은 말한다. 이 대목은 이미 우리에게 익숙한 '상한 새'(박남수의 「새」)의 시적 이미저리와 상통하다는 점에서 독창적이거나 새롭지는 않다. 정작 궁금한 건, 이 시의 후반부에서 '물고기 나무'라는 책 우주가 사라져버렸다는 점인데, 그 '나무 물고기'는 다 어디로 간 것일까. 마치 책이 저 어딘가로 한 점 먼지처럼 사라져 버리듯이 말이다.

이 대목에서 언뜻 '바니타스(vanitas)화'의 이미지가 떠오른다. '죽음과 헛됨의 책'이라는 모티프는 17세기 네덜란드에서 유행한 바로크적인 사유의 산물이다. 바니타스 정물화의 유행은 덧없고 덧없는 인생의 허무 앞에 선 대중들의 욕망이 투사된 것이다. 'vanitas'란 『구약성서』 「전도서」 1장 2절에 나오는 어구이다. 인생의 덧없음과 그 허무를 뛰어넘기 위한 상징적 행위가 바니타스화의 유행을 낳았을 것이다. 죽음의 숙명 앞에서 지

피터 클라스존, 〈바니타스 정물〉(Pieter Claesz, Vanitas Still Life, 1630)
해골, 시계, 책, 촛불 등은 죽음의 숙명성을 상징한다.

상의 행복이나 세속적 허영은 무의미하다는 자각이 생겨나면서, 유일한 삶에 대한 두려움에서 벗어나 보다 깊숙한 삶의 진실을 추구할 수 있는 근거를 가지고 싶었던 것이다. 해골은 인생의 끝인 죽음이 아니라 새로운 삶의 토양이자 근원임을 표상하는 원형 상징이다. 크게는 양성체와 총체성의 우주라는 관념 속에 존재한다. 태양과 달의 쌍둥이 형상, 여성과 남성의 양성체 형상과 함께 해골은 생명과 재생을 뜻하는 동의어가 된다.

함기석의 「뿔랑공원」에서 삶은 책 속에서 펼쳐지고 닫힌다. 책 속에서 펼쳐지는 세계는 지식의 현란한 곳간이 아니라 동화적이고 신비한 낯선 세계, 원형적인 이미지이다. '책을 보는 동안'은 생이 존재하는 시간이다. 여자가 책을 보는 동안, 아기는 꿈꾸고 물고기들은 나뭇가지 사이를 헤엄쳐 다닌다. 신비한 뽈랑 빗자루로 공원을 쓰는 청소부의 자태는 얼마나 아름다운가. 오세아니아 섬의 아름다운 여자들이 성(性)을 갖지 않듯, 이 청소부의 성적 정체성 역시 확인하기 어렵다.

여자가 책을 보는 동안 아기는 꿈꾸고
물고기들은 나뭇가지 사이로 헤엄쳐다니다
책 속으로 사라진다
한 청소부가 후문에 나타난다
이상하게 생긴 뽈랑 빗자루로 공원을 쓴다
그러자 공원이 조금씩 조금씩 지워지면서
책 속으로 빨려 들어간다

책의 우주 속에서 뽈랑공원은 존재한다. '뽈랑'은 그 어감만큼이나 신비하다. 신비한 것이니 책 속에 존재한다. 책은 천상의 우주이다. 현실의 삶에서는 존재하지 않는 것들을 담고 있고, 잃어버린 것들을 되찾아주기 때문이다. 책을 닫자마자 '꽃밭이, 벤치들이, 나무들이, 새들과 빛과 시간들이' 사라지고 공원의 마지막 풍경인 여자 또한 사라진다. 그 사라진 자리에 남은 것은 현실이 아닌 여전히 공고한 '환각'의 잔여물들이다. '투명한 물고기들이 헤엄쳐 나온다, 샘물이 된 아기울음 흘러나온다'고 했을 때 시인이 꿈꾼 것은 삶의 저 지루함과 환멸을 넘어서고자 하는 욕망의 가열한 열기 아니었을까.

단 하나의 지적 건축물을 세우기 위해 발레리(Paul Valery)는 책을 펼쳤지만, 시인은 현실의 지루함과 피로감을 견뎌내기 위해 책을 펼쳐든다.

펼쳐든 책에서, 생명을 잃고 활력을 잃었던 모든 사물들이 활력을 되찾고 바람처럼 펄럭인다. 대기는 바다가 되고, 물고기는 나뭇가지 사이를 수초처럼 펄럭이면서 미끄러진다. 어디선가 동화 속에서나 존재할 법한 '뽈랑공원'이 우리를 더없이 신비한 꿈의 세계로 이끈다. '뽈랑공원'은 어디에 있는가. '뽈랑공원'은 책이라는 천상의 공간에 세워 둔 꿈의 궁전이다.

나무, 별, 꽃, 물

중국 연웅항에 있는 바위에는 인간의 얼굴을 한 꽃이 그려져 있다. 고답적이지 않고 소박하면서도 품격 있는 해학성을 지녔다. 고대인들은 이 같은 '인간-하늘' 동형론적 사고를 자연스럽게 가지고 있었다. 우리 주변에 널려져 있는 꽃들은 하늘의 별들이 내려와 잠깐 살고 있는 것이다. 별은 천상의 에너지를 지상에다 뿌린다. 하늘의 별은 지상의 꽃이다. 지상의 꽃은 인간의 얼굴로 표상되기도 하는데 꽃이 인간의 얼굴과 겹쳐져 있는 형상은 천상과 지상의 인간이 성스러움으로 연결되어 있음을 나타낸다. 꽃들은 또 적당한 시기에 저 은하수 무리에 섞여 하늘로 올라갈지 모른다. 별은 나무가 되기도 한다. 저 하늘을 지탱하듯 장엄하게 가지를 펼쳐들고 있는 우주목의 이미지는 나무에 촘촘히 달려있는 별의 이미지와 앙증맞게 결합된다.

나무가 별이 되고 꽃이 되는 장관을 그린 시가 있다. 그것은 원형 상징

중국 연운항에서 발견된 '인간-꽃'의 형상을 한 상고 시대 암각화
지상의 꽃은 하늘의 별이다. 천상은 지상이다.

에 바탕을 둔 시인의 적극적인 상상의 힘에서 솟아난다. 김소연의 「위로」는 저 천상을 향해 상승하는 정신의 유희를 나무의 상상력 속에서 피워 올리면서 인간의 고독을 돌보고 있는 시다. '나무는 별을 보며 이미지를 배운다'고 시인은 말하지만 별은 사실 나무의 천상적 이미지이다. 나뭇가지 끝의 뾰족함이 별의 테두리의 각진 모양새를 닮았다고 시인은 쓴다.

모든 천상의 것들은 정수리 끝에서 성스러운 빛을 발한다. 나무의 끝은 그렇게 천상의 별과 만나고 있는 것이다. 나무는 별이다. '플랜트'하고 나무를 부르면 나무는 '플루토(명왕성)'하고 대답할 줄 안다고 쓴 시인의 위티즘은 나무가 원래 별이었음을 알아챈 시인의 예지에서 나온다. 그러니 시인은 견자(見者)가 아닐 수 없다. 시인의 '별'은, 천상에서 고독하게 빛난다. 그것은 스스로 불우한 자가 천상을 향해 쏘아 올리는 잠언(箴言)의 인공위성이다.

별이
별과 함께 별자리를 만든 건

고독했던 인류들이
불안했던 인류에게 남긴
위로의 한 말씀

나무와
나무 사이
그 간격은 몇 십 센티미터가
몇 억 광년과 다름이 없다
그래도 수백 년은 더
뿌리에게 뿌리로
닿기로 한다

태고적 별이 지상에 닿는다. 혼자 별을 보며 먼 후대의 인류를 향한 꿈을 꾸었을 태고적 인류는 이제 몇 억 광년을 달려 이 지상의 인류와 만난다. 그들은 서로의 불안과 고독을 위로한다. 행성이었다가 행성의 지위에서 박탈당한 명왕성은 불우한 시인의 존재론과 동일시되지만, 불우는 상승하는 정신의 힘 속에서 오히려 빛이 된다. 그들은 영겁의 시간 속에서 함께 별자리를 만들고 위안의 말을 나눈다. 나무는 천상의 별이기에 나무들과 나무들은 몇 센티미터 떨어져 있어도 기실은 몇 억 광년의 거리로 떨어져 있는 것이다. 별과 나무는 그렇게 같은 뿌리로 이어져 있다. 태고적 인류와 이 지상의 인류는 그렇게 별과 나무로 서로 이어지고 대화한다. 그러기에 나무 혹은 별의 시간은 영원회귀적인 시간이며 영겁의 시간이다.

상승하는 나무

나무가 하늘로 뻗어나가는 모습은 비극적인 초월성을 띤 이미지이다. 나무는 이중적인 속성을 가진다. 홀로 고독하게 영혼의 상승을 탐색하는 인간은 언제나 초월적인 존재의 비극성과 마주친다. 나무는 대지에서 솟아 하늘로 수직으로 뻗어나가면서 상승하는 존재이다. 땅을 디딘 채 초월을 꿈꾸는 인간의 내면적인 갈등을 나무의 이미지는 반향한다. 땅에 뿌리내리려는 나무는 어머니 품에 정착하려는 욕망을 상징한다. 공중으로 뻗어나가는 나무는 초월의 욕망이다. 현실에 뿌리내리려 하고 현실로부터 벗어나려고도 하는 존재의 이중적 속성을 보여준다. 이 양가적 욕망 때문에 존재의 비극성이 생겨난다. 총체성의 신화에 기대지 않는다면 이 모순적인 존재의 역설은 해소되기 어렵다. 존재의 역설은 삶의 비극적 숙명성이다. 그래서 '인간-나무'는 몸부림치며 울고 있는 것이다. 나무의 울음은 실상 인간의 울음이다.

자기 밖의 나무에서 자기 안의 나무를 느끼는 자만이 존재의 울음을 기억한다. 그러기에 외부를 향한 문을 닫으면 울음은 더욱 커질 수밖에 없다. 내 안의 소음은 외부에 귀를 기울이는 자의 소통을 향한 웅성거림이다. '저 밖'의 나무는 결국 '내 안의 나무'인 것이다. 문을 닫으면 내 안의 나무는 더욱 큰 울음을 운다. 그 때 내 안의 나무는 검게 일어선다.

나희덕의 「누가 우는가」에서 존재론적인 울음을 울고 있는 내 안의 나무를 만난다. 존재의 울음을 우는 나무에서 존재의 검은 그림자를 포착하고 있는 시인의 시선이 아름답지 않을 수 없다. 나무의 울음이 비극적 카덴짜를 켜는 현악기의 울음처럼 변주되는 것도 이 때문이다.

인간은 누구나 자신의 가슴 속에 한 그루의 나무를 키운다. 아니 자신 스스로 한 그루 나무이다. 폭우가 몰아치는 밤, 시인은 어떤 울음소리를 듣는다. 한 뼘 열려진 창문 밖에서 바람에 이리저리 휩쓸리며 일렁거리며 몸부림치는 나무를 본다. 밖의 나무는 내 안의 나무이다. 안과 밖은 둘이자 하나이고 나무는 곧 나인 것이다. 영적인 인간은 창밖의 나무에서 내 안의 나무를 발견한다. 그러나 자신의 내면에서 발견한 나무는 검다. 삶을 바라보는 시선의 어두움 때문이다. 그 나무에는 인간의 삶이 투영되어 있다. 저 나무는 분명 들어올 수도 없고, 나올 수도 없으며, 뿌리 뽑히지 않으려고, 초월하지 않으려고 몸부림치는 존재의 비극적 숙명성이다.

바람이 우는 건 아닐 것이다
이 폭우 속에서
미친 듯 우는 것이 바람은 아닐 것이다
번개가 창문을 때리는 순간 얼핏 드러났다가
끝내 완성되지 않는 얼굴,
이제 보니 한 뼘쯤 열려진 창 틈으로
누군가 필사적으로 들어오려고 하는 것 같다

울음소리는 그 틈에서 요동치고 있다
물줄기가 격랑에서 소리를 내듯
들어올 수도 나갈 수도 없는 좁은 틈에서
누군가 울고 있다
창문을 닫으니 울음소리는 더 커진다
유리창에 들러붙는 빗방울들,
가로등 아래 나무 그림자가 일렁이고 있다
저 견딜 수 없는 울음은 빗방울들의 것,
나뭇잎들의 것,
또는 나뭇잎을 잃지 않으려고
이리저리 부딪치는 나뭇가지들의 것,
뿌리뽑히지 않으려고, 끝내 초월하지 않으려고
제 몸을 부싯돌처럼 켜대고 있는
나무 한 그루가 창 밖에 있다
내 안의 나무 한 그루 검게 일어선다.

열려진 창의 틈으로 울부짖는 소리가 있다. 그 소리는 창문을 닫으면 더욱 커진다. 그러니 이 울음은 폭풍우나 번개 치는 소리를 비유적으로 말한 것이 아니며, 바람의 울음도 나뭇잎들의 울음도 빗방울의 울음도 아니다. 그것은 내부의 울음 그러니까 시인의 몸 내부에서 공명하는 울음이었던 것이다. 이리저리 나뭇가지를 부딪치며 울고, 제 몸을 부싯돌처럼 켜대며 몸부림치는 나무는 내면의 울음을 악기처럼 켜대고 있는 시인 자신이었던 것이다.

안과 밖, 삶과 죽음, 초월과 하강은 모순적이다. 존재의 역설이란 바로 안과 밖의 경계에서 들어올 수도 나갈 수도 없는 것이기에, 뿌리내림과 초월의 양 극단에서 서성대는 것이기에 생겨난 것이다. 죽음을 예비하고 있는 삶이란 그래서 더욱 난감한 것이 아닐 수 없다.

나무의 '검은 그림자'는 이 비극적 나무가 생명수가 되는 한 도정을 보여준다. 이 '인간—나무'는 검은 그림자 속에서 진정한 생명수로서의 자신을 깨달을 것이다. 하강 혹은 죽음을 통해 나무는 다시 스스로 생명력을 얻는다.

흑화는 백화의 근원물질이며 그 스스로 변신하는 물질의 존재성이다. 뿌리와 수관을 양식화 한 도상들은 원형 도상들에서 이미 나타난다. 팔을 벌린 채 하늘을 떠받치고 있는 나무 기둥 양식들은 대지와 천상을 연결해 주는 성스러운 존재로서의 위엄을 가지며 대지, 나무, 천상의 삼원적 우주 세계를 구현한 것이다.

신화에서 나무는 탄생과 소멸에 대한 몽상을 불러일으키기도 한다. 관이 된 나무는 대지로 사라져 가거나 불 속에서 변형되어 대기 속으로 자취를 감춘다. 벨기에 화가 르네 마그리트는 이 우주목 형상을 '빌보케(Bilboquet)'라는 나무 기둥으로 인간화한다. '빌보케'는 파수꾼, 목격자로 인간을 관찰하는 나무이다. 빌보케는 눈을 지니고 있거나 인형과 같은 모습으로 의인화되어 나타나기도 한다. 이들 헝겊인형이나 마네킹 같은 나무는 '목소리도 없고 눈이나 얼굴도 없는' '인간—나무'이자, '나무—인간'이다. 빌보케는 고독한 인간의 모습을 닮기도 하고 '나무—인간', '인간—동물'의 하이브리드적 형상을 띠기도 한다. 이는 사물과 인간, 유기물과 무기물, 가벼움과 무거움 등의 이분법적 사고에서 벗어나 자유로운 상상력 속에서 사물의 본질을 탐색했던 화가의 철학에서 빚어진 것이다. 빌보케는 비인간이자 비유기물들인 존재의 영적 현시, 사물들의 대화 등에 관심을 가졌던 화가의 관념을 담은 것이다. 몇 만 톤의 돌덩이조차 하늘에 떠 있는 한갓 가벼운 질료일 뿐이다. 그러니 〈피레네의 성〉에서 바위는 구름이자 공기인 것이다.

마그리트의 그림 〈길 잃은 기수〉에서 고독한 인간의 모습과 닮은 '인간－나무', 빌보케를 볼 수 있다. 대지로부터 태양을 향하여 자라는 나무는 대지에 깊이 뿌리내리는 욕망과 대기를 향해 상승하면서 초월적인 욕망을 동시에 가진 존재이다. 나무들은 어떤 특정한 형상을 하고 하늘을 향해 뻗어 있다. 그 나무들은 서로 어울려 있기 보다는 고독하게 홀로 존재하면서 마치 기수를 관조하고 있는 듯하다. 마그리트는 인간이 나무를 보는 것이 아니라 나무가 인간을 관찰한다고 말한다. 나무는 의자, 탁자, 문의 형태를 얻어 우리의 동요하는 삶을 목격한다는 것이다. 형이상학적인 차원으로 승화된 영혼의 나무는 인간의 내면을 비춘다. 나무는 원형 상징의 세계에서 고독한 인간의 형상을 반추한다.

조속, 〈금궤도〉(17세기)
신비스런 숲의 나무에 걸린 황금 상자 안에서 태어난 김알지의 설화가 바탕이 된 조선시대 그림. 생명 나무와 황금 상자와 알은 동 서양 우주 탄생 신화 및 창조 신화에서 널리 인용되고 변용되는 요소이다.

'나무-몸'의 카발라주의(Kabbalah)

여성의 몸에서 나무가 자라는 도상들은 생명을 잉태하고 양육하는 우주의 모태로서의 여성 육체라는 관념을 보여준다. 나무는 생명과 지혜의 근원으로 생명수(生命樹)이자 지식수(智識樹)이다. 사람은 죽어서 나무로 돌아가며, 인간의 몸은 나무에서 나온다. 중국의 한 조형물에는 인간 형상이

〈죽은 자의 나무〉
중국의 목조 조형물, 죽음과 삶의 순환적 질서를 상징한다. '생명수'로서의 '어머니 신'의 형상과 동형성을 갖는다. (노이만:395)

잎처럼 나뭇가지에 주렁주렁 매달려 있다. 이는 나무가 대지이며 근원 우주임을 보여준다. 우주목 형상의 여신은 인류 누천년의 지혜가 이 생명의 원천인 근원 우주에, 여성의 몸에 있음을 말하고자 한 것이다.

여성의 몸에서 자라는 나무는 생명을 잉태하고 존재의 물질적 변환을 통해 생의 순환을 이끄는 생명수이다. 나무는 여성의 몸처럼 생명을 잉태하고 양육한다. 그러나 이 생명수의 나무는 생명의 반대 원천으로서의 죽음 상징을 동시에 거느린다. 대극이 없으면 물질은 갱생되지 않는다. 소멸을 통한 갱생이 가능하지 않다면, 물질은 점점 생의 활력을 잃어갈 따름이다. 탄생, 재생의 의례적 절차 가운데 죽음, 하강의 의례적 행위가 그 짝을 이루고 있음은 대극의 합일 및 총체성의 구현이라는 우주 탄생의 원리를 설명해준다. 따라서 생명수 신화에 나오는 흡혈귀적 주제는 공포스럽기는 하지만 변신과 재생의 신화의 완결을 위해 반드시 필요하다. 타인의 양분을 빨아 자신의 영양으로 삼는 흡혈귀의 주제나, 중세 카발라적인 신비주의 분위기 또한 이 생명수 신화에 깊숙하게 묻어있다.

김근의 「길을길을 갔다」는 여성의 몸이 나무와 동형성을 갖는다는 뿌리 깊은 고대적 사고를 바탕으로 깔고 있다. 자신의 살을 파내고 '나'의 살을 심는 살육의 모티프를 중심으로 중세 카발라주의적인 신비주의가 그 주위를 감싸고 있다.

여자가 살을 파내고 나를 심는다
나는 아무 저항 없이 여자의 살에 뿌리를 내린다
내 실뿌리들이 혈관을 타고 여자의 온몸으로 뻗어나간다
여자를 빨아먹고 나는 살찐다
언젠가 여자는 마른 생선처럼 앙상해질 것이다

옛날에도 그랬다

나는 커다란 종기처럼 여자에게서 자랐다
나라는 고름주머니를 달고 여자가 길을길을 갔다

‘여자의 살을 파내고 거기에 나를 심는다’ 같은, 육체의 절단과 살육의 모티프는 끔찍하지만 이는 카발라적인 신비주의의 산물이다. 마치 자신의 살을 먹이는 대지의 여신의 폭력적인 광기를 보는 듯도 하다. 여성의 몸은 ‘나’의 생명의 근원이자 양육의 땅이다. 나의 생명은 여자의 소멸(죽음)과 정확히 대응된다. 생은 죽음의 이면이며, 생과 사는 순환하면서 우주의 재생을 무한 반복한다. 여자의 살에 ‘나’를 심어 그 영양분으로 ‘나’는 살찌고 여자는 마른 생선처럼 앙상해진다. 여자는 생명의 우주목이고 나는 그 생명의 영양분을 먹고 자라는 고약한 ‘고름 주머니’ 격이다. 하지만, ‘여자’와 ‘나’는 착취당하고 박탈하는 교환 관계가 아니라 생명의 전이 관계에 있다. 그것은 둘이지만 결국 하나인 양성체의 관계이다.

이 같은, 여자의 몸에 뿌리내린 나무라는 모티프는 생명의 우주목이라는 상상력에 깊이 간여되어 있다. 여자의 몸에서 전이해 온 영양분으로

이 나무는 깊게 뿌리내리며 저 우주적 생명력을 키우고 있는 것이다. 절대적 모성성은 일종의 육식과 탐식의 카니발리즘(Cannibalism)적인 악마적 축제를 곁에 동반할 수밖에 없다. 그것들은 양성체적 관계이거나 상생적 관계에 있기 때문이다. 기거(Giger)의 그림에서 어머니 신의 폭력성과 악마성은, '이빨 달린 질(vagina dentata)'의 이미지로 형상화된다. 성과 출생을 상징하는 자궁은 죽음과 폭력의 잔혹한 이미지로 변환된다.[기거(a):23]

특히 이 시에서 재미있는 것은, '길을길을 갔다'는 제목이기도 하고 마지막 어구이기도 한 이 대목. 도상적인 효과도 같이 눈여겨 볼 대목이다. '길을길을'은 반복을 통한 리듬과 운이 살아나 있고, 중첩의 낯설음과 띄어쓰기를 하지 않아서 생기는 공간적 이미지가 오히려 역설적으로 강렬하다. 그것은 시각적이기보다 촉각적이며 그래서 온 감각이 공명되는 효과를 갖는다. 여정의 지난함과 수고스러움을 의미하는 공감각적인 효과, 반복과 순환을 통한 시간의 지속이라는 시간적이고 물리적인 효과까지.

시간과 공간을 뛰어 넘은 이 생명의 리듬과 반복은 태고로부터 지금까지 이어지는 생명의 법칙이자 우주적 순환이라는 심혼적 사상에 깊게 뿌리 내리고 있다. 여자와 남자는 삶의 여정을 같이 한다. 고름 주머니를 단 '나쁜 남자'와 그 실뿌리 같은 혈관에 영양을 공급하는 '착한 여자'는 두 개의 몸이 아니라 하나이다. '해와 달 오누이' 신화처럼 그렇게 우리는 같은 몸을 타고 이 세상에 왔다. 그래서 '길을길을 갔다'가 아니라 '길을길을 갔다'가 되는 것이다. 각자의 '길을 갔다'가 아니라 같은 길을 따로 또 같이 '길을길을' 간 것이다. 이 기묘한 반복과 첩어의 방식에서 순환의 질서와 양성체의 도상들이 동시에 떠오르지 않는가? 문자를 도상화함으로써 공감각적 공명 효과를 노린 것이다. '옛날에도 그랬다'는 것은 우주적 순환과 반복의 의미에 대한 통찰이 아닐까? 이 시는 남자와 여자, 선과 악, 독과 약의 쌍둥이 짝패들의 아름다운 동행을 그려두었다. 연애시 풍의 시처럼 보이지만 대극적 합일의 우주라는 총체성의 우주관을 연애시로 보기 좋게 살짝 변칙적으로 그려두었다. 원형 상징의 유쾌한 묘미가 있다.

무덤, 밥공기, 가슴

'나무－몸'의 형상이 몸과 천상의 결합을 의미한다면 그 반대인 대지와 결합되는 경우는 어떨까. 자신의 내면에 떠다니는 별의 무리를 깊고 혼곤한 시선으로 붙잡아 두려는 시인들의 고행은 끊임없이 죽음의 환영에 맞닥뜨린다. 생명수 옆에 놓인 두개골의 환영, 끔찍하고 격렬한 식욕의 축제, 흡혈귀적 정체성에 대한 과도한 욕망 등은 상상의 감옥에 갇힌 시인들의 고행을 상징하는 것이며, 물질세계로부터 빠져나와 자유로워진 몽상가의 정신의 유영(遊泳)을 의미하는 것이기도 하다.

죽음과 삶의 동형성을 나타내는 상징적 도상은 가슴과 무덤의 결합으로 나타나기도 한다. 가슴은 에로티시즘을, 무덤은 타나토스(thanatos)를 상징한다. 그런데 '무덤'의 원형 상징성은 깊고 찬란하기까지 하다. 지상에서 천상까지 그 범주가 넓고 깊숙하다. '무덤'의 원형적 상징성은 몸과 대지의 결합이다. 무덤은 둥글다. '주검의 집'인 무덤은 마치 천상의 하늘을 지상에 옮겨 놓은 것처럼 보인다. 천상의 지상적 공간이라는 뜻일까.

무덤은 그래서 삶과 죽음, 이승과 저승, 대지와 천상이 합일된 세계를 상징한다. 원형 우주의 상징적 재현이라고 할 수 있겠다.

주검의 거주지이자 천상의 지상적 공간이 되는 무덤은 둥글다. 둥근 것, 원환적인 것은 태고의 우주에 대한 상징이며, 이 태고적 우주는 대립적인 물성들이 동시에 합일을 지향하면서 모순의 춤들을 즐기는 낙원의 하늘공원이다. 서로 다른 대상들이 은유라는 힘으로 서로를 긴밀하게 끌어당기는 시 양식 자체의 본성에 비추어 본다면, 이 '둥근 우주'는 시적 상징의 풍요로운 바다가 펼치는 영혼의 전투장과 다를 바 없다. 이것들은 서정 양식의 어떤 본질과 긴밀하게 연결되어 있다는 것이다. 시 양식의 본질은 은유의 어법이 주는 말의 긴장력과 독창성에 있다. 그런 점에서 '무덤'이 갖는 상징성은 깊은 서정적 공감을 낳는다.

무덤은 천상 혹은 태고적 우주의 성스러움이 상징적으로 재현된 것이다. 그런데 '가슴'이 '무덤'과 동형적 성격을 갖는다는 것은 신비하고 의아하기까지 하다. 죽음과 성(性)은 동형성을 갖는 상징이기 때문이다. 에로스와 타나토스는 여기서 만난다. 죽음 충동을 의미하는 타나토스와 관능적 사랑을 의미하는 에로스가 실상은 같은 접촉면을 가진 욕망이라는 점에서 '가슴'과 '무덤'이 갖는 원형적 상징성은 동일한 것이라고 하겠다. '무덤'은 주검의 집이라는 점에서 생성과 창조와 시작을 의미한다. '가슴'은 생명을 보육하고 육체를 성스럽게 빛나게 한다. '가슴'은 여기서 현세적인 쾌락과 관능성을 뜻하는 물질성 차원이 아니라 생명의 법열적 요소가 된다. 시인은 가슴과 무덤의 반대편 비탈길을 오르내리며 죽음과 사랑의 무의식적 공간들을 혼곤하게 펼쳐놓는다. 클림트(Gustav Klimt)의 그림에서 확인할 수 있듯, '가슴'은 농도 짙은 에로티시즘 미학 속에서 죽음 충동의 짙은 욕망들을 잔혹하게 자극하는 요소이다.

가슴에서 무덤을 떠올리는 것은 형상의 동질성, 그러니까 그것이 둘 다 구형의 형상에서 비롯되지만 이는 원형 심상적인 것이다. 중세 기사도 이야기에서 '무덤'은 성스러운 공간이면서 또한 힘의 새로운 원천이다. '파르치팔의 이야기'에서 '무덤'은 어둠(흑기사)의 기사가 거주하는 공간이다. 파르치팔의 모험의 여정에는 어떤 무덤 포석 아래 깔려 있던 남자가 구원을 요청한다. 파리치팔이 이 무덤의 대리석으로 만들어진 포석을 들어 올리자 사티로스적인 형상을 한 흑기사가 나타난다. 이 무덤은 입이 벌어진, 닫혔지만 열린 공간이다. 육체와 현세성을 상징하는 무덤은 그 미세한 균열과 틈을 가진 것이어서 파르치팔의 힘의 원리와 동의어로 작용한다. 균열은 모험과 회귀, 고통과 구원, 역경과 도달의 이원적이며 복합적인 원리를 상징한다. 그러니까 무덤은 죽음의 공간이 아니라 벌어져 있음으로 해서 다시 삶으로 회귀하는 원환적 공간인 것이다.상소네티:286~287

그 흑기사는 무덤 속으로 들어가면서 파르치팔에게 고통의 산으로 가는 길을 알려준다. 파르치팔은 여행 중에 원초적 힘을 상징하는 아름다운 일곱 여성들을 만나 메르쿠리우스적인 결합을 하게 된다. 여기서도 신성한 숫자 칠(7)이 나타난다. 무덤은 잠과 죽음, 깨어남과 부활, 재생을 위해 어머니에게 회귀하는 통로이다. 그런 점에서 무덤은 주검의 공간이 아니라 삶의 공간이다. 기이하고 그로테스크한 원형 상징의 도상들은 깊고 짙은 창조적 상상력의 근원이다. 살아가는 것, 죽는 것, 꿈꾸는 것은 동일한 것이며 그래서 이 노곤하고 피로하고 너절한 일상의 삶조차 그 자체로도 이미 성스러운 속성을 내재한다.

'무덤'은 우리를 먹여 살리는 '밥공기'가 된다. 밥공기는 젖을 품은 가슴이 된다. 박형준은 「무덤 사이에서」에서 그 같은 천상의 하늘과 지상의 무덤을 동시에 발견해 내고 있다. 이 흐름을 읽어내는 시인의 시선은 몽환적이지만 또 얼마나 흥미진진한 것인가.

> 논과 밭 사이에 있는 우리나라 무덤들은 매혹적이다.
> 죽음을 격리시키지 않고 삶을 껴안고 있기에,
> 둥글고 따스하게 노동에 지친 사람들의 영혼을 껴안고 있다.
> 그렇기에 우리나라 봉분들은 밥그릇을 닮았다.
> 조상들은 죽어서 산사람들을 먹여 살릴 밥을 한 상 차려놓은 것인가.
> 내가 찾아 헤매다니는 꽃과 같이 무덤이 있는 들녘,
> 산 자와 죽은 자가 연결되어 있는
> 밥공기와 같은 삶의 정신,
> 푸르고 푸른 무덤이 저 들판에 나 있다.
> 찬 서리가 내릴수록 잎사귀들이 더 푸르듯이,
> 내가 아직 인간의 언어를 몰랐을 때 나를 감싸던 신성함이 밭 가운데 숨 쉬고 있다.

시인은 '무덤'에서 '밥공기와 같은 삶의 정신'을 발견하고, 이 둥근 무덤이 어떻게 우리 영혼의 숲에 신성한 빛을 던져주는지를 말한다. 태고적 원시의 숲처럼 우리의 논밭이 신성함을 간직하고 있는 이유는 그 곳에 무덤이 있기 때문이다. 인간의 집 가까이 논과 밭 사이에 있는 작은 무덤들조차 그러한 성스러운 생명의 빛을 품고 있다. 그 빛은 일상의 노동에 지친 사람들을 따뜻하게 감싼다. 원형은 둥글고 따뜻한 집이다. 그것은 우리 영혼을 위무한다.

둥근 무덤의 이미지는 산사람들을 먹여 살리는 '고봉밥'의 형상에서 왔다. 고봉밥 그릇은 둥근 우주의 형상이다. 저 태고적 영혼을 달래는 둥근 은하와, 현재 우리의 모습을 비추는 지상의 우물과, 시인 앞에 놓인 한 그릇의 밥은 얼마나 조상의 무덤과 가까이 닮아 있는가. 무덤은 그래서 과거로부터 현재를 거쳐 미래로 이어지는 시간의 지속을 상징하며 우리는 무덤을 통해 죽은 사람과 만난다. 선조와 만나고 역사와 만난다. 그러니 고분을 찾아드는 인간의 무리는 고분 주위의 성스러움과 신비 속에서 자신의 영원을 본다.

무덤 근처에서 시인은 푸르고 푸른빛을 발견하는데, 그것을 시인은 '밥 공기와 같은 삶의 정신'이라고 말한다. 무덤의 푸른빛은 성스러운 아우라를 풍긴다. 무덤은 '죽은 자와 산 자를 연결해주고 죽음에서 생명의 혼들을 건져내는 시원적 공간이다. 그러기에 무덤은 우리 일상과 가까이에, 집 주위의 논과 밭 한가운데 있으며, 그 주위를 둘러싸고 있는 공간은 성스럽기 그지없다. 무덤은 태초의 인간의 언어를 가르치듯 그렇게 신성한 빛을 밭 한가운데 뿜어놓고 있다. 무덤에는 생명의 근원과 시작과 처음의 혼들이 신비하게 숨 쉬고 있다.

여기서 언뜻 우리 서정시의 시원(始原) 김소월의 「무덤」이 떠오른다. 「우리에게 우리의 보습대일 땅이 잇섯드면」에서 그가 말한 '밥'과 '집'은 궁극적으로 인간 심혼의 문제임을 깨닫게 된다. 사회 현실을 비판한 듯 보이는 시나 인간의 죽음이라는 인간 본질을 다룬 시나 심혼의 영역에서 깊숙하게 연결되어 있는 것이다.

김소월의 '시혼'의 여린 움직임은 다시 박두진의 「묘지송」으로 이어진다. 왜 시인들에게 '무덤'은 항상 죽음보다는 생명, 차갑고 딱딱한 대지보다는 유동적인 물과 근원적인 하늘이 있는 우주의 형상으로 나타날까. 그리고 왜 그것은 시원을 밝히는 빛을 품고 있을까 하는 의문들이 연이어서 고개를 든다. 김소월은 '무덤'에서 조상의 혼을 찾아 이리저리 떠돌면서 자기 영혼의 붉은 집을 절규하듯 지었고, 박두진은 둥근 무덤 안에서 종교적 빛을 발견하고 견자로서 어두운 시대의 영혼들을 달래고자 했다. 원환적 시간, 생명, 성스러움 같은 원형 상징의 주제들은 원, 빛, 무덤 같은 도상들에 압축되어 있다. 이것의 언어적 표현물이 시이며 시의 은유이다. 은유의 언어는 설명적 진술보다 더 설득력이 있다는 보르헤스의 은유론은 매체적으로는 도상학에 접근해 간다는 생각이 든다. 은유 혹은 이미지의 발상은 언어적 이해보다는 도상적 이해, 공간적 이해라는 공감각적 상상력이 필요한 것이다.

한경동의 「겨울성묘」는 '무덤'과 '가슴'이 만나는 지점을 포착하고 있다. 비가풍의 낯익은 이미지들이 연애시 풍의 신비로운 이미지들과 묘하게 중첩되어 있다. 서정시 풍이라 낯익은 듯한데, 그 이면에서 느껴지는 것은 낯선 연애시를 읊는 기분이다. 이 낯선 인상은 원형 상징성을 가진 이미지들 때문이다.

'성묘' 나 '겨울'은 서정적 회감을 불러일으키는 서정시의 아주 오래된 주제들이다. '겨울'과 그 겨울의 신산함을 서정적 비가풍으로 달래는 '성묘'라는 테마를 엮어 둔 것이기에 더욱 그러하다. 서두 부분은 그래서 익숙한 서정시 풍으로 시작된다. 오히려 주목되는 것은 그 같은 서정적 풍경을 벗어난 부분, 익숙한 서정적 이미지를 뚫고 나오는 신화적 상징성이다. 죽음과 소멸의 이미지가 생명과 생식의 에로티시즘으로 발산되는 대목이다. '겨울 성묘'는 한갓 표면적 동기일 뿐, 기실 이 시는 사랑의 영원성에 대한 헌사 혹은 '어머니 — 연인'의 우주의 신을 기리는 모성적 에로티시즘의 찬미가와 다르지 않다.

저 굽이쳐 흐르는 능선의 잡목들 솜털보다 부드럽고
살아 숨쉬는 여인의 곡선같이 아름답다 무덤이
하필 무덤인 까닭이 무엇이더냐
봉긋하게 도드라진 젖무덤을 땅이 보듬고
눈비가 만지고 바람이 쓰다듬으라고 무덤이다
생전에 내게 젖 물리던 어미의 더운 가슴
한 번 쓸어주고 가는 것도 사랑이 아니겠느냐
내 시들어버린 남근을 억지로 세워 호석을 만들었으니
아무 눈치 안보고 희희낙락하겠다만
허구한 날 별빛이 너무 초롱초롱해 엄두를 못낸다

모든 아름다운 여자들은 모든 남자들의 태고적 아내이자 어머니이다. 어머니는 신화적 연인으로 시인의 몽상에 떠오른다. '늙은 젖무덤'은 애총(兒塚)이 뿜어내는 생명의 울음소리를 감싸 안고 있으며, '굽이쳐 흐르는 능선'의 자태는 '살아 숨쉬는 여인의 곡선' 같은 아름다움을 품고 있다. '무덤'은 '봉긋하게 도드라진 젖무덤'이다. 젖 물리던 어미의 가슴은 여인의 부드러운 에로티시즘적 가슴이다.

여기서 '무덤 / 젖무덤'은 '죽음 / 탄생'의 상징적 기표이다. 그것은 대립과 모순의 언어이자 또한 합일성, 총체성의 상징적 기표이기도 하다. '어머니의 육신은 살아 숨 쉬는 연인의 관능적인 육체를 반향하며, 죽음의 육신을 덮고 있는 어머니의 '무덤'은 생명을 먹여 살리는 '젖'무덤'의 에로티시즘을 미묘하게 싸고 있다. '어머니 성묘'란 살아 숨 쉬는 여인을 '쓰다듬어 주고 가는 것'과 다르지 않다. 그러기에 내 시들어버린 남근은 어머니의 무덤을 지키는 호석(虎石)이 되어 그 싱싱한 생명의 힘을 얻는 것이다.

죽음과 탄생, 소멸과 생성, 타나토스와 에로티시즘이 만나는 곳은 바로 이곳 '무덤 / 젖무덤'의 대극적인 것들이 합일되는 곳이다. 이런 우주적 순환은 바로 육탈을 통해 몇 번의 윤회 끝에 도달하는 '천지'의 섭리와 다르지 않다. '우리'는 '네 몸과 맘 속' 어디에나 있다. 천지가 들어있는 우리 몸은 따라서 '집'이자 '우주'이다. 그렇게 본다면 '겨울 성묘'는 우리의 영혼이 '어머니 우주'의 '집'으로 돌아가는 하나의 제의이다. 토마스 울프(Thomas Wolfe)의 한 시구처럼, '그대는 결코 고향에 돌아가지 못한다.' 그렇다. 우리는 '집'으로 결코 돌아갈 수 없다. 그러나 제의적 과정을 통해 상징적으로 거기에 이를 수 있다. '아무 눈치 안보고 희희낙락' 할 수 있는 것도, '허구한 날 별빛이 너무 초롱초롱해 엄두를 못'내도 즐겁고 유쾌할 뿐인 것은 바로 우리가 '성묘'라는 제의적 과정을 통해 '집'으로 돌아갈 수 있다는 이 가능성, 이 일말의 가능성이 주는 정신의 풍요로움 때문일 것이다.

전셋집에 세들기, 고향 잃은 자들의 '집'

이 지상에 살면서 사람들은 어느 날 문득 '천상의 집'이 가까이 있음을 알게 된다. 마음의 여정을 간직한 사람들이 그런 사람들이다. '이 땅에 세든 삶'은 언젠가는 이 땅을 떠나 '제집'을 찾겠다는 욕망의 이면이다. 그러다보니 현재의 집은 낯설다. 그는 영원히 고향을 잃은 오디세이처럼 떠돈다. 천상병은 이 지상의 삶이란 잠깐 소풍 나온 격이라는 투로 읊었지만, 어떤 시인들에게 지상의 집은 '전셋집'이다. 나희덕의 「방을 얻다」에서 확인할 수 있다.

전셋집을 떠돌던 시인이 평범한 농촌 마을에서 본 것은 이 지상에는 존재하지 않는 '집'이다. 그 풍경은 초월적이며 꿈속에서 본 선경마냥 아득하다.

> 지실마을 어느 집을 지나다
> 오래된 한옥 한 채와 새로 지은 별채 사이로
> 수더분한 꽃들이 피어있는 마당을 보았다
> 나도 모르게 열린 대문 안으로 들어섰는데
> 아저씨는 숫돌에 낫을 갈고 있었고
> 아주머니는 밭에서 막 돌아온 듯 머릿수건이 촉촉했다
> ……
> 그 부부는 알고 있을까.
> 빈방을 마음으로는 늘 쓰고 있다는 말 속에
> 내가 이미 세들어 살기 시작했다는 것을.

지실 마을을 지나다 시인은 우연히 '집'을 발견한다. 꽃들이 피어있는 마당, 숫돌에 낫을 가는 남자와 머릿수건이 촉촉한 여자는 선경의 그것인

양 비현실적이다. 난마 같은 바둑내기를 구경한 3일이 기실 일생을 허비한 것이 돼 버린 설화 속 나무꾼이 본 풍경처럼 이 한옥의 분위기는 신비경을 풍긴다. 빙그레 웃으며 '맴으로는 지금도 쓰고 있'다는 답말을 건네는 아낙의 시간은 저 신비한 천상의 시간에 속한 것이다. 원형적인 시간은 마음으로 사는 것이다. 영원의 시간은 마음의 시간이다. '빈방을 마음으로는 늘 쓰고 있는' 것이 바로 그러한 것이다.

천양희의 「오래 젖은 집」은 어둡고 그늘진 마음을 비오는 날의 '젖은 집'의 이미지에 투사한 시다.

> 비오는 날입니다 골목이 수런대면서 집들이
> 들썩거립니다 지붕은 입을 다물고 물끄러미
> 마당을 내려봅니다 십 년을 살던 집 집들이
> 오래 그늘을 늘리고 사람들의 마음이 어둑해
> 있습니다 근심많은 것들의 하루가 길어집니다 이제
> 어디에 머물든 두렵지 않습니다 아직 산정에
> 닿지 못한 사람들이 언덕을 쓸며 지나갑니다

빗소리로부터 시인은 시인 내면에 가라앉아 있는 침묵의 말과 자아 바깥에 존재하는 사물들의 소리를 유추해 내고 거기에 시인의 성찰적인 시선을 부여한다. '인생은 비에 젖는다'는 상투성의 표현조차 실은 인간의 심연에 드리워진 어두움을 표현하고자 한 것이다. 오래되고 근심 많은 것들은 '그늘이 넓고 그 깊이 또한 깊'다. 그것은 근원적인 것이기 때문이다. 그것은 다 '제 속에다 간절함을 품'는다. '젖은 집'은 우리의 내부에 가지고 있는 어둡고 그늘진 마음의 처소, 곧 심연이며 동굴이며 바다이다.

비오는 날 수런대는 골목과 집들의 들썩거림은 기실 오래 비에 젖은 시인의 슬픔이며 어둡고 그늘진 시인의 내면의 절규였을 것이다. '오늘까지 우리를 지켜준 것은' '나무처럼 곧은 마음'이라 말하는 데서 천상적 질서와의 조화를 꿈꾸는 시인의 마음이 느껴지는가. '젖은 집'이란 '제 생 볕들기를 기다리는' 어둡고 그늘진 사람들의 마음인 것을. 저 하늘과 땅을 이어주는 나무의 마음을 가진 자들만이 이 오래된 '젖은 집'을 심연에 가꿀 수 있다. 이 땅에서 잠깐 전세살이 하듯 살다 가면서도 말이다. 그러니 가장 깊숙한 마음의 심연에 귀를 기울여 보라. 자기의 '집'을 발견하는 행운을 얻는 자들은 영원히 우주의 집에 살고 있는 것인지 모른다.

천상, 원, 구뎅이, 할머니 신의 육체

흥미롭게도 우리 고대 고분 벽화에 그려진 선들은 아주 유려하고 유연하며 휘감길 듯 나아가는 부드러운 곡선들이다. 그것들은 느린 듯 질주하고 질주하듯 여운을 남기는 천상의 언어를 표상하는 것처럼 보인다. 괴테 또한 자연에는 직선이 없다고 말하고 둥근 것은 자연의 이치라고 갈파한다. 괴테의 이 사상을 아름다운 건축의 형상으로 옮긴 사람은 스페인의 유명한 건축가 가우디(Antoni Gaudi)이다. 가우디가 설계한 '성가족 성당'은 곡선의 미로로 이루어진 신의 세계를 지상에 옮겨놓은 듯한 모습을 하고 있

'둥근 자연'을 지상에 옮겨놓은 가우디의 '성가족 성당'
'자연은 모두 곡선이다'라는 철학은 원형 우주의 관념에서 기원한다.

다. 꿈과 판타지로 가득한 그의 곡선의 세계는 아름다운 지중해 지역의 자연을 닮아 있다. 둥근 것을 근원적인 물질의 원형이라고 생각한 것은 둥근 것이 천상의 질서를 구현해낸다는 믿음 때문이다. 둥근 것은 그래서 삶의 진정한 깨달음과 관련된다. 무거운 철학적 사유를 통해서가 아니라 가벼운 정신의 유희를 통해 이 '둥근 세계'의 깨달음에 다가가는 시를 보자.

이선형의 「구뎅이」는 '손자 구뎅이'에 빠진 할머니들의 육체를 호박꽃에 비유해서 끌고 가는 상상력의 힘이 느껴진다. 무덤은 삶의 진득끈적한 구덩이라는 것이다. 할머니들의 삶과 자신의 사랑을 교차시키는 묘미가 있는데, 할머니는 여신 혹은 샤먼의 모습을 하고 '나'를 껴안는다. 길모퉁이 자리 깔고 앉아 '사분사분' 부채질하는 할머니들은 원시 부족 사회의 샤만을 닮았고, '오글오글' 말하는 할머니들의 구술 언어는 수선스럽게 웅얼대는 샤먼의 주문 같다. 여기에는 평생 자식들을 부양하고, 늙어서는 자식들의 자식들, 손자들까지 부양해야 하는 여자들의 생애가 있다.

그런데 시인이 선택한 방식은 좀 다르다. 이른바 '우리 사회의 노인 문제' 그리고 이에 부수해 '육아 문제'를 진단하고 정부 정책을 비판하는 흔해 빠진 정책 보고서나 사회 윤리 교과서 같은 지루한 진술 방식이 아닌 것이다. 샤먼이 읊어대는 구비 무가를 보는 듯한, 혹은 고대 점토판에 그림 문자로 쓰여진 한 편의 고대 서사시를 읽는 듯한 이 할머니를 둘러싼 몽환적인 분위기는 '구뎅이'가 갖는 상징성에서 왔을 것이다.

손자구뎅이에 빠진 할머니
굴러가는 손자 발꿔꿈치만 옴싸고
아이고 이 구뎅이, 호박꽃 잇몸 벌어지고 있을 거라
가던 길 잊고 나도 잊어먹고
너 속에 빠져 꺼멓게 썩고 있는 호박구뎅이
어떤 사랑도 구뎅이라서
생전 처음 와보는 길 없는 길이라서
한 토막 말뚝세월 단내 나게 썩고 나면
비 그친 뒤 구름머리 하얘지네

구뎅이는 죽음의 공간이다. 인생의 마지막 구뎅이에 쓰고 단 삶의 모든 경험들을 구겨 넣은 할머니들이 다시 '손자 구뎅이'에 빠져 마치 죽음의 동굴을 뒤집어쓰고 있는 형국이다. 그런데 그것이 호박꽃이 되는 순간이 있다. 시인이 발견한 이 죽음의 구뎅이들은 꽃을 피워낸다. 아이 잇몸 벌어지듯 피는 호박꽃은 노인과 아이, 늙음과 탄생의 대극적 상징성 때문에 오히려 매혹적이다. 썩고 있는 구뎅이에 잇몸 벌어지듯 피워내는 호박꽃은 늙음과 죽음과 소멸의 육체가 피워내는 생명과 재생의 꽃이다. 늙은 할머니들의 육체는 원환적이고, 호박꽃을 피워내는 구뎅이도, 호박꽃도 역시 둥글다. 삶에 대한 성찰은 원환적인 형상을 하고 있다고 말해도 좋으리라. 그래서 깊숙한 사유의 무게를 갖는 것을 형상화하면 구형이 될 것이다. 둥근 것은 우주적인 것이고 모성적인 것이며 명상적인 것이다. 그러기에 둥근 형상들은 깊은 깨달음을 준다.

재미있는 것은 역시 할머니들의 '구뎅이' 역시 시인을 비추는 둥근 거울이었다는 것. 무심코 길을 가다 말고 시인은 이 늙고 둥근 육체를 가진 할머니들의 '구뎅이' 같은 삶을 자신에게서 발견한다. 그것은 '너 속에 빠져있는' '나'의 사랑에 대한 사유를 불러일으킨다. '어떤 사랑도 구뎅이라'는 것, '생전 처음 와보는 길 없는 길이라'는 것, 그런 사랑은 다 '한 토막 말뚝세월' 같이 '단내 나게 썩'기 마련이라는 것이다. 그렇게 '썩는 사랑'을 겪은 뒤에야 삶에 대한 새로운 정의가 탄생하는지 모르겠다. 그래서 시인의 목소리는 비탄적이지 않으며, 사랑에 대한 무거운 진리를 설파하는 설교자의 그것도 아니다. '비 그친 뒤 구름머리 하얘지네'라는 유희적인 사유는 경쾌하고 즐겁다. 늙음과 사색과 노년의 메타포를 강렬하게 환기하면서도 둥글고 넉넉한 유머가 있다.

마무리 또한 재미있다. '구뎅이에서 올라온 할머니들 오글오글 / 지나는 귀를 잡아당기네.' '오글오글'거리는 할머니들의 집합이 마치 생명수를 얻는 힘을 달라고 주문하는 원시 부족 사회의 샤먼들의 언어 같다. 그것은 우주 저 너머에서 반향하는 우주 생명의 소리이다. 그것은 몽환적이면서 신비하게 시인의 사랑을 위무한다. 마티스가 중년 여성의 풍만하고 둥근 육체에서 성숙한 영혼의 즙을 짜내고 거기에 명상적 가치를 불어넣었듯이.

마티스의 〈분홍빛 나부〉는 그러한 인생의 노년과 죽음의 성찰과 원환적 생명 우주에 대한 철학적 사유를 담고 있다. 허리 살은 늘어져 있으며 둔부는 살쪄 있고 가슴은 쳐져 있다. 세속적 인간의 눈으로 보면 이 여성은 결코 아름답지 않다. 마티스는 이 그림에서 무엇을 말하고자 한 것일까. 인생의 중년에서 마티스는 인생의 핑크빛 로망을 발견하고자 한 것은 아닐까. 인생을 짊어지고 가는 긴 사색의 길목에는 원환적 우주에 대한 깊은 성찰과 사색이 있으며 그것이 주는 과실즙은 우리 정신을 풍요롭고 충만하게 한다. 생명을 낳고 생명을 키우는 여성의 몸은 우주 여신의 몸의 축약판이다. 중년 여인의 이 보잘 것 없는 육체는 어머니 여신의 원리를 형상적으로 보여준다. 제목이 왜 '분홍빛 누드'인가는 이로써 분명해진다. 로망은 언제나 핑크빛이다.

가슴, 젖, 어머니의 바다

젖은 지상의 비이며 물이다. 젖은 모성의 영양제이다. 그런데 '젖'을 현대적 용어로 포장한 '가슴'은 그렇지 않은 것일까. '젖'은 '어머니'의 원형상들이 떠오르는데, '가슴'은 어떤 상들도 떠오르지 않는다는 투로 시인은 말하고 있다. 이 '젖'과 '가슴'의 차이가 무엇인지 궁금하다.

임현정의 「가슴을 바꾸다」는 '젖'과 '가슴'이라는 말이 주는 아우라의 차이가 어떻게 상상력의 가능성과 제한에 참여하는가를 보여준다. 한복

저고리를 늘이러 한복점에 간 시인이 '젖이 불어서 안잠긴다'고 하자 점원이 '요즘 사람들은 젖이란 말 안써요'라고 핀잔을 주더라는 것이다.

뽀얀 젖비린내를 빠는
아기의 조그만 입술과
한 세상이 잠든
고요한 한낮과
아랫목 같은 더운 포옹이
그 말랑말랑한 말 속에 담겨있는데

촌스럽다며
줄자로 재어준 가슴이라는 말
브래지어 안에 꽁꽁 숨은 그 말
한바탕 빨리고 나서 쪽 쭈그러든 젖통을
주워담은 적이 없는 그 말

우리는 말(기호)을 통해서도 원형 심상의 본질에 다가갈 수 있다. '젖'과 '가슴'은 그것이 환기하는 이미지가 다르다는 것이다. '젖'이라는 말이 갖는 상상력의 폭과 깊이는 '가슴'이라는 말이 갖는 그것과는 분명한 차이를 가진다. '젖'은 뽀얀 젖비린내와 아기의 입술과 고요한 한낮의 평화로움을 연상시킨다. 그것은 '젖'이라는 언어가 주는 문화적·어원적 맥락과 깊은 관계가 있다. 그것은 쓰여진 글자의 기호적 차원에서 비롯된 것이 아니라 사회 문화적 관습이 말의 이미지에 습합되는, '말 이미지'의 역사에서 왔다. 그러니까 '말' 자체가 일종의 문화 원형이며 그 흔적인 것이다. 우리가 '젖'이라고 불렀을 때 느껴지는 말의 여운은 말의 물질성이며, 이것이 우리 문화 속에서 형성해 온 이미지의 역사가 우리의 시적 상상력을 자극하고 혹은 제한하고 있기 때문이다.

'가슴'이 '젖'을 대신한 것은 근대화, 서구화의 영향일 것이다. 말(단어)만 바꾼 것이 아니라 이미지를 바꾸고 그 이미지가 실재성을 만든 것이다. 이미지가 존재의 실재성을 만들고 의미를 고정시킨다는 바르트의 주장은 여기서 진실인 것이다. '가슴'이 교양인의 언어이자 문화적인 언어로 등극한 것과 거의 같은 시기에, '젖'은 촌스럽고 비문화적인 계층이 쓰는 '낮은 말'이 되었다. 그러면서 '젖'의 모성과 육체성도 상실해 갔다. 강한 모성으로 '젖'을 빨리고 생명을 키우는 어머니의 육체는 소멸되었다. 날것 그대로의 원시성과 생명력을 품은 '젖'의 모성적 에로티시즘은, '가슴'이라는 말 혹은 기호가 갖는 모던하고 치장된 육체성에 가려지게 된 것이다. '젖'의 자리에 은폐와 은닉을 주도하는 '가슴'이라는 거대한 시뮬라크르(silmulacre)적 육체성의 이미지가 들어앉게 된 것이다. '가슴'이라는 어감이 주는 폐쇄적이고 은닉적인 담론을 시인은 '브래지어 안에 꽁꽁 숨은 그 말'이라고 쓰고 있다. '가슴'의 시뮬라크르적 효과는 '젖통'을 촌스럽고 볼품없고 늙은 육체성을 가진 것으로 인식하는 데 일조해 왔던 것이다.

'가슴'은, 말랑말랑하고 더운 어머니 육체인 '젖통'을 결코 대신할 수 없다. 그것은 또한 한바탕 빨리고 나서 쭈그러진 '젖통'의 폭과 깊이를 감당할 수 없다. '젖통'은 밥과 생명과 고요와 평화와 자유를 주는 '어머니 우주'의 이칭(異稱)이다. '가슴'을 말하는 것은 '젖통'을 말하는 것과 다르다. 다른 실감을 준다. '가슴'이 은닉과 은폐의 헛된 육체의 환영임을 깨닫게 되는 것은 상상할 때가 아니라 그것을 말할 때, 그 언어를 소리 내서 말할 때인 것이다. '젖'은 언어 기호 차원에 놓이는 것이 아니라 도상적인 것인데, 그것은 말의 울림 속에서 더욱 효과적으로 실감된다. 시를 읽는 독자 역시 그 같은 원형 이미지의 세계 속에서 이 말들을 발음해 보고, 시적 상상력을 작동시키면서 시인의 언어를 반추하게 되는 것이다.

'가슴'이 일종의 구속이 되는 경우도 있다. 검은 대지를 자신의 육체에 품고 있는 지모신의 자기 응시를 김혜순의 「검은 브래지어」에서 확인할 수 있다. 검다는 것은 근원적인 어머니 대지의 원질료적인 상태, 풍요와 다산과 지복을 상징하는 것이지만, 지모신의 육제를 표상하는 가슴은 시인 스스로를 가두고 있는 감옥이기도 하다. 아이를 먹여 살리는 생명의 대지인 '가슴'을 후크로 채워진 검은 브래지어가 두르고 있고, 그것은 또한 검은 안대이기도 하다. 이는 구속과 결박의 자기 응시의 시선과 분리되지 않는다. 이 '가슴'이 어떻게 '젖'의 원형성을 상실하게 되는가 그러면서 모성적 우주를 불모의 그것으로 만드는가가 이 시의 핵심이다.

나는 가슴에 커다란 검은 안대를 둘렀네요

내 가슴은 바라봐요

안대를 벗고 바라봐요

(꽁꽁 묶어 뒀던 폭포가 터지듯
아니면 포장지를 벗겨낸 바다가 출렁하듯)

(내 몸이 내 눈동자를 방생하는 기분이 들게 그렇게)

(바닷가 언덕에서 모이 찾고 있는 물새 병아리 두 마리처럼)

물속에 누워

왼쪽 가슴과 오른쪽 가슴 사이로

익사한 사람이 지나가기를 기다리는 그런

고래같은 기분으로!

검은 브래지어를 감고 있는 시인의 몸은 감옥이다. 안대 속에서 퉁퉁 부은 눈동자로 자신을 내려다보는 다른 수백 명의 엄마들 역시 불우하기는 마찬가지다. 이 불우한 여성들은 시인의 감옥에 노크하지만, 그 문은 누군가의 검은 장갑에 꽉 틀어 막힌 채 폐쇄돼 있다. 이 검은 브래지어는 저 스스로의 육체성에 갇힌 여성들의 불행한 자기의식에 다름 아닌 것. 이 불행한 의식으로부터의 탈출을 시인은 '고래'라는 원형 상징성에 접합시켜 두었다. '검은 브래지어'는 '안대'이며 '고래'인 것이다. '고래'는 제 육신의 바다에 누워, 바다의 협곡을 지나듯 가슴 사이를 지나는 사람이 익사할 순간을 기다리고 있다. 고래 속으로의 익사는 심연으로의 죽음을 통해 삶의 회귀를 꿈꾸는 시인의 욕망이었던 것이다. '가슴의 눈'으로 시인은 자신의 고래를 키우지만 저 스스로 방생되지 못하며 자신의 몸 밖으로 나가지 못한다.

무엇이 이 시인을 결박시켜 버렸을까. 무엇이 이 시인의 항해를 불가능하게 했을까. 더 깊이 하강해야 솟아오른 법이다. 고래 뱃속으로 들어온 요나처럼 시인의 가슴 속에서 시인은 더 깊숙이 익사해야 하며 더 깊이 하강해야 한다. 그래서 다시 생명의 힘으로 솟아올라야 한다. 하지만 그런 극단의 어둠 속으로 들어가기에는, 시인은 이를 '수백명의 엄마들을 제 몸으로 받기에는'이라고 표현하고 있는데, 시인이 가진 여성 정체성의 무게가 아직은 너무 무거운 것이다. 스스로 '구속된' 여성의 몸을 벗어나지 않는 한 불우한 의식은 사라지지 않고 이 시인을 지배할 것이다.

검은 브래지어가 홍건하게 눈물로 늘어져 있는 것은 결박의 해지를 몽상하는 시인의 주문(呪文)이며 의식에 결박당해 있던 무의식의 발화가 아닐까. 바다 한가운데서 검은 안대를 하고 노 젓는 사람은 무의식의 검은 바다를 헤엄치는 시인이다. 시인은 지금 깊은 곳 아무 데나 노 저어 가고 싶다고 말한다. 그것은 발화되지 않은 속삭임이며 저 깊은 무의식의 심연에서 저 스스로에게 말한 침묵의 언어이다. 시인은 몇 가지 말을 괄호 속에 집어넣어 두었는데, 괄호 속에 있는 침묵하는 언어들만 방생된 몸을 말하고 있다는 것은 독특하다. 불안과 두려움과 저항은 죽음 깊숙이 갈수록 더 깊은 죽음의 바다와 만난다. 역설적으로, 더 깊은 바다로 들어갈수록, 더 자신으로 더욱 깊이 침잠할수록 불안과 죽음 의식은 저 스스로의 결박에서 놓여나고 시인은 풍부한 생명을 얻는다. 신비의 깊은 바다 속으로 들어갈수록 시인은 어두운 빛이 던져주는 매혹에 더 깊이 빨려든다. 바다로 하강해 죽음의 의식을 치르는 제의에서처럼 바다는 죽음의 공간이면서 또한 생명의 공간이다. 익사함으로써 갱생하는 것이다. 바다는 인류 탄생의 시원의 공간이다. '내 몸'의 본래적 고향으로 가기 위해 우리는 죽음의 상징적 제의를 거쳐야 한다.

혼종성, 혼성성, 농담의 축제

오세아니아 섬에는 아름다운 여성들이 산다. 이 여성들은 인간이 아니라 신이다. 신이므로 여성인지 남성인지 생물학적인 구분이 불필요하다. 머리카락을 빗는 여인들은 간혹 자신의 정체를 숨긴다. 그녀는 파충류 몸을 한 하이브리드 존재인 까닭이다. 물고기 몸은 파충류의 그것처럼 황금비늘로 빛난다. 가장 잘 알려진 이야기는 로렐라이 언덕의 인어 아가씨, 사이렌이다. 오디세우스의 여정에서 사이렌의 출현은 모험의 과정에서 만나는 통과 의례적 몫을 담당한다. 오디세우스는 사이렌이 있는 바닷길을 통과해야만 항해를 성공할 수 있다. 사이렌을 표상하는 것들에는 긴 머리, 빗, 목소리 등이 있다. 그녀는 남자 선원들이 탄 배가 가까이 오면 머리를 빗어 넘기면서 아름다운 목소리로 노래를 불러 선원들을 유혹한다.

이처럼 혼성성 동물은 무한대로 확장된 인간의 상상적 지평을 열어준다. 고대로부터 현재의 SF물에 이르기까지 혼성성의 종들을 발견하는 것은 어렵지 않다. 리들리 스콧(Ridley Scott)의 '에일리언(Alien) 이미지'는 혼성성의 괴물을 상징한다. 이 괴물들은 걸출한 판타지 화가 기거(Giger)의 창안물들이다. 기계와 인간과 악마의 합성물인 혼종적 존재의 성적 판타지와 죽음 의식의 잔혹한 이종교배를 보는 듯하다. 그러나 이들 존재들은 고대의 원형 도상들과 아주 친숙하다. 기계적인 금속성 아우라 덕분에 외설적인 느낌이 더욱 강력하게 전달되는 것을 제외하고는 말이다.기거(b):15

보들레르가 '양가적 고양이'의 형상을 읊은 이후로 '고양이 상상력'은 날카롭고 예민하게 시의 모티프가 되어 왔다. '인간—고양이' 혼종성은 최근

들어 하이브리드적인 상상력의 확산에 힘입어 그 시적 생산력이 가속화되고 있다. 밤의 고양이는 보름달이 뜨면 두 눈이 둥글게 변한다고 알려져 있다. 그래서 고양이의 아들은 달이다. 고양이는 녹색을 띠기도 하는데, 이는 임신한 여성과 관련된다. 고양이의 기능은 "여성을 수태하고 인간의 배아가 자궁에서 자라나게 하는 것"이다. 고양이는 빛을 가져오는 자이다.노이만:343 전통적인 고양이 형상은 아무래도 '검은 고양이'가 주는 관능적이고 공격적인 이미지다. '검은' 색채감의 감각적 형상은 '고양이'의 이중적 이미지인 '천사'와 '요부'의 상징성을 강화한다.

정미정의 「얼룩무늬고양이」는 우리 언니들, 어머니들 이야기인데 이것에도 역시 하이브리드의 원형적 심상이 존재한다. '검은 고양이'의 순혈성은 공포감과 진지함을 강력하게 이끈다. 그런데 이 시가 그리고 있는 고양이는 '얼룩무늬 고양이'다. '얼룩'은 문자 그대로 하이브리드적인 것이며, '고양이'는 그래서 원형적인 동물이다. 관능적이면서도 앙증맞고, 귀여우면서도 날카로운 얼룩무늬 고양이는 원초적인 욕망의 양가적 특성을 생(날것)으로 보여준다. 그래서 이 시는 진지하거나 무겁기보다는 희극적이면서도 가볍다.

> 어두울수록 더욱 빛나는 성깔을 드러내 봐
> 이죽거리며 지나가는 삶
> 잽싸게 잡아채 버려
> 이글이글 자신을 불 질러 버려,
> 남은 잿더미 툴툴 털어 봐
> 아무렇지도 않게 노랠 불러 봐

암컷만이 입을 수 있다는 무늬야.

얼룩달룩하다고?

그것이 정품이야

얼마든지 입어낼 거야

언제든지 입어줄 거야

제 새끼 물고 가는 고양이처럼

보드랍고도 단호한

그 발걸음처럼

삶은 진지하지 않다. '한 순간 이죽거리며 지나가는' 삶에 인간은 마치 능멸당하듯 자신의 운명을 맡길 수밖에 없다. 순전히 수동적인 자세로 인간은 자신의 운명을 받아들인다는 뜻이다. 그러나 이 얼룩무늬 고양이는 잽싸게 그 삶을 낚아챈다. 그의 민첩함은 그의 삶의 능동성이기도 하다. 그가 얼룩무늬고양이기 때문이다. 얼룩무늬고양이는 몸의 변신을 통해 삶을 변화시킬 줄 아는 연금술사이다. '얼룩무늬 고양이'는 그 이죽거리는 삶을 거부하고 그것에 항의하듯 자신을 불태우고 소멸시킨다. 그러나 이 같은 자기 소멸 행위가 진지하거나 무겁지 않다. 혼종성은 원형성의 본질적 특성이며, 인간이 가진 본원적 존재론이다. '아무렇지도 않'은 듯 툴툴 털어내고 노래 불러라고 시인은 말한다. 암컷만이 얼룩무늬를 입을 수 있듯, 그렇게 아무렇지도 않게 노래 부를 수 있는 것 또한 암컷만이 할 수 있다는 투로 말이다. 이 얼룩무늬 고양이의 노래는 자기 몸을 불 태워 가벼운 몸을 얻는 변신의 통과 제의이다. '얼룩무늬고양이'는 그렇게 가볍고 발랄하게 '정품'의 자기 몸을 얻는다. 그렇다고 그 모성적 강인함을 버린 것은 아니다. '제 새끼 물고 가는' 이 얼룩 고양이의 보드랍고 단호한 자태를 보라.

그런데 이 얼룩무늬 고양이의 형상 속에 깃든 시인의 초상을 눈여겨보자. 그것은 보들레르로부터 끈질기게 지속돼 온 고양이 형상이 갖는 하이브리드적 속성이기도 하다. 아주 희거나 너무 검은 것들, 울고 싶거나 죽고 싶은 것들 같은 하이브리드적인 것들은 결국 '얼룩무늬' 같은 시인의 천성을 말한 것이 아닌가. '순결하지도 순수하지도 않은 천성'이 실은 천상 시인의 천성인 것이다. 이 시에서 '고양이'의 기존 이미지들이 전도되어 가는 과정은 구어적인 수선스러움과 시인의 경쾌하고 능동적인 상상이 펼쳐지는 과정이다. '얼룩무늬' 고양이의 하이브리드적인 천성은 기존의 고양이 이미지들을 '잽싸게 잡아 채' 변용시켜 버린 시인의 천성 그것이기도 한 까닭이다.

양성적인 것의 신화적 모티프는 중세 '괴물지'들에 나오는 숱한 도상들의 자궁이기도 하다. 인간과 동물의 결합은 도상에서는 금세 시각적으로 명료하게 드러나지만 문자 매체인 시는 그것을 선형적인 시간의 흐름 속에서 질서 있게 반향할 수 있을 뿐이다. 그 방법은 바로 '동물이 되었다'는 '되기(becoming)'의 모티프를 빌어오는 것이다.

최금진은 이른바 인간의 '타자들', 곧 가방들, 토끼들, 모기들, 귀신들 같은 사소한 미물들에 관심을 기울이고 있는데, 「토끼를 생각하는 나이」를 보자. 토끼는 누구이고 어디에 살까. 토끼는 겨울 벌판 어디에나 있다. 토끼는 땅속에서 피는 통꽃이며, 체념을 환희로 바꾼 토끼 굴의 사내이고, 그 사내는 화엄사 명부전의 떨고 있는 귀신들이며, 종로 5가에서 사인회를 여는 베스트셀러 저자 예수며, 시인의 아버지이고, 그 아버지를 찾아 겨울 눈밭을 가는 시인이다. 토끼는 곧 토끼 잡는 사람이고 그는 또 시인이며 또한 모든 생성되어 가는 것들의 원물질이다.

토끼를 잡으러 갔던 사람들이 '땅굴 어디에선가' '우릴 바라보고 웃'는 사내를 발견했다고 시인은 말한다. 토끼를 잡는 사람은 바로 토끼 그 자신이었던 까닭이다. '토끼잡이'는 이 변신의 가능성과 능동성 그리고 정신의 유희를 확인하는 과정이다.

토끼를 잡으러 들판으로 가면
커다란 토끼 귀에 사각사각 내리는 눈
토끼굴에 누워 잠자는 사내는 체념을 환희로 바꾼 사람
눈밭에 찍힌 발자국을 따라가면
우리는 사내는 못 만나고 길만 잃고 말 거예요
토끼를 잡기 위해 들판으로 가면
활 쏘는 사람들의 고독이 여기저기 꽂혀 있어요
과녁을 잃어버린 토끼들이 스프링처럼 뛰어다니는데
토끼는 겨울 땅속에서 피는 통꽃
땅굴 어딘가에서 사내가 우릴 바라보고 웃어요

이 시는 '토끼 잡기 대회', '화엄사', '목련이 피는 서울', '눈밭에 혼자 갈 만큼의 나이' 등 일련의 소제목을 붙인 연들로 나뉘어져 있다. 이 연들은 함께 묶으면 하나의 원환적인 구조를 가진다. 시 구조상 원환성은 시간의 원환성 곧 기억의 원환적 구조에 대응된다. 유년의 기억은 현실로 되돌아오고, 아버지만큼의 나이가 된 시인은 아버지의 시간을 산다. 예수가 자신의 책에 사인을 하고 있는 '종로'와, 유년의 겨울 들판과 화엄사가 있는 '남쪽'은, 이 원환의 시간 위에서 동시적으로 공간화 된다. 이 긴밀하게 돌아가는 구조는 시인이 주밀하게 시 공간을 배치한 덕분인데, 몽환적인 분위기는 이 원환적인 시간의 구조에서 왔다. 그러기에 이 시 또한 메시지 전달 위주의 설명적 진술의 층위를 넘어선다. '허리띠를 졸라매도 자꾸 미끌어지는' 이 춥고 가난한 겨울에 그 궁핍과 고독을 넘어서는 힘은 원환적 시간을 사는 몽상의 힘이다. 그것은 우리의 피폐해진 삶을 우주적인 관념으로 가득 채운다. 원환의 하늘은 우리 일상의 삶 어디에나 '모순적으로' 존재한다는 것이다.

'졸라매도 미끌어지듯' 도끼 잡는 사람은 바로 잡히는 토끼이다. 아버지는 '나'이며 그것은 서울(종로)과 남쪽을 시간적으로 공간적으로 이어준다. 고대적 신화의 모티프나 연금술적 변환의 주제들이 현재도 계속 다양한 모습으로 되풀이되면서 모든 문화의 층위에 개입한다. 이를 통해 우리는 보다 근원적이면서도 본질적인 삶의 조건에 대해 눈을 돌리게 된다.

봄날의 환몽적인 나들이가 악몽으로 바뀌는 순간 역시 하이브리드적인 상상력에서 기원한다. 화려한 봄낮의 환몽과 끔찍한 밤의 악몽의 동질성 역시 삶의 역설이다. 김성규의 「쏘가리」도 기괴스럽기는 마찬가지인데 이는 환몽이 악몽이 되는 바로 그 신비스런 변환의 과정에서 기인한 것이다. '모든 삶이란 한갓 봄날 소풍나온 것'이란 도학풍의 '진리'를 '악몽의 축제'로 생생하게 반전시킨 묘미가 돋보인다. 쏘가리를 잡아 배를 갈라보니 그 안에 소화되지 않은 물고기가 그대로 '잠들어 있다.' 여기까지는 쏘가리탕 먹는 봄날의 즐거운 피크닉이다. 악몽은 그 다음부터다.

살아 파닥거리는 쏘가리와
죽어 창자에서 튀어나오는 물고기
고추와 파를 썰어 넣자
미나리와 마늘을 집어넣자

봄볕에 웃통을 벗은 사내들이
취해 소리를 지른다
냄비가 끓어 넘친다

들썩이는 뚜껑을 열자 헤엄을 친다
창자없는 쏘가리가 끓는 물에서 헤엄을 친다

헤엄치다 지느러미가 익어버린
시체를 서로 건져먹겠다고 난리를 친다
덜 익은 알을 서로 먹겠다고 고함을 친다

삶의 고군분투에 얽힌 드라마가 이 쏘가리탕을 끓이는 한 편의 작은 서사에 녹아있다. 즐거운 식탁을 위해 마련된 이 쏘가리들의 자기희생이 인간 몸의 변신에 지나지 않는다. 인간 역시 쏘가리에 지나지 않는다는 깨우침은 섬뜩하면서도 통찰적이다. 그 눈물겨운 악몽의 드라마는 탐식과 식욕의 난장(亂場)이자 제 입으로 제 꼬리를 물어뜯는 악무한적인 삶 그 자체이다. 삶의 악몽들은 그렇게 제 삶의 살을 깎아 먹고 잡아먹고 연명한다. 살아 파닥거리는 쏘가리와 죽어 창자에서 튀어나오는 물고기가 한 몸인 것처럼, 창자 없고 지느러미 죽은 쏘가리를 서로 건져먹겠다고 아우성치는 이 사내들 또한 이 물고기들과 한 몸이 아니었을까. '사내들이 봄볕에 웃통을 벗고 취해 소리를 지르고 그 순간 냄비가 끓어 넘친다.' 우리 일상 자체는 평범하고 지루한 듯하지만, 실제는 그러한 혼돈과 카오스와 광기가 들끓는 난장(亂場)이다. 그것은 고통스런 현실의 삶을 넘어서 역동적이면서도 활력적인 생명력으로 우리의 일상을 변모시킨다.

일군의 사내들이 얽혀서 난투를 벌이고, 삶과 죽음이 서로 엉켜서 뒤죽박죽되고, 인간과 물고기가 서로 뒤죽박죽이 되고, 먹는 일과 죽는 일이 한 가지가 되어 엉켜있는 이 장면은 카오스적인 우주의 질서 바로 그것이다. 자기 살을 포식(飽食)하기 위해 저토록 맹렬한 광기에 사로잡힌 사내들의 봄날의 피크닉이란 기실 매일 매일 죽기 위해 살아나가는 우리 일상의 생생한 드라마와 다르지 않다. 삶이란 잔혹하고도 아름다운 광기의 일상들을 재연해 내는 일종의 유희가 아닐 수 없는 것이다. 이쯤 되면, 삶이란 '한갓 소풍나온 것'이라는 경구는 농담의 가벼움 속에서 그 지루하고 진지한 삶의 무게들을 견디는 힘이 되지 않을 수 없다.

식욕, 말욕, 축제의 뷔페 식탁

산양의 뿔과 당나귀의 귀와 꼬리를 단 배우들이 디오니소스를 따르는 반인반수(半人半獸)의 사티로스(Satyros)는 그야말로 혼성 동물의 전범이다. 디오니소스 축제에서 벌어지는 사티로스 극은 동물적 형식이 어떻게 디오니소스적인 삶의 충동을 이끌어내는가를 보여준다. 악마적이고 동물적인 육식의 제의는 생명의 제의이다. 불멸의 영혼과 생명의 자기 의지를 표상하는 사티로스 축제는 정신의 유희와 해방을 표상한다. 가장 잔혹하게 동물성을 보여주는 자가 바로 가장 강력하게 자기 의지를 주관하는 자인 것이다.

강담사 풍의 느릿한 구술 문법과 허무한 생을 짜릿한 상징으로 엮어내는 입담에서 우리는 다시 사티로스 축제의 디오니소스적 충동을 확인하게 된다. 조명의 「애재라, 애저」는 "애재라"에서 "애저"로 넘어가는 이 유머러스한 제목에서 이 시인의 입담의 뿌리를 가늠할 수 있다. 마치 자기 몸을 먹고 그 영양으로 자기 몸을 건사하는 사티로스적인 축제의 향연을 보는 듯하다. 이 봄날의 향연은 분신과 식인과 생산의 축제이다. 이것은 독과 잔혹의 음식들이 적나라하게 펼쳐지는 말들의 향연이며 원형 상징의 뷔페 식탁이기도 한 것이다.

『아라비안나이트』나 『오디세이』 같은 이야기들의 중심에는 '식욕' 혹은 '살해'의 메타포가 있다. 이들 끝나지 않은 이야기들, 곧 '네버엔딩 스토리'의 핵심은 죽음과 갱신이라는 원형적 모티프에 있다. 잡아먹히지 않기 위해 이야기꾼은 끊임없이 이야기를 만들어 가야 한다. 이야기가 구술되는 시간은 생이 지속되는 시간이다. 그것이 끝나는 순간 죽음이 찾아오므로 삶을 지속하기 위해서는 이야기는 끝없이 만들어지고 이어져야 한다. 창조신화는 인간이 생의 지속과 갱신을 위해 만들어 둔 이야기이며, 상징적 의례들은 이 창조신화의 성스러움을 반복해서 회복하는 한 방법이다. 이것이 있는 한 인류의 시원적 회귀는 영원히 가능할 것이다.

설설 끓는 가마솥에 통째로 집어넣어 슬쩍 튀겼지
튀겨진 애기들 압력솥에 가두고 푸욱 삶았어
한때 돌미나리의 푸르름 순무의 순수를 보태기도 했지
진짜배기 놈들이니 귀하게 다루라고 속삭였어
속속들이 익힌 애기 배냇살을 발라내 결결이 찢었지
버섯 대가리 대파 뿌리 보들한 창새기까지 다져 넣었어
두루 주물럭거린 정한 것들 놋 냄비에 얹어 중탕했지
믿음의 뼈대는 골수를 우려내는 무쇠가마행!
뭉근히, 노을은 붉어 해는 지고 달은 차올라 달무리 졌지

모든 생을 설명하는 말의 문법은 음식, 분만, 식인, 생식과 같은 단어의 술어적 결합이다. 그것은 먹고 배설한다. 삶·죽음이 이 음식과 생식의 모티프에 살아 있다. "만삭의 배를 가르고 아홉 마리 애기를 꺼"내는 분만과 생식의 욕망은, "설설 끓는 가마솥에 통째로 집어넣어 슬쩍 튀"겨 내어 찢고 다지고 중탕하는 요리의 과정들을 반추하고, "눈물 찔끔대며" 시식하는 식욕과 간단없이 연결된다. "봄날의 유두와 봄날의 귀두와 봄날의 사랑"은 그 상징의 기원에서 동일한 욕망의 구조를 갖는다. 식욕과 배설과 생식의 에로티시즘은 원형적으로 상호 침투한다. 사티로스 축제에서 술에 취한 군중들이 남근을 들고 생의 찬미가를 부르는 장면과 묘하게 겹치지 않은가. 프로이트가 성적 욕망과 탐식 욕망의 뿌리는 계보학적으로 같다고 말한 이후로 예술사에서 성(性)과 음식이 결합된 숱한 아이콘들은 명료한 해석을 얻고 있다.

강담사 풍의 옷을 입은 시인의 느릿하고 부족적(部族的)인 어조와 구술

적 성격이 모던하면서도 경쾌한 울림과 묘한 짝을 이루고 있다. 원형 이미지가 고대의 기념물에서만 나타나는 것이 아니나 현대의 숱한 조형물이나 언어적 진술에 그 흔적을 내밀하게 가지고 있다는 점을 지적할 수 있겠다.

말을 요리하는 자들이 있다. 그들은 말의 좀비들이다. 서정학의 「인천 미식가 클럽」은 현란하지만 결핍된 말과 욕망의 잔치, 그리고 그것이 끝난 뒤의 존재론적 풍경을 쓸쓸하게 보여주는 시다. 미식가 클럽의 회원들에게 맛은 음식에 있는 것이 아닌 말의 요리에 있다. 그들은 한시도 쉬지 않고 '미역'에 대해 말한다. '미역'은 실재가 아니라 말의 현란한 수다로 존재한다. 미역국조차 먹어보지 못한 이 미식가들은 현란한 말의 곡예를 펼치면서 말을 미식한다. 따라서 클럽의 공식적인 일정은 실제 음식을 맛보는 것이 아니라 말 잔치의 요리를 탐식하는 것이다.

현란하려면 어떻게 해야 하는가. 말의 '반칙성 기술'을 구사하는 것. '말의 반칙성 기술'은 식언의 기술에 다름 아니다. 식언으로 허기질 대로 허기진 혀는 결핍된 욕망의 알레고리이다. 이 허기지고 허기져서 식언하거나 반칙하는 혀를 달래는 길이란 먹는 것, 다시 폭식하는 길이다. 폭식은 폭언이다. 결핍된 생의 욕망은 떠도는 말들의 허기진 배를 가상으로 채운다. 요리는 없고 따라서 맛도 없고 오직 말만 무수하게 존재하는 삶의 공허한 헤맴의 기술만이 이 미식가들의 미식의 기술이다. 프로이트를 패러디한 제임스 힐만(James Hilman)의 이 증세에 대한 치료법은 무엇인가. 간단하다. '우선 먹고 말은 나중에 하라!' 허기진 영혼들이 떠드는 말의 수다는 충족되지 않은 욕망으로 소란스러운 인간 좀비들의 절규가 아닐까.

조영석의 「도깨비집」은 매일 출근길에 보는 신축 건물의 어떤 불가해한 인상을 그리고 있다. 그 기괴함과 섬뜩함에는 그로테스크하면서도 하이브리드적인 아름다움이 있다. '신축 건물'이 주는 '자본의 증식성'이라는 구체적 메시지 아래 내면적 관조의 시선이 희미하게 겹쳐져 있다. '신축 건물' 형상 속에 투사된 것은 심리적이고 정신적인 불안의 징후이다. 혼성성은 그러니까 공포와 불안과 두려움의 죽음의 상징 속에서 개화하고 증식된다.

이 시에서 '도깨비'가 무엇인지 잘 독해되지 않는다. 돼지고기 쇠고기 오리 도다리 민물장어 하늘 땅 바다 가릴 것 없이 다 발라먹는 육식성의 기대한 괴물, 탐욕적 자본주의라고 단언할 수도 있겠다. 신축 건물에 세 들어 사는 점포의 종류를 암시한 것인지도 모르겠다. 어떻든 그 실체는 손에 잡히지 않는다. 무엇인가 지시하지 않는 익명성과 불명료성이 오히려 내면의 불안정성과 유동성을 부추기고 잠재돼 있는 불안한 밑바닥 정서를 끌고 다닌다. 그것은 보이지 않는 거대한 힘의 움직임, 욕망의 움직임들이다. 시뮬라크르적인 가상성에 대한 심리적인 반응이기도 하다. 무언가에 포획당해 있다는 구속감, 전기 전자 시스템이 우리 일상을 옥죄는 듯한 불안감과 공포감, 이른바 '몰래 카메라적인' 억압이 근저에 놓여 있다.

> 용케도 가갸거겨를 떼었는지
> 먹이를 꾀는 부적까지 내붙이고는
> 검은 눈동자 깊고 아름다운 늪
> 밑바닥에 몸뚱이를 웅크린 채
> 마음먹으면 몇 달이고 꼼짝없이
> 굶주린 먹이를 기다린다
> 곳간 속 무진장 쟁여놓은 시간을

조금씩 되새김질하면서

거대한 자본의 성처럼 골격을 구축하고 있는 신축 건물의 이미지는 기실 심리적인 일상의 공포일 수 있다. 오히려 이런 기괴한 아름다움에 동화될 수 있는 것은 우리 내면에 숨어있는 죽음 충동과의 친연성 때문이다. '검은 눈동자 깊고 아름다운 늪'은 지극히 어둡고도 관조적인 '어둠'의 시선을 보여준다. 그 어둠은 깊숙하게 잠재해 있으면서 생명의 오랏줄을 팽팽하게 잡아당긴다. 저 심연의 밑바닥에서 죽어있는 것들은 언제고 활화산처럼 분출하게 돼 있다. 죽음 충동 자체가 날카롭게 정서적 반응을 불러일으키면서 생의 끈들을 불러 모을 준비를 하고 있는 격이다. 그로테스크하고 기괴한 이 어둠의 존재들이 기다리고 있는 것은 물질적인 변형의 순간이며 그것을 통한 초월성이다. '밑바닥에 몸뚱이를 웅크린 채 / 마음먹으면 몇 달이고 꼼짝없이 굶주린 먹이를 기다린다'고 시인은 썼다. 원환적인 시간의 순환에 기대어 물질들은 변형되며 변신의 욕망 또한 유동적으로 우리 무의식의 밑바닥에서 꿈틀거린다. 시인은 '곳간 속 무진장 쟁여놓은 시간을 조금씩 되새김질하면서'라고 그 시간의 반복성과 지속성을 밝혀놓았다.

일상의 상징적 제의

죽음을 일상에서 직접 체험하는 것은 불가하다. 다만 그것을 대신한 상징적 제의들은 우리 삶의 곳곳에서 목격된다. 죽음이란 삶만큼 두렵고 혼곤하면서도 매력적인 일이기도 하다. 죽음의 악몽은 삶의 판타지이자 생명의 살림법이다. 제의의 형식들은 원형적 상징을 일상적인 삶 속에 옮겨 놓은 것이다. 박서영의 「냄비 속의 장례」는 먹는 행위가 곧 죽음의 성스러운 제의임을 보여준다.

식당의 풍경이 마치 한 편의 장례식을 치르는 과정처럼 그려진다. 불을 피우고 관을 나르고 뼈를 분쇄하는 일련의 행위들은 죽음의 제의적 과정을 재연한다.

화장이든 조장이든
식당은 장례식처럼 분주했다
누군가 살을 발라내고
누군가 불을 피웠고 관을 날랐다
국자 하나가 연꽃처럼 냄비 속에서 피어났다
어디로든 운반되어져야 할 관처럼 냄비가 떠다녔다
냄새를 맡은 바람이
뼈를 잘게 부수기 위해 다가오는 게 보였다
우린 어디로 갈 거냐고 묻지 않고 헤어졌다

모든 살이 다 발라지고 난 뒤의 뼈만 남은 감자탕 냄비 속에서 시인은 법열을 느낀다. 다 비워진 냄비 속에서 피워 올린 연꽃 축제는 아름답기 그지없다. 마지막 남은 육신의 흔적은 원물질이다. 뼈 혹은 해골의 불꽃 속에서 사바의 연꽃은 솟아나는 것이다. 감자탕 냄비 속에 이 죽음과 삶의 법칙을 지배하는 우주의 원리가 들어있다면 누가 먹는 일을 감히 허수히 하겠는가. 조장해 둔 몸에서 살을 발라먹는 새들은 인간의 시원적 조상이다. 티베트인들의 우주관이 이 작은 감자탕 냄비에 고스란히 담겨있다면 이 일상의 허접함조차 경건함으로 누리지 않을 수 없을 터이다.

시인이 내린 진단은 뭘까. 산다는 것은 결국 '뭉클하고 따뜻한 냄새의 흔적'을 좇아 사람들 모이는 곳으로 꾸역꾸역 모여드는 행위에 지나지 않는다는 것이다. 이 혼곤한 삶의 식당에서 먹고 마시는 일이란 일종의 죽음의 의식을 거행하는 경건한 축제이다. 이쯤 되면 먹는 일이란 죽음을 연습하는 행위가 된다. 성(聖)과 속(俗)이 하나인 것이다. 그러기에 먹기 위해 사투를 벌이는 이 일상의 삶은 치열하지만 그 일을 끝내고 난 뒤는 '오늘도 무사히'의 안도감을 준다. 그렇지 않다면, '샛별이 밤하늘의 배꼽처럼 빛나는' 이치를 어떻게 달리 설명할 수 있겠는가. 우리 몸이 작은 우주이고 이 몸을 가꾸고 보양하는 것이 우주의 생명을 가꾸는 일과 다르지 않다.

사는 것이 매일 매일 여기 저기 떠돌아다니는 이사의 삶이다. 자신의 죽은 몸을 옮기는 이장 또한 이사라면 이사나 이장은 다를 바 없다는 것이다. 김경주의 「이장(移葬)」은 '이사(移徙)'와 '이장(移葬)'의 모티프를 서로 치환시키면서 이사와 이장이 동질성을 가진 것임을 확인시켜 준다.

이사나 이장이나 우리 몸의 집을 옮겨가는 것이라는 점에서 동일한 제의적 과정이다. 삶이란 이리저리 떠돌아다니는 이사의 행위이고 이사하는 것은 이장하는 것이다. 이사하는 사람과 이장하는 사람이 다르지 않고, 무덤 속 사람들과 이장하는 인부들도 다르지 않다. 당연히 나이는 가늠하기 힘든 것이 아니라 가늠한다는 것 자체가 별 의미가 없다. 무덤을 파고 있는 인부들이 '소년 같기도 하고 청년 같기도 하고 노년 같기도' 하다. '실뭉치에 파묻힌 바늘처럼 역방향으로만 누워있'는 유골은 인부인지 무덤 속의 주인인 할아버지인지 불확실하고, 그마저 할아버지의 다리는 무수한 나무뿌리들로 변해 있다. 주검에서 생명이 자란다. 이쯤 되면 이 할아버지의 나이를 계산하는 것은 의미가 없다. 생은 무덤에서도 지속되고, 인간은 현세를 초월해 자신의 나무뿌리를 키우고 있다. 죽은 해골에서 나무가 자라고 이브의 머리에서 나무뿌리가 갱생하는 도상은 이 지독하게 반복되는 생의 원환적 회귀를 보여준다.

> 겨울에 이장을 하기 위해 무덤을 파고 있는 인부들의 나이는 예측할 수 없다 소년 같기도 하고 청년 같기도 하고 노년 같기도 한, 할아버지는 실뭉치에 파묻힌 바늘처럼 역방향으로만 누워 있었는데 다리는 왜 나무뿌리들로 모두 변해버렸을까 겨울은 삽날에 닿는 모든 것이 밤의 방향을 가졌고 누워서 떠올린 방향은 모두 밤에 이사하는 사람들이 싸는 그릇의 소리로 잠든다 그릇에 나비를 담아 두고 접시를 덮어 놓던 날 하던 이사를 오래 기억하면 이장과 이사라는 것이 별로 다르지 않다는 믿음이 생긴다.

이장하는 것이 마치 산 사람들 이사하는 것과 같다. '밤에 이사하는 사람들이 싸는 그릇의 소리'가 마치 영혼이 자신의 살 집을 이사하느라 치르는 수선스러운 통과 제의 같다. 영혼의 이사이기에 그릇에 담겨진 죽은 영혼들이 현세에서 나비들로 현현해 날아다니고 있다. 이 장면은 연금술사들이 작업의 과정을 적어둔 신비한 서적을 보는 것처럼 아주 아름답고 몽상적이다. 영혼의 나비들이 펄럭이면서 밤을 유영하는 환상적인 장면은 아름답기 그지없다. 무덤 속에서 영혼을 건사하듯 골방에서 혼자 단추를 달고 있는 시인의 깊은 눈은 스스로의 영혼을 들여다보고 있는 나비의 눈이다. 이승과 저승, 이쪽저쪽의 경계를 넘나드는 나비가 되어 시인은 영혼의 자기 목소리를 듣고 있다.

혼종성, 사이보그(Cyborg), 테크놀로지

'동물－인간'은 전자 매체가 일상의 주류적인 것이 돼버린 현대에 어떻게 나타날까. 혼종의 몸은 인간의 몸과 전자(전기, 디지털)의 몸이 분간되지 않는다는 사실에서 출발한다. 현대의 전자 기기는 인간 몸의 확장인 것이다. 삶의 허무와 운명론의 피로함을 수목 드라마가 깨우쳐 준다는 이 새로운 '드라마 종(인류)'들이 누리는 우주는 일상적 테크놀로지라는 전기·전자 매체의 세계이다. 차갑고 냉담한 '응시'의 시선은 이 전자매체가 갖는 금속성 시선의 속성이기도 하다.

권혁웅은 요괴와 인간의 구별을 무화시키면서 이 새로운 종인 혼종적 인류의 존재성을 탐구하고 있다. 권혁웅의 「요괴 인간의 추억」은 손가락이 세 개뿐이면서 간혹은 장님이기까지 한 '인간－동물'이라는 혼종적 인류의 이야기를 들려준다. 벰, 베라, 베로란 누구인가. 어릴 적 보았던 만화 영화의 주인공 이름이다. 그들은 사람과 동일한 세포에서 갈라졌으되 인간이 되지 못하고 요괴 인간에 머문, 그래서 늘 인간이 되고 싶다는 향수병에 불타는 존재들이다. 그래서 그 요괴 인간들은 입버릇처럼 '사람이 되고 싶다'고 말한다. 아마 만화 영화에 나오는 음악 가사의 처음 부분도 '사람이 되고 싶다, 사람이 되고 싶다' 이런 내용이었던 것 같다.

모습은 흉악한 괴물이거나 동물 수준인데, 인간보다 더 선한 존재인 요괴 인간 벰, 베라, 베로를 시인은 왜 추억하는가. 벰, 베라, 베로가 우리 이웃에 있었던 것. 그들이 돼지 엄마네 가족이었던 것. 벰, 베라, 베로에 겹쳐지는 돼지 엄마네 가족의 불행과 불우와 소외가 벰, 베라, 베로를 추억하게 했던 것이 그 이유이다. 1970년대를 폭파시킬 폭약을 장전하고 있었다는 조세희의 『난장이가 쏘아올린 작은 공』의 '난장이'를 떠올릴 수 있겠지만, 권혁웅은 조세희보다 훨씬 선명하게 '요괴'를 내세워 이 소외되고 불우한 혼종적 인류의 문제를 제기한다.

> 요괴 인간은 늘 악마, 유령, 좀비, 늑대인간과 싸웠다 적들의 목록을 간추리는 일은 당신에게 맡기겠다 엄마가 돼지인지 돼지들의 엄마인지도 눈 밝은 당신의 몫이다 다만 내가 어둠의 세력이었다는 사실만은 분명했다 사람이 되는 게 쉬웠으면 그들이 출현할 때마다 노래를 했겠는가 이 말이다

요괴 인간은 '인간'을 위해 악마, 유령, 좀비, 늑대 인간과 늘 싸웠지만 진정 요괴 인간이 싸운 적은 누구였을까. 시인은 눈 밝은 당신이 찾아보라고 했지만, 내심 '인간'이라고 말하고 싶은 듯하다. 시인이 말하고자 했던 것

은 '사람'(진정한 인간)에 대한 향수병이다. 진정한 인간은 원형적 인간이다. 그 '인간 세상'은 오래 전에 사라져 버렸다. 시인은 이 혼종적 인류를 통해 진정한 인간에 대해 질문한다. 그것이 '요괴'가 가진 향수병의 실체다.

인간 세상에 살면서, 인간을 그리워하는 것이 요괴 인간의 향수병이다. 따라서 벰 베라 베로는 요괴 인간도, 동물도, 요괴도 아닌 '인간이 되고 싶은 자들의 화신'이 아닐 수 없다. 이 지구상에 무수히 존재하는 인간 종으로서의 인간이 아닌 '총체적 인간'에 대한 향수병이라고 말할 수 있겠다. 요괴가 벌이는 싸움은 진정 '인간성'의 싸움인 것이다. 그러기에 요괴 인간의 싸움은 과거형이 아닌 현재형인 것이다. 이쯤 되면 어느 쪽이 돼지인지, 인간인지, 요괴인지, 인간인지, 인간이 되고 싶은 요괴 인간인지, 요괴가 되어가는 인간인지 구별이 쉽지 않은 것이다. 그래서 시인은 적들의 목록을 간추리는 일은 당신에게 맡기겠다고 도도하게 선언할 수 있었던 것 아닐까.

나는 인간인가, 요괴인가, 인간이 되고 싶은 요괴인가, 요괴가 되어가는 인간인가. 그것은 절대적으로 자신의 몫이라는 것이다. 두렵지 않은가. 우리 마음 안의 괴물들, 요괴들, 좀비들, 유령들이 말이다. 이 시는 우리 내면의 혹은 우리 무의식에 존재하는 어둡고 폭력적인 힘들에 대한 성찰을 요구한다. 스스로 '인간'임을 내세워 타인들을 배제하고, 타인들을 '비인간'으로 '동물'로 격하시키는 자들은 결코 자신의 어두운 심연에서 자신을 돌아본 적이 없는 존재들이다. 그러나 반(反)인간이자 반(半)인간인 이 혼종의 '요괴' 인간만이 자신의 내면에 존재하는 부정적인 힘들에 대해 숙고할 수 있다. 그것이 바로 '완전한 인간'에 이르는 길이다.

권혁웅은 「예고된 죽음의 기록—드라마」에서 현대의 인간성에 대한 절대적 의문을 TV 매체를 통해 탐구한다. 전자 몸인 티브이와 인간 몸의 결합은 '인간－기계'라는 사이보그의 혼종적 인류를 탄생시킨다. 티브이 드라마는 일상을 엔터테이먼트화 하는 하나의 수단으로 그치지 않고 우리 일상을 지배하는 구조적 네트워크가 된 지 오래다. '비난하면서 보지 않을 수 없다'는 막장 드라마의 문법은 드라마 인기 순위도의 최정상을 확보하기 위한 연출 전략의 핵심이다. 티브이 드라마가 가진 '마약성'이란 우리 몸이 달콤하면서도 날카로운 통속성에 이미 길들어져 있음을 증거한다. 우리 몸은 이미 티브이와 분리될 수 없을 정도로 '티브이－몸'의 혼성적 상태에 도달해 있다. 티브이 드라마 없는 삶은 생각할 수조차 없다. 드라마의 구조적 네트워크는 이미 우리 몸의 감각이자 몸의 일부가 되었다.

> 기침이 잦아들고 우루사가 힘을 냈다 해도 결론은 백혈병이다 양의 핏줄 속으로 백혈구들이 박수 소리처럼 몰려든다 누렇게 뜬 얼굴과 떡 진 머리를 감추기 위해서 배우는 작가와 타협해야 한다

> 오늘 늑골을 하나 잃었다 새하얘진 양이 부장품으로 가져갔기 때문이다 고양된 사랑이 제행무상이란 걸, 우리를 기다리는 운명이 당달봉사란 걸 가르쳐주는 수목일의 설법들, 그 다음엔 대하역사가 시작될 것이다

'요괴, 강시'는 하이브리드이자 혼종적 인류이다. 시인은 '벰 베라 베로'를 통해 요괴, 강시를 우리 사회의 소수인들을 상징하는 존재로 표상한 바 있다. 그런데 이 '드라마 연작'에서 보여 주는 시인의 시선은 차갑고 서늘한 미디어적 금속성을 내재하고 있다. 몸은 티브이 네트워크의 구조에

포획되고 점유되며 이로써 설명된다.

'양'과 '오'의 사랑은 삶의 드라마적 재현이 아니라 드라마 내러티브에 의해 복제된 삶의 문법이다. 인생을 연극에 비유하는 아리스토텔레스 식 오래된 경구는 권혁웅에게서 새로운 전략을 얻고 재문맥화된다. 우리의 삶 전체가 드라마와, 드라마 혹은 막간극 사이의 광고, 오락물, 뉴스 등 하루분의 티브이 편성물로 환원될 수 있다. 삶을 설명하기 위해서는 거창한 데카르트의 철학이나 짜라투스트라의 천상 설법이 필요한 것이 아니라 새로운 전자기기가 필요하다는 식이다.

인생이 한갓 티브이 편성표에 지나지 않는다는 이 차가운 진술은 위험하고 자기 내파적이다. 우리는 수목 드라마로부터 인생살이의 '설법'을 배운다. 삶이란 제행무상이며 운명은 아무것도 설명해 주지 않는다는 깨우침을 주는 것은 티브이 드라마다. 그렇다. 티브이는 그렇게 단 기간에 인간의 전 생애를 요약해 버린다. 그 자체가 우리 몸이자 세계이기 때문이다.

인간은 충분히 다른 것이 될 수 있다. 혼종성(hybridity)은 동물과의 그것뿐 아니라 아주 현대적이게도 기계와의 그것에서도 가능하다. 이는 미래 인류의 사이보그의 혼종성을 예고한다. 그러나 미래의 사이보그 인류가 반드시 묵시록적인 어둠과 암흑을 몰고 오는가 하는 것은 충분히 숙고할 필요가 있다. 어둠은 빛의 근원이기 때문이다.

테크놀로지의 바다, 사이보그 여성의 몸

바야흐로 기계 문명이 철의 장미 정원에서 불처럼 솟아오르는 시대다. 현대 철 문명의 격렬한 태동 위에서 몸은 어떻게 개화되고 있을까. '철 정원'이 피로 얼룩진 '장미 정원'이 되는 것은 그것이 원형 이미지이기 때문이다. 디지털 기계 문명은 호모 파베르(Homo faber)로서의 인간 존재의 절정 상태를 보여준다.

환경오염을 고발하는 에코이즘의 상투적 독법을 벗어나 더 깊은 상상력의 늪지대에 빠질 것을 요구하는 시가 있다. 조인호의 「철가면」은 '철'과 '장미'의 질료적 변환과 소통적 상상이 빚어낸 몽상의 깊이를 느낄 수 있다. '철'은 '불'의 '꽃'이며 이 '철꽃'들을 품어 가꾸는 장미 정원은 성성한 활력과 신비로 가득 차 있다. 성성하기에 잔혹하고 잔혹하기에 맹렬한 아름다움이 있다. 이 잔혹함과 맹렬함은 어디로부터 왔을까. 표면적으로는 환경 문제를 들추고 중금속 오염을 경고하는, 화려하고 잔혹한 컬트적 수사의 '환경시' 같지만, 실상은 상상력의 연금술이 펼치는 원형 이미지의 화려한 변용이다. 현대 기계 문명과 철 문명의 유사성과 근친성은 이 '철', '불(불꽃)', '장미'가 원형적으로 동형적인 데서 비롯한다.

철과 장미의 문명 속에서 그는 용접공으로 일했다 철가면을 쓰면 산소 용접기 밖으로 장미처럼 피어오르는 불꽃이 보였다 그는 철과 장미를 사랑했다 불이 붙는 독한 술을 즐겨 마셨고 쇠못을 씹어 먹는 철인이었다 중금속에 중독된 그의 눈은 세상이 온통 붉은색 셀로판지처럼 보이게 만들었다 용접 불꽃이 그의 눈을 멀

게 만들수록 세상에 없는 단 하나의 붉은 색을 지닌 철의 장미를 그는 볼 수 있었다
그의 피는 붉은 철로 넘쳐 흘렀고 그는 조금씩 녹슬어갔다

'철물점'이 '철 장미 정원'으로 변신하는 중심에는 시인의 능동적 상상력이 자리 잡고 있다. '철'은 차갑고 냉정하고 매끈한 현대 문명의 원천이다. 시인의 심연에서 퍼 올린 이것의 이미지는 뜨겁게 타오르는 불꽃이며 잔혹한 아름다움을 내뿜는 붉은 장미이다. 차가운 것은 뜨겁고 잔혹한 것은 아름답다. 시인의 심연에서 이 대극적인 질료들은 소통하고 서로의 경역을 넘나든다. 지옥은 화려한 축제가 펼쳐지는 장미 정원이기에 몽상의 독을 품는다. 연금술사들에게 지옥은 장미 정원의 심화계(深化界)였다는데, 더 깊이 들어가면 독은 약이 되고, 죽음은 삶이 되는 법이다. 그것들은 서로의 끝을 물고 있는 우로보로스(uroboros) 뱀과 같다.

이 시인의 능동적 사유의 핵심에는 이 가역적 상상의 세계가 무한히 펼쳐져 있다. 이를 일종의 '판타지'라고 편하게 부를 수도 있지만, 리얼한 현실주의적 소통성이 있다는 점에서 돌연변이적 감각이 있다. 고답적인 미의 세계에 눌어붙은 이른바 가상적 미학의 상투성을 떨쳐내면서 이미지의 잔혹성을 밀고 나가는 연금술적 상상력의 뒷심이 느껴진다. 어떻게 몽상의 달디 단 과실들이 바슐라르 같은 자연과학도의 실험실에서만 열릴 것이며, 그 고독과 침묵의 금욕주의적 삶에서만 나올 것인가. 분노와 자멸과 전복의 자기 모멸적 고투에서도 오는 법이다. 시인은 이를 '지옥의 몽상'이라고 선언한다. '불타오르는 구멍'은 그 지옥의 언어의 입구이며, '비명들이 불타오르는 지옥'은 그 잔혹한 상상력의 집인 장미 정원이다.

시인은 마지막에 '그의 두 눈엔 콘센트 구멍 같은 어둠이 고여갔다'고

고백해 놓았다. 철가면 뒤로 불을 내뿜은 기계 용의 디지털 판타지가 언뜻 몽상의 스크린에 나타났다 사라진다. 그 스크린 뒤에서 비의적이고 신비한 용의 눈을 숨기고 있는 시인의 시선이 날카롭다. 시인이 철가면 안에서 응시하는 세상은 추하고 잔혹한 지옥인데, 시인은 그 어둠에서 불꽃의 장미들을 피워낸다. '콘센트 구멍 같은 어둠'을 보는 시선의 깊이가 곧 장미 불꽃의 열도, 곧 시적 상상의 폭발력일 것이다. 따라서 진정 '호모 파베르'는 이 잔혹한 언어의 수사를 운용하는 시인이 아닐 수 없다.

테크놀로지 문명의 홍수 속에서 몸은 스스로를 기계의 그것으로 확장한다. 몸은 스스로 절멸하면서 몸의 기관들을 확장하고 싶어한다. "귀가 트이는" 것은 이 몸의 절단과 이를 통한 몸의 확장을 의미한다. '정신이 나가다', '피가 거꾸로 돌다' 같은 표현들은 몸의 죽음과 몸의 탄생을 동시에 말한 것이다. 이는 원형 상징의 기본 원리이다.

인간은 자기 육체를 절단하여 자기 몸의 일부를 확장하고 싶어한다는 맥루한의 지적을 떠올려 보면 이 점은 조금 더 명확해진다. 이미 전기, 전자 매체와 그 몸을 공유하지 않으면 견딜 수 없는 초조가 현대인의 감각을 지배하고 있다. 스마트 폰에서 한 시도 떨어질 수 없는 '인간―테크놀로지' 세상을 우리는 목격하고 있지 않은가.

차주일은 「내게 카트리지바늘 두 갤 박아줘」에서 "지금껏 들어온 노래들, 지겨워졌어"라고 말한다. 그는 지금까지의 노래(시)를 부정하고 그 자리에 '카트리지 바늘 하나로는 듣지 못하는' 긴 노래를 가져다 둔다. 그런데 그 노래는 천상의 목소리를 가진 시인의 육체에서 나오는 것이 아니라 '음판'에서 나온다. 철저하게 미디어적이고 구술적인 어조이다. 시인의 시선이 냉담하게 느껴지는 것은 "이젠 남의 노랜 물려"라는 이 도저한 권태와 무기력에 기인하기보다는 몸의 테크놀로지 미디어로의 전환 때문에 그러하다. 테크놀로지 몸은 더할 나위 없이 쿨한 것 아닌가.

> 이젠 남의 노랜 물려
> 평생 내가 듣지 못한 노랜 단 한 곡
> 카트리지바늘 하나론 감당할 수 없는 긴 노래
> 나를 듣고 싶어
> 내가 날 들을 수 있게
> 내게 카트리지바늘 두 갤 박아줘
> 내 땀구멍 수만큼 날 찔러줘
> 내 흘린 땀 모두 모으면 검게 탄 소리
> 내게 검정을 주입해줘
> 주름 더 뚜렷해지도록
> 내 삶은 가락과 소리로 모두 기록돼 있어
> 바라봐 주름투성이 내 몸을
> long playing 음판을

'음판'은 인간 몸의 장엄한 역사를 기록한 현대의 책이다. 그것은 구술과 음유의 책이다. '내 몸에서 악기 소리가 난다'는 식으로 '몸'을 '악기'에 유추하는 전통적인 발상과는 분명 다르다. '몸'을 아름다운 소리를 내는 악기에 비유하는 방식은, 인간의 몸을 본뜬 리라나 하프 같은 악기의 기원에서 보면 자연스러운 것이다. 하지만 이 시에서 시인은 레코드 몸으로 그 자연 몸을 대체한다. '롱 플레잉' 음판은 자기 몸이자 자기 생애를 기록한 책이다. 이 시대의 음유 시인은 사랑노래를 부르는 가객이 아니라 주름투성이의 자기 생을 기록하고, 그 기록된 몸을 카트리지바늘 두 개로 찔러 생애의 지루한 노래를 들려주는 '레코드-몸' 그 자체다. 주름투성이의 자기 몸을 스스로 찔러 노래하는 자는 자기 삶을 모욕한 대가로 스스로 자기 눈을 찔러야 했던 오이디푸스의 운명을 노래하는 시인인 것이다.

"개작도 필요하"고 "다시 들어봐야 하기도" 한다는 것이 삶의 실패를 되돌릴 수 있다는 자기 위안의 말은 아닐 것이다. 두 갈래 길에서 한 길만을 선택할 수밖에 없어 절규했던 시인 프로스트(Robert Frost)의 회한은 테크놀로지의 자기 복제 기술 앞에서는 맥도 못 출 형편인 것이다. 레코드가 들려주는 노래는 생의 반복과 지루함에 대한 기록이다. 레코드판의 기록들은 우리 생애의 길디 긴 계곡 계곡에 쌓인 따분한 시간의 흔적들이며 지루한 삶의 주름이다. 그러한 길고 긴 인간의 생애가 주저리주저리 음판의 노래로 재생된다. 음판의 책에서는 지루하고 하찮은 삶조차 노래가 되고 신화가 된다. 음판이 들려주는 자기 생애는 구전 서사를 펼치는 이야기꾼의 그것처럼 우리에게 휴식과 자유를 한순간 가져다준다.

시인의 어조가 구술문화적 문법성을 가지고 있다는 점은 이 같은 테크놀로지 미디어의 속성과 분리될 수 없는 듯하다. 사물을 회감하기보다는 그 사물의 네트워크를 탐색한다는 점에서 이는 구조적이다. 그런 점에서 그들은 활자 문화 세대의 문화 향유자들을 의미하는 구텐베르크 은하계의 자식들이기를 포기한다.

현대 인간의 몸을 사유하는 것은 테크놀로지라는 초현대적인 물질성을 통해서이다. 테크놀로지는 인간의 몸을 '확장한 것'이라는 점에서 인간은 이미 사이보그 혼종 인류이다. 휴대폰은 이제 인간의 손, 발 같은 기능적인 차원뿐 아니라 인간의 두뇌까지도 대체하고 있다. 자연에 인간의 몸을 유기적으로 기탁하는 이른바 '회감'의 방식은 심혼의 영역 안에서 시인의 자기 동일성을 확인하는 서정양식 본연의 방법이다. 나르시시즘의 우물에 비친 자기를 보는 것이 가장 고전적인 방식이라면, 어떤 시인들은 이 같은 자기 육체의 나르시시즘에 대한 환몽을 미디어 테크놀로지 속에서 내파시켜 버린다. 자살골이다. 그런데 이것이 오히려 시적 범주와 상상력의 폭을 넓히는 기능을 한다. 인터넷 바다는 우리 몸의 시원적 상징이었던 원시 바다의 테크놀로지적인 변환에 다름 아닌 것이다. 그래서 시인들은 기계 미디어의 바다 한가운데로 뛰어들어 간다.

'견딜 수 없는 것'이라는 바르트의 '사랑'의 명명법은 테크놀로지의 혼성적 존재론을 설명해준다. 로체에 대한 베르테르의 화산 같은 열정과 고뇌를 '수면 아래에 있는 육체'라는 긴박하면서도 낭만적인 이미저리로 처리함으로써 바르트는 사랑의 고대적 신화를 이어 간다. 그런데 수면 아래서 숨을 쉬지 못해 헐떡이는 이 '사랑에 빠진 몸'의 신화는 시각, 청각, 후각, 촉각 그리고 이 모든 감각들의 혼종 교배이자 공감각을 발동시키는 매체적 특징과 기묘하게 결합된다. 인터넷이 고장 났을 때, 휴대폰이 불통일 때, 우리 몸은 숨이 차서 헐떡인다. 모니터 앞에서 명멸하는 커서(cursor)는 이제 테크놀로지 시대의 시적 소재만으로 머무르지 않는다. 컴퓨터가 부팅되는 순간이 바로 일상이 시작되는 시간이며, 휴대전화는 우리 감각의 말초신경의 옆자리를 지키고 있다. 이들은 우리 기관의 일부가 되었고, 이들이 없으면 우리는 한시도 견디기 어렵다. 이 강박증과 초조감은 자기 몸의 일부를 상실하는 것에 대한 두려움과 닮아 있다. 전기·전자 테크놀로지는 우리 몸의 일부이거나 몸 그 자체이다. 우리 몸의 전기 · 전자 기기들과의 이 기묘한 '사티로스적인 접합'은 그래서 리얼리티를 갖는다.

시인의 역할을 외과의사의 그것에 비견한 김중일의 「외과의사 늘의 긴 그림자」는 자기 몸을 절단하거나 해부함으로써 닫힌 감각의 세계로부터 빠져나오는 시도를 보여준다. 그런데 그것이 대단히 난해하고 성찰적이다. 고답적으로 자기 몸을 관조하거나 응시하는 나르시시스트의 방식이 아니라, 몸에 메스를 들이 대고 몸을 물화하는 방식이다. 문제는 그 '몸'의 실체를 파악할 수 없다는 점이다. 메스를 들이대는 대상은 자신의 몸이지만 정작 그것은 "그림자"에 지나지 않는다. 그것조차 "너무 쉽게 변하"는 것, 가변적이고 일시적인 것이어서 수술이 불가능하다는 것이다. 정작 자신의 몸에 메스를 들이대지만, '변신'의 주체도, 변이된 것의 실체도 파악할 수 없다는 것이다.

> 늘 한창 수술 중인 그의 그림자는, 너무 쉽게 변하고, 그림자가 새가 되자, 늘 그의 육체는 새처럼 깡마르고, 그림자가 구름이 되자, 늘 그는 구름처럼 비대해지고, 그림자가 무덤가처럼 수상하게 짙어지자, 처음 시체를 만진 신입 오더리가 구토를 하며, 늘 그의 야산 기슭같이 깊은 그림자 속에 그의 환자였던 미치광이 천문학자의 시체를 유기한다.

'몸'이 한갓 "그림자"이자 "무덤가"라는 진술은 정체성의 거울이 일종의 환영에 지나지 않다는 사실의 발견이지만, 새롭지는 않다. 오히려 새로운 몸에 대한 탐색의 어려움을 토로하고 있는 대목이 신선하다. 이 "미치광이 천문학자"란 기실 자기 몸으로 그림자놀이에 빠져든 외과 의사였던 것이다. 자기 몸을 절단하는 대수술이 결국은 사체 유기 행위에 지나지 않는다는 것, 하지만 자기 스스로 자기 몸에 메스를 들이대지 않으면 '그'는 존재할 수 없다는 절박한 운명론이 이 시의 핵심이다. '그'는 매일 스스로를 살해함으로써 존재한다. '늘' 그러하다. '매일(늘) 죽는 존재', 이것이 '외과의사'로서의 시인의 생존법이다.

지킬박사가 자신의 이중적 자아인 '하이드 씨'를 관찰하는 그 같은 나르시시즘의 환몽이 자기를 폐쇄하면서 보존하려는 갇힌 의식의 이면이라면, 자기 몸을 절단함으로써 생존하는 방식은 확장과 개방의 방식이다. 우리들의 "늘"이면서 "그 늘(그림자)"이기도 하다는 진술은, 동일성의 환영(그림자)을 전복하면서 '자기 살해'가 곧 자가 생존이며 '자기 확장'임을 유머러스하게 선언한 것이다. 절단과 생성의 모티프는 자연스럽게 원형 상징의 독법 속에서 힘을 얻는다. 그러나 시인이 이 같은 원형적 존재론에 대한 해답을 스스로 준비하고 있는 것 같지는 않다. 시인은 "과연 자유일까"라고 자기 몸의 절단과 확장에 대한 결론을 유보시켜 놓고 있기 때문이다.

에코이즘(Ecoism), 빙의(憑依), 수성(獸性), '되기'의 유희(遊戲)

양성적인 것, 자웅동체적인 몸의 형상은 최초의 인간, 태초적인 생명체의 그것이다. '이것이면서 동시에 다른 것이 되지 않으면 안 된다'는 이 양성성의 신화는 '본래적 총체성'에 대한 향수를 말하는 것이다. 융합과 합일의 우주적 생명체를 상징하는 것으로서 인성과 수성(獸性)의 결합이나 변신 모티프들이 궁극적으로 보여주는 것 또한 이 같은 '본래적 총체성에 대한 향수'라는 주제에 다가간다. 원형 이미지가 환경 문제와 관련되어 있는 경우를 생각해 볼 수 있다.

안도현의 「두더지」는 일본 감독 다카하타 이사오의 애니메이션 〈폼포코 너구리 대작전〉(2005)을 연상시킨다. '뉴타운 프로젝트'를 추진하는 과정에서 삶의 터전을 잃어버릴 위기에 처한 너구리들의 생존 투쟁 과정을 보여주는 이 영화는 일본의 변신술 설화와 판타지 상상력의 흥미로운 결합으로 성공한 경우이다. 그런 만큼 '인간 문명과 환경 파괴'라는 주제가 전면에 드러나 있다.

그러나 안도현은 비슷한 주제를 다소 얕고 희미하고 가벼운 방식으로 노출시키고 있는데, 의인화를 통한 동화적 발상이 그 첫 번째 조건이다. '보기 싫은 것을 보지 않기 위해 그들은 땅 속에서도 / 두 눈에 안대를 하고 다닌다 빛을 경배하는 교도들을 피해 / 굴 속으로 들었다가.' 이처럼 앞부분은 두더지의 생태학을 서술한 것이다. 두더지의 생태학에서 포클레인의 기능적 행태를 떠올리는 것은 자연스럽고 그래서 쉽고 단순한 발상이라고 할 수 있다. 그보다는 오히려 '변신'의 판타지를 서술한 뒷부분이 묘미가 있다.

> 한때 포클레인을 끌고 온 토목업자들과 119구조대가 동업하기를 원했지만
> 그들은 삽을 들고 온 고고학자를 택했다 엉뚱함의 힘이 그들 것이다
> 두더지네 집으로 들어가자면 우선 어깨를 동그렇게 말고
> 빛을 등지고 손톱을 삽날처럼 펼치고 땅을 긁어야 하겠지

그러면 나는 코도 입도 뾰족해져서 잠시는 서러워지겠다
지상에 없는 길을 내다가 떠난 파르티잔이 모처럼 그리워지겠다
햇빛아, 너는 배배 꼬인 다래넝쿨 아가씨의 머리나 빗겨주고 살아라
나는 뽕나무 뿌리에 난 여드름을 짜주며 일생을 소비해야겠다

문명 비판이나 생태학주의의 극단적인 지점에서 시를 '설명적 진술'로 끌고 가지 않은 것이 이 경우 강점이다. 미만(彌滿)한 자연의 식탁에 차려진 생물들에게 보내는 동정과 연민이란 폭력적인 힘의 과시와 별 차이가 없을 터이다. 범인(凡人) 앞에서 칼을 쥔 채 보여주는 거인의 관용은 고해성사를 위해 준비된 보험증명서에 다름 아닐 것이기 때문이다. 차라리 자기 몸을 두더지화 하는 변신술이 미물들의 생명을 살리고 그 생명들과 친구하는 힘이 된다. '어깨 동그랗게 말고, 손톱을 삽날처럼 펼치고 코도 입도 뾰족해지는 것', 즉 두더지 몸을 제 몸에 입하는 것이다. 두더지 집 안에 제 영혼을 누이고 그 영혼을 빙의하는 영적인 변신술은 물질의 변환 생성을 통한 생명의 순환이라는 문법과 다르지 않다.

생명주의도, 생태주의도, 연금술적인 사유의 힘이 필요한 것이다. 생명의 모태인 지구는 자기에게 가깝고 친근하게 구는 종을 선택할 것이라는 '가이아의 선택'을 경고한 러브록(James Lovelock)의 말을 빌린다면, 환경 문제를 보는 시각은 겸허한 자기 단련을 필요로 하며 영적 수련을 통한 자연과의 의사소통이 중요한 것이다. 이것이 고대적 사유가 현대에도 필요한 이유일 것이다.

안도현의 시에 잠깐 등장하는 '포크레인'은 말 그대로 개발과 문명의 알레고리에 갇혀 있어 신선한 감을 주지는 못하는데, 그것이 주도적이면

서도 잠재적인 변신의 모티프로 기능할 때는 어떻게 될까. 상상력의 자유로운 뿌리가 넓게 뻗어있는 정도만큼 그 변신의 폭 또한 넓게 열리게 될 것은 분명하다.

이성복의 「일몰의 포크레인」에서 '포크레인'은 정치적 알레고리를 띠면서도 양가적인 정신의 사유를 동시에 보여준다. 시인은 거대한 포크레인의 실체가 한갓 동네 아이들의 희극적이고 조롱하는 놀이터에 불과하다고 말한다. 거대하고 무겁고 심각한 것들이 가볍고 유쾌하고 우스꽝스러운 것들과 짝패가 될 때 우리 정신의 골짜기는 더욱 단단한 사유의 협곡이 된다. 거대하고 육중한 이 '거인적인 포클레인'에 대한 비판과 풍자는 마지막에 전환점을 갖게 되는데, 하나의 흥미로운 풍경이 삽입되면서 그 비판과 풍자의 무거움이 전복되고 있기 때문이다.

해질녘에 서 있는 포크레인은 소멸하는 힘의 알레고리이다. 그런데 동네 아이들이 이 거대한 거인의 몸에 때 묻은 팬티를 걸어둔다. 거대하고 육중하고 권력적인 힘은 동네 아이들의 이 무심한 유희에 일순간 전복 당한다. 날렵한 정신의 유희를 더 밀고 나가면 우리는 다시 원형 심상 모티프들과 조우하게 된다.

> 가진 것은 힘밖에 없다고
> 무쇠 힘줄로 투덜거리는 너는,
> 찍고 파헤치고 내다꽂는 것만이 능사인 너는
> 너보다 몇 십배 무거운 것을 들어올리려다
> 풍뎅이처럼 발라당 뒤집어지기도 한다
> (…중략…)

지금 일몰의 공터 이면 도로에 맥없이
서 있는 너의 이빨 하나에
동네 아이들이 걸어준 때 묻은 팬티는
때로 우스꽝스러움도 살육의 취미와 슬픔의 토사물 못지않게
끔찍한 네 힘의 일부라는 것을 말해준다

'가진 것은 힘밖에 없는' 이 포크레인의 끔찍한 '살육'의 힘이란 기실 우스꽝스러운 것이다. 저보다 몇 십 배 무거운 것을 들어 올리려다 그 무게를 가누지 못해 발라당 뒤집어지는 풍뎅이에 지나지 않는다는 것이다. 그 뿐인가. 육중하게 산을 파헤치고 살아있는 소나무 같은 생명들을 넘어뜨리면서도 눈길 한 번 주지 않는 이 반 생명적인 힘의 실체란 겨우 진흙물 '한 다라이' 길어 올리는 것에 지나지 않을 정도로 그렇게 허약한 것이다. 이 시가 전반적으로 알레고리적인 비판에 무게중심이 가 있는 이유는, '때로 우스꽝스러움도 살육의 취미와 슬픔의 토사물 못지않게 / 끔찍한 네 힘의 일부'라는 시인이 내건 명제 때문이다. 이를 '말해' 주기 위해 이 시는 포크레인과 풍뎅이, 힘과 유희, 거인과 아이, 긍지와 쓸쓸함 같은 이항 대립적인 코드들을 오르내린다. 이 같은 유희적 발상의 근원을 거슬러 올라가면 원형 상징의 원리가 있을 터. 하지만 그것에 대한 몰입이나 그것의 변주보다는 이항대립의 변증법적인 시선에 머물러 있음을 지적할 수 있겠다.

태양 배를 타고 밤의 항해를 하는 헤라클레스(기원전 5세기)
사랑의 기억은 죽음의 시간을 항해하는 것이라는 점에서 연애시는 제의적 상징성을 띤다.

연애시란 사랑의 영원성을 꿈꾸는 자들의 사적 진술이라는 점에서 시의 불멸성을 꿈꾸는 자들과 내적인 공통 코드를 가진다. 전통적으로 연애시는 연애의 낭만성과 절대 감정을 사변적으로 읊는 데 그 모든 힘을 쏟아 붓는다. '몸' 없는 연애는 성립하지 않는다. 그러나 이 상식과는 달리 많은 연애시들 특히 대중적으로 널리 알려진 연애시들은 '몸'이 아니라 사념으로만 존재한다. 연주가가 절대 음감을 찾듯, 역설적으로 그러한 절대 감정의 세계를 공허하게 진술하는 경향이 있다. 모든 사랑의 말들은 '당신을 영원히, 절대적으로 사랑한다'는 추상적 진술로 환원된다. 심지어 비극적 사랑의 고전적 서사 『로미오과 줄리엣』 또한 그러한 진술에서 벗어나지 않는다.

줄리엣이 즐겨 부르는 말, '로미오, 나의 태양!'은 그러한 사변적인 사랑의 세계를 '태양'이라는 절대적 대상으로 치환하고 있다. '태양'은 비유의 가장 극한 지대에 있는 시어지만 너무나 흔해서 이제는 비유의 공명을 갖지 못하는 사어처럼 돼 버렸다. 그것은 '사랑'을 관념적 차원에서 절대화하는 기능을 하는 것이지 그 사랑의 감정을 구체화 하고 형상화하는 것과는 거리가 멀다. 사랑의 언어는 본질적으로 원형 상징성을 갖는다. 고대인들이 심혼을 자연계의 물질에 투사하듯, 사랑의 언어는 절대적 권능을 가진 자연물에 사랑의 대상이나 감정을 투사하기 때문이다.

진은영의 「오필리아」는 세익스피어의 희곡 『햄릿』의 연인 오필리아에 대한 주석이다. 사랑, 익사, 기억, 붉은 물, 종이배, 심장, 빵 같은 원형성을 가진 기호들이 즐비해 있다. 흰 종이배와 익사와 강바닥의 모티프는 심연의 세계로 나아가는 사람들의 밤의 항해를 떠올리기에 충분하다. 원시 대양의 심해로 나가는 배는 죽은 자의 영혼을 저승으로 실어 나른다. 요람이나 그릇이나 자궁이 동형성을 갖는다는 사실에 착안하면, 배에 단긴 사체는 사실은 생명의 아이이기도 한 것이다. 요람은 자궁처럼 배를 본뜬 것이고, 배에 담겨진 아기는 원시 대양 위에서 흔들리면서 삶을 향해 항해한다. 마치 신들이 천상의 은하를 우주 거룻배를 타고 건너가는 것처럼 말이다.[노이만:313] 사람들이 죽음의 항해를 끝내고 빵을 먹는 것은 죽음을 끝내고 생명을 자기 안으로 회수하는 행위가 되는 것이다. '유리와 밀을 절반씩 빻아 만든 빵'은 생명의 빵이기도 하지만 거울의 빵이기도 하다. 강바닥의 심연은 삶의 이면을 반추하고 생명의 세계를 투명하게 비추고 있다.

오필리아는 미쳐버린 햄릿을 따라 자신도 미쳐버린 인물이다. 오필리아의 꽃으로 장식한 왕관과 목걸이는 잔혹한 죽음으로 끝나는 사랑의 운명을 제의적으로 보여준 것이다. 모든 사랑은 기억의 형태로 환기된다는 점에서 과거적이고, 실연을 미리 예정하고 있다는 점에서 미래적인 것이다. 실연이 주는 아름다운 이미지는 바로 이 동시성에 있다. 죽음은 곧 실현될 것이고 또 실현되었다는 사실을 동시에 갖는다. 바르트는 사형수의 사진에서 풍기는 충격적인 이미지에서 사랑의 시간적 존재론에 대해 말한 바 있다. 실연은 죽음이라는 제의적 상징성을 띠고 있다는 것이다.

모든 사랑은 익사의 기억을 가지고 있다
흰 종이배처럼
붉은 물 위를 흘러가며
나는 그것을 배웠다

해변으로 떠내려간 심장들이
뜨거운 모래 위에 부드러운 점자로 솟아난다
어느 눈먼 자의 젖은 손가락을 위해

텅 빈 강바닥을 서성이던 사람들이
내게로 와서 먹을 것을 사간다
유리와 밀을 절반씩 빻아 만든 빵

현재의 사랑은 집요한 열정을 불사르게 한다. 그 시간을 기억한다는 것은 그래서 붉고 아프다. 모든 실연의 오필리아들은 익사의 기억을 가지고 있다. 강의 바닥까지 내려가 있다는 절망감은 그 같은 실연이 죽음의 상징적 제의를 품고 있음을 말해 준다. 실연은 죽음의 기억인 것이다. 오필리아의 죽음 위에 뿌려진 꽃잎은 잔혹하리만큼 아름답다. 죽음이 아름다운 것은 원형 상징과 관계있기 때문이다. 오필리아의 육신은 배에 태워져 이승의 강물을 건너 저 죽음의 항해를 시작한다.

죽음의 항해는 어두운 강바닥으로까지 침잠하는 내면의 여행이다. 이 제의적인 죽음의 항해를 통해 실연한 오필리아들은 생명을 얻고 새로운 사랑을 찾을 힘을 얻는다. 오필리아의 육신은 시인의 기억 속에서 생명의 빵으로 다시 환생한다. 밤의 항해는 원환의 강을 거슬러 오르며 뜨거운 심장을 얻는 제의적 시간인 것이다. '뜨거운 모래 위에 부드러운 점자로 솟아난다'는 경험은 죽음이 새로운 생으로 전화되는 순간이다. 그것은 뜨겁지만 극히 부드럽다. 태초의 문자처럼 그것은 생의 성스러운 시작을 알려준다. 문자는 존재의 탄생이며 흔적의 기록이며 생의 시작인 것이다.

정철문의 「고막이 터지는 때」는 '몸'의 미로와 폭발의 죽음 제의를 보여준다는 점에서 원형 상징의 세계를 구현하고 있다. 사랑은 카오스적인 감정이라는 점에서 죽음 충동과 분리되지 않는다. 이 감정의 소용돌이를 시인은 육체의 작렬감으로 변형시켜 놓았다. 동요하는 사랑의 감정을 '꽃'이 지천으로 개화하는 한 순간으로 유비하는 방식은 낡고 흔한 것이고, 개별 존재로서의 '나'의 보잘 것 없음에 대한 자각이라는 주제도 낯익은 것이다. 정작 이 시에서 다른 것들과 차이를 보여주는 대목은 사랑의 왜소함과 초라함을 비유하는 '방식'의 문제인 듯하다.

이 폭발을 위하여
너와 내가 걸레쪽처럼 찌들어서
사냥개와 오소리처럼 물어뜯었구나
지금 피어나서

사라지는 수수백천만의 불꽃처럼
화염처럼
스러지고 또 피어나는구나
이 소란을 위하여
너와 내가
장다리처럼 말라 보트라지고 뿌리가 짓물렀구나

사냥개 오소리처럼 물어뜯고 걸레쪽처럼 찌들고 장다리처럼 말라비틀어진 이 결핍과 건조의 존재론적 자각이 '불꽃과 화염'의 폭발성과 인화성을 강화한다. 마치 불에 기름을 붓는 격이다. 자멸하지 않는 방법은 거기에 즙 같은 생명력을 불어넣는 방식인데, 이 건조한 존재들에 물기를 적셔주는 것이 그것이다. '마른 껍질 밑으로 물' 올라오는 식물의 상상력이 여기에 덧붙여져 있다.

사랑의 담론은 항상 구체적인 물질성에 깃대어 표현될 때 낭만성을 띠고 설득력을 갖는다. 사랑의 담론은 애당초 관념적이어서 '사랑은 사랑이다' 수준의 순환론적 어법에 머물고 만다는 것은 이미 앞에서 설명했다. 그것을 넘어서는 방법은 감각적이고 물질적인 것들의 몸의 형상을 빌리는 것이다. 시인은 '산버들 가지에서 애 새끼 주둥이 같은 잎사귀들이 삐져나온다'는 식물의 상상력을 가져다 놓았다. 거기에 넘쳐남, 풍만함, 충족감 같은 고양된 감정의 무게가 '삐져나온다'는 구절 속에서 되살아나고 있다. 그 완결판은 아무래도 '고막이 터지는 때'라는 구절인데, 이는 몸의 생생한 감각에 깃든 작렬하는 물질성의 미학을 보여주기 때문이다.

여성의 몸, 귀향의 여로

인간 삶의 오디세이는 결국 자신의 근원을 향한 항해이다. 그것은 단순한 회귀가 아니라 더 나은 존재로서의 삶을 위한 회귀이다. 릴케는 『말테의 수기』에서 탕아의 귀환은 그 이전 집을 떠날 때와 동일한 자아로서의 회귀를 의미하지 않는다고 단언한다. 우리가 한 생을 살고 돌아가는 대지의 삶은 그 이전의 삶과는 다른 것이다. 동일한 것의 회귀가 아니라 다른 것의 생성이라는 니체적인 생각은 여기에 근거해 있다. 원형 상징적 주제로서 '고향'은 보다 본질적인 것인데, 질문의 방식은 그래서 고향이란 어디인가가 아니라 고향이 무엇인가 하는 식이어야 한다. 고향'은 근원이며 대지이며 따라서 고향으로의 회귀는 어머니 대지로 '다르게' 돌아가는 것을 뜻한다.

'고향이 어디인가' 묻지 않고 '고향이 무엇인가'라고 묻는 김지하의 방식이 원형 심상을 설명하는 데 더욱 적합하다. 「나에게 고향이 있다면」이라는 시의 제목 자체가 이미 '무엇'이라는 명상적인 질문을 위해 준비된 듯 보이지 않는가. 시인은 그 물음에 스스로 '고향은 없다'고 단언한다. 이는 텅 비어야 돌아갈 곳이 있다는 선시(仙詩)적 발상에서 나온 것은 아니다. '한 여자의 얼굴 왼편의 한 흰빛 같은 느낌'이라는 구절에서 보듯, 이미지를 사유한다는 식의 바르트적인 발상도 아니라는 것이다. 거기다 '노벨상 굴러드는' 그런 세속적인 영광의 자리도 아니라고 시인은 말한다. 그렇다고 오디세우스의 여정에서 이끌어 낸 '인간은 결코 고향에 다시 돌아갈 수 없다'는 명제를 증언하는 방식도 아니라는 것이다. 고향에 돌아왔으되 이미 그 떠날 때의 고향은 아니라는 '탕아의 귀환'을 문제 삼은 릴케가 말한 말테적인 방식도 결코 아닌 것이다.

그럼 무엇인가. 시인은 인류 철학사에서 오랫동안 화두가 되었던 고향의 문제, 인류 정신사의 오랜 사유의 대상이었던 '고향'의 서사들을 그렇게 길게 부정한 끝에 마지막 부분에서 이렇게 말한다.

아득한 옛날
이만 사천 년 전에
파미르 고원에 있었다는
요즘엔
지리산에 있는
한
할멈

마고

그 여신의 그늘 같은
환상 같은

지나는
바람 같은

김지하는 정신의 유목적 헤맴을 통해 태고의 시간을 불러 온다. 고향은 아득한 옛날 파미르 고원에 있기도 했고 요즘은 지리산 고원에 있기도 하다는 것이다. 이 같은 태고적 시간들을 찾아가기 위해서 우리가 필요로 하는 것은 사천년 전의 파미르 고원과 현재의 지리산을 오가는 유목적인 헤맴의 미로뿐이다. '고향'과 해후하기 위해서는 파미르 고원과 지리산 들녘을 오가며 그 시간들을 겸허하고 유쾌하게 노니는 것으로 충분할 것이다. 시간은 흐르는 것이 아니라 저 태고를 우리 몸속에 불러들이는 영혼의 모험 속에서 공간적으로 펼쳐져 있을 것이며 우리는 그 시간들을 유목민처럼 경험할 것이기 때문이다. 가볍고 발랄한 것이기에 그것은 '환상 같기도 하고, 지나는 바람같'기도 해서 픽 웃음이 나는 그런 것이다. 이는 천천히 걷고 우회하는 여유를 필요로 한다. 그러니 '고향'은 희미한 흔적처럼 정신의 힘으로 우리 안에 존재해 있다. 그것은 이 맹목적인 현대성의 속도와 질주감에서 벗어나 '정신사' 라는 우회의 길을 통해 우리 역사를 재구성하는 길이다.

김지하는 마치 '몸을 기억하라. 그러나 고향은 이제 잊어버려라' 라고 말하는 듯하다. 그것은 바꾸어 말해도 동일한 진실에 이른다. '태어난 몸을 잊으라, 그러면 고향이 떠오른다.' 태고와 현재가 나란히 있고, 파미르 고원과 지리산이 이웃해 있는 것은, 정(正)과 역(逆)이 맞서면서도 동일한, 혼융과 소통의 사유 방식에서 가능한 것이다. 그러기에 '고향이 없다'는 도도한 선언은 반어의 수사가 아니라 '고향'을 새롭게 정의하는 정언 명제가 아닐 수 없다. '고향을 잃은 자들'만이 오세아니아 섬을 향한 여정에 동행할 수 있는 것이다. 오세아니아 섬은 이처럼 어머니의 바다, 무의식의 해저, 원형의 사유에서 솟아난다.

제5장

천상에서 일상으로—예술 · 문화 텍스트 읽기

천공에서 지상으로, 지상에서 다시 바다로 이어지는 우주적인 질서는 한 편의 시에서, 한 편의 공연 관람물에서, 한 장의 초상화에서 나타난다. 그뿐인가. 이미 퇴락할 대로 퇴락한 고대 도시의 좁은 골목길에서, 그리고 첨단 테크놀로지가 발산하는 전세계적 공연물에서, 심지어 우울하게 생을 마감한 한 패션 디자이너의 날카로운 눈빛에서조차도 원형의 이미지는 생명력을 지닌 채 계속 확산되고 분산된다. 이 장은 그동안 읽고 보고 느꼈던 그러한 원형 상징들의 세계에 대한 소박한 탐사 보고서이다.

정지용의 「백록담」과 '인간 꽃'의 황홀경

정지용의 아름다운 시 「백록담」을 읽어보자. 제주도 한라산을 올랐다가 쓴 시다. 그 시에서 가장 인상적인 장면은 1연에 있는 하늘의 별이 지상에 내려앉은 장면을 묘사한 대목인데, 시인은 그 별들이 지상으로 내려와 꽃이 되는 그 신비한 움직임 앞에서 느낀 황홀경을 '기진했다'는 단 한마디 말로 요약하고 있다. 정신의 절정감을 그는 이 '기진했다'의 한 단어에 축약시키고 있는 셈이다.

1

절정에 가까울수록 뻑국채 꽃키가 점점 소모된다. 한 마루 오르면 허리가 슬어지고 다시 한 마루 위에서 모가지가 없고 나중에는 얼굴만 갸웃 내다본다. 화문(花紋)처럼 판박힌다. 바람이 차기가 함경도 끝과 맞서는 데서 뻑국채 키는 아조 없어지고도 팔월 한철엔 흩어진 성신(星辰)처럼 난만(爛漫)하다. 산 그림자 어둑어둑하면 그러지 않어도 뻑국채 꽃밭에서 별들이 켜든다. 제자리에서 별이 옮긴다. 나는 여기서 기진했다.

2

암고란(巖古蘭), 환약같이 어여쁜 열매로 목을 축이고 살어 일어섰다.

3

백화(白樺) 옆에서 백화가 촉루가 되기까지 산다. 내가 죽어 백화처럼 흴 것이 숭없지 않다.

4

귀신도 쓸쓸하여 살지 않는 한 모롱이, 도체비꽃이 낮에도 혼자 무서워 파랗게 질린다.

5

바야흐로 해발 육천 척 위에서 마소가 사람을 대수롭게 아니 여기고 산다. 말이 말끼리 소가 소끼리, 망아지가 어미소를 송아지가 어미말을 따르다가 이내 헤어진다.

6

첫 새끼를 낳노라고 암소가 몹시 혼이 났다. 얼결에 산길 백 리를 돌아 서귀포로 달아났다. 물도 마르기 전에 어미를 여읜 송아지는 움매― 움매― 울었다. 말을 보고도 등산객을 보고도 마구 매어 달렸다. 우리 새끼들도 모색(毛色)이 다른 어미한테 맡길 것을 나는 울었다.

7

풍란이 풍기는 향기, 꾀꼬리 서로 부르는 소리, 제주휘파람새 휘파람 부는 소리, 돌에 물이 따로 구르는 소리, 먼데서 바다가 구길 때 솨―솨―솔 소리, 물푸레 동백 떡갈나무 속에서 나는 길을 잘못 들었다가 다시 측넌출 기어간 흰 돌바기 고부랑길로 나섰다. 문득 마주친 아롱점말이 피하지 않는다.

8

고비 고사리 더덕순 도라지꽃 취 삿갓나물 대풀 석용(石茸) 별과 같은 방울을 달은 고산식물을 삭이며 치하며 자며 한다. 백록담 조찰한 물을 그리어 산맥 위에서 짓는 행렬이 구름보다 장엄하다. 소나기 놋낫 맞으며 무지개에 말리우며 궁둥이에 꽃물 이겨 붙인 채로 살이 붓는다.

9

가재도 기지 않는 백록담 푸른 물에 하늘이 돈다. 불구에 가깝도록 고단한 나의 다리를 돌아 소가 갔다. 쫓겨온 실구름 일말에도 백록담은 흐리운다. 나의 얼굴에 한나절 포긴 백록담은 쓸쓸하다. 나는 깨다 졸다 기도조차 잊었더니라.

산의 정상을 올라가는 행위는 하늘에 점점 가까워지려는 인간 소망을 담았다. 그것은 우주의 완전한 생명의 기운을 받으려는 정신의 작용과 통한다고 할 수 있다. 천상의 별빛은 우주의 기운을 지상의 인간들에게 내려 보내는 행위이다. 고대로부터 주술사들이나 점성가들은 그래서 별점을 보고 별의 자리가 이동하는 양태를 통해 운명을 예언하면서 신이 자신에게 준 예지력을 시험하고자 했던 것이다.

흥미롭게도 정지용은 산을 오르면서 '절정에 가까울수록'이라는 비 물질성의 단어, '절정'이라는 말을 쓰고 있다. 정상이 아니라 정신 작용의 꼭지점 혹은 영혼의 극한 지점을 말하는 '절정'이라는 말을 쓰고 있는 것이다. 산의 정상을 오르는 행위는 하늘을 오르는 행위와 유비적인 관계를 이룬다. 천상의 하늘은 완전한 우주이다. 한라산 정상은 하늘을 옮겨다 놓은 곳이다. 정신의 꼭지점을 향할수록 꽃키가 작아지고 있다. 시인은 그것을 자신의 몸의 높이에 비유하면서 역설적인 상황으로 치환한다. 산을 오를수록 식물들이 작아지는 상황은 몸의 자연적인 질서에 비례된다. '허리'에서, '모가지'만큼 작아졌다가, 궁극에는 '얼굴'만 갸웃 내다보는 형식! 한라산 정상에서 정지용이 본 것은 트여있고 열려있는 정신의 자유로움이었을 것이다. 아무런 막힘없이 자유자재한 그런 공간적인 트임은 정신의 절정에서나 맛볼 수 있는 것인지 모른다. 여기서 고산지대로 갈수록 꽃들이 바람을 피해 자신의 몸을 낮춘다는 진화론적 설명을 굳이 할 필요는 없으리라.

바람이 차기는 함경도 끝에 못지않은데, 백국채 키는 아주 없어지고도 즉 작아질 때로 작아져서 결국 화문(花紋)처럼 지상에 '짱'하고 얼굴을 박아둔 형국이다. 시인은 이를 '화문(花紋)처럼 판박힌다'고, 마치 이 꽃잎들이 땅에 문장처럼 판박이 한 것으로 앙증맞게 묘사한다. 이 정도의 시적 진술이야 언어를 마치 화려한 색채의 그림처럼 다룰 줄 아는 언어의 '채색주의자(彩色主義者)들'한테는 너무 손쉬운 것인지 모른다. 혹 이를 두고 오히려 너무 장식적이어서 '클리셰' 효과를 가진다고 비판하는 사람들도 있을지 모르겠다. 그렇게 말할 수도 있다. 문제는 그 다음이다.

시인은 여기다 해설을 덧붙여 놓았다. 그것이 마치 '팔월 한철엔 흩어진 성신(星辰)처럼 난만(爛漫)하다'는 것이다. 꽃들이 별의 무리처럼 아름답게 반짝이고 있다. 땅에 짱 하고 경쾌하게 박힌 꽃들이 마치 팔월 한철에 흩어진 별처럼 난만하다는 것이다. 그렇다. 시인은 한라산 정상에서 별들이 꽃으로 내려앉은 장관을 보고 있는 것이다. 지상에서 은하수를 보고 있는 것이다. 그 으스름 저녁에 지상에 내려온 별들의 무도(舞蹈)가 어떠했겠는가. 생명의 영들은 별들에게서 자양분을 얻어 자기 품에 품고 있

는 지상의 모든 생명들을 먹여 살린다. 마치 어머니가 태아를 품고 있듯이 말이다.융(c):155

그 절정감이 어떠했을지는 충분히 짐작하고도 남음이 있다. 백국채 꽃잎의 형상 자체가 실제로도 별무리의 끝부분처럼 뾰족해 별처럼 보이지만, 보라색 꽃잎들이 지천으로 깔려서 밤의 한라산을 밝게 비추고 있는 형상은 마치 대지가 하늘의 거울 속 세계인 듯한 착각을 불러일으켰을 것이다. 백국채 꽃은 별의 지상적 형식인 것이다. 이 백국채 꽃들이, 마치 별들이 등불처럼 저 스스로를 밝히고 은하수를 건너듯, 이 땅에서 저 땅으로 걸음을 옮긴다. 시인에게 별들이 속삭이듯 천상의 언어를 전한다. 누가 이 황홀경에서 기진하지 않을 수 있겠는가.

이제 지상은 천상이 된다. 지상에서 이루어진 천국의 낙원들이 그 아래에 펼쳐져 있다. 대지는 신비하고 성스럽고 초월적인 천상의 공간을 재연한다. 아니 지상이 곧 천상이다. 그러니까 정지용이 한라산 정상에서 본 것은 환상이 아니었던 것이다. 하늘과 땅, 천상과 지상은 서로의 거울이 되어 함께 서로를 비춘다. 그것은 대립적인 두 개의 공간이 아니라 따로 떨어져서 하나를 이루는 근원적이고 총체적인 완전한 우주로 존재한다. 이것은 태초의 인류가 살았던 바로 그 인류의 고향이다.

정지용이 그리고 있는 이 천상과 지상이 합일된 공간은 환몽에 지나지 않은 것일까. 단지 유토피아적 소망을 담은 일종의 환상적 경험일 뿐일까. 지금 우리가 사는 이 속세의 공간과는 동떨어져 있는 저 너머의 세계일 뿐일까. 정말 그럴까. 정지용이 한라산 정상에서 본 것은 그럼 환각에 지나지 않는다는 말일까. 아니면 언어의 기술적인 눈속임, 그러니까 아름다운 한라산 정상을 비유적으로 표현한 것에 불과할 뿐일까. 이러한 물음들을 가로지르고 있는 것은 현재 우리가 잊어버리고 있는 마음의 세계에 대한 진실이다. 여기에는 원형 심상의 언어들이 숨 쉬고 있다.

하늘의 별이 꽃이 되는 이 절정감은 우리 삶에 깃든 천체 생물학적인 심성과 관련 있다. 우리의 삶은 모든 우주적인 차원에서 설명할 수 있다. 나무나 꽃에 깃들어진 생명력은 별의 순환과 생명의 질서 속에서 설명되는 것인데, 그것은 불멸성에 대한 영감으로 가득 차 있다. 숫자학, 별들의 주기적 움직임에 대한 관찰, 생명의 밀물과 썰물, 계절의 리듬들 사이에는 동형적 성좌가 있다.[뒤랑(b):457] 대지에서 자라나는 식물의 꽃이 인간의 얼굴을 하고 있는 고대적 형상들은 이 같은 천체 생물학의 심성을 반영하고 있는 듯 보인다.

정지용이 본 장관은 고대인들의 하늘 기록을 통해 그 진실을 확인할 수 있다. 오광성이나 육광성이 대체로 여신을 상징하는 기호로 인식되었고, 그것의 양식화된 문양이 화문으로 나타나는 것은 별과 꽃의 물질적 변형 가능성을 암시한다. 천상의 별은 지상의 꽃인 것이다. 천상의 형상은 비나 구름 혹은 육방위를 뜻하는 톱니바퀴 형상으로 나타나는데, 이는 간혹 나비나 새의 모양으로 형상화되기도 하였다. 나비나 새가 신의 동물로 이해된 데는 고대로부터 지속된 것이다.[골란:698]

정지용이 그리고 있는 공간은 동양으로 치면 신선의 공간이다. 시로미라고도 불리는 암고란의 까만 열매들은 전통적으로 신선의 약이라 불린 것들인데, 정지용은 이 열매로 상큼하게 목을 축이고 일어선다. 눈부시게 흰빛을 내뿜으며 서 있는 자작나무(백화) 옆에서 시인은 소멸하는 생명의 장관을 본다. 그것은 죽어 사라지지 않는 불멸의 것으로서 성스러운 빛을 품고 있다. 그래서 시인은 '내가 죽어 백화처럼 흴 것이 숭없지 않다'

고 쓴다. 이 성스러운 빛을 품고 있는 자작나무는 일종의 생명수 같은 역할을 했을 것이다. 천마총에서 발견된 말다래와 관모도가 자작나무로 만들어졌다는 것에서 이 고대적 식물의 신분을 짐작할 수 있을지 모르겠다.

말 그대로 백화(白樺)는 물질의 '백화(白化)'를 그대로 보여준다. 우리는 여기서 고대인들의 정신세계가 사실은 물질의 연금술적인 신비한 전환에 있음을 확인하게 된다. 시인은 이 백화 나무에서 소멸과 죽음의 상징을 읽고 스스로 그 성스러운 흰빛을 품게 되는 것이다. 자작나무가 성스럽고 신비한 나무임을 알려주는 이름(別名)은 이미 북유럽 신화나 켈트 족 신화에서도 나타나고 있다. 북유럽 신화의 프레이야(Freja), 켈트 신화의 브리다(Bridha)는 그리스 신화의 헤라(Hera)에 해당하는 여신들이다. 이들은 '빛나는 나무'라는 뜻의 산스크리트어 부라(Bhura)와 같은 뿌리에서 파생(派生)된 이름이다. 한편으로 '자작나무'의 명칭은 인도유럽어의 'b(h)erhk' 즉 '흰색이 되다'에서 기원한다는 해석도 있다. 이 명칭은 여신을 상징하는 색깔인 흰색과 결합돼 여신의 성스러운 나무를 뜻하게 된 것이다.[골란:742~743]

러시아 영화나 음악에서 자작나무가 배경으로 쓰인 예는 더러 있다. 타르코프스키의 영화 〈이반의 어린 시절〉에서 자작나무 숲은 비현실적이고 몽환적인 분위기를 빚어낸다. 태양은 어둡게 눈 덮인 자작나무를 향해 반짝이고 그 위로 하얀 비가 쏟아져 내린다. 젖은 잔디와, 사과를 가득 실은 화물차와, 햇빛 속에서 김을 내뿜고 있는 말들은 흰 자작나무 숲과 어울려 이반의 유년 시절의 성스러운 기억들을 불러낸다. 유년의 자작나무는, 조명탄이 떨어지는 전장의 강가에서 앙상하게 가지를 드러내고 있는 자작나무와 대비되면서, 이 영화의 주제를 떠받치고 있다.[타르코프스키:38] 자작나무 가지로 주변을 청소하고 자작나무 둘레에서 말을 타듯 발을 굴리는 의식은 자작나무를 여신의 주물(呪物)로 숭배했던 전통이 그대로 남아있는 의식이다.

정지용은 '백화(白樺) 옆에서 백화가 촉루가 되기까지 산다. 내가 죽어 백화처럼 흴 것이 숭없지 않다.' 시인은 자작나무에 백화 상태의 자신의 주검을 투사한다. 그의 육체는 희고 성스럽게 백화된 상태로 원래의 근원인 검은 대지로 돌아갈 것이다. 삶은 죽음이 되고 죽음은 다시 생명을 낳고 키우는 대지로 돌아감으로써 다음 생을 준비한다. 시인은 죽어서 이 지모신의 육체로 환생하는 꿈을 꾸고 있는지도 모른다. 이 세속의 삶은 성스럽고 순결하게 땅으로 돌아간다. 한라산 정상의 모든 것들은 적막하게 자신의 삶을 가꾼다. 모든 것들이 끼리끼리 모여 자유 자재하게 눈부신 삶을 가꾸고 생명을 기르는 지상의 풍경을 시인은 마치 천상의 일들처럼 그리고 있다. 아무도 보지 않고 아무도 논평하지 않는 방식, 그러기에 '귀신도 살지 않을 정도의 적요한 공간에서 '도체비꽃이' 저 혼자 '파랗게 질'린다.

그러나 그뿐이다. 시인은 거기에 논평하지 않는다. 시인은 관찰하지만 어떤 논평적 시선도 포함하지 않는다. 이상하게 정지용이 그리고 있는 풍경은 정지용과는 떨어져 있다. 소와 말들이 사람을 '대수롭게 아니 여기고' 산다는 뜻은 사람의 기척에 아무런 동요도 없는, 한가롭게 풀을 뜯고 자신의 무리들을 이루어서 사는 풍경이다. 속세의 안쓰러움과 안타까움을 가진 것은 시인 자신뿐이다. 첫 새끼를 낳느라 혼이 난 암소와, 태어나자마자 어미를 잃은 새끼 송아지, 그것을 보고 있는 시인의 마음은 쓰라리고 안쓰럽다. 시인은 어쩔 수 없이 이 속세의 공간에서 벗어날 수 없었던 탓이다. 천상의 삶을 지상에 투사하면서도 그의 삶은 현실에 매여 있었을 것이다. 일제 말기 정지용의 내면을 읽을 수 있는 대목이다.

그 같은 현실적인 삶의 이러저러한 일들을 벗어나면 시인은 여전히 그러한 천상의 일들을 옮겨 놓은 공간에서 소요하고 있다. 느림과 우회의 길을 미로처럼 돌아 그렇게 그는 한라산 백록담의 주변을 서성였을 것이다. 그리고 꿈인 듯 생시인 듯 그렇게 하루를 소요했을 것이다. 하늘이 땅에 꽂히고 백록담의 물이 시인의 얼굴에 포개지는 그런 우주적 혼융의 경험이 시인을 기진하게 했던 것이다. 여기에 어떤 말이 필요하겠는가. 시인은 '나는 깨다 졸다 기도조차 잊었더니라'라고 성스럽고 장엄한 천상적 체험을 고백하고 있다. 이 시는 현실과 꿈, 실재와 환각, 고통과 구원의 경계가 무너지는 그 황홀하고 장엄한 천상적 경험에 대한 기록인 것이다.

정지용은 이 시를 통해 영혼의 몰입에 가까운 경험을 보여준다. 우리 눈에는 보이지 않으나 분명 존재하는 고대적 영혼의 세계, 우리 몸의 저 구속의 기억 속에 살아있는 태초적 우주를 정지용은 보았던 것이다. 결국 정지용이 본 하늘은 원초적 인류가 살았고 다음의 인류가 또 꿈꾸었던 최초의 하늘이다. 이 고대의 기록을 우리는 어디서 다시 찾아볼 수 있을까.

그것은 고구려 고분 벽화의 하늘이다. 거기에는 정지용이 백록담 근처에서 본 동물들이 자유롭고도 생명 넘치는 활력으로 천상의 공간을 수놓고 있다. 마치 고대 부족 국가의 축제에서 인간과 동물들이 함께 어울려 생명의 질서를 환호하는 그런 기분을 느끼게 한다. 정지용의 황홀경 넘치는 심상을 그대로 덕흥리 고분 벽화에 그려진 하늘로 옮겨 본다.

덕흥리 고분 벽화의 하늘 공원

고구려의 별자리 무덤 중에서 가장 찬란하고 신비한 모습을 보여주는 것은 평안남도 남포시 강서구역 덕흥동에 자리한 덕흥리 고분 벽화이다. 네모난 방에 궁륭식 천장을 보여주는 이 무덤은 동아시아의 전형적인 우주론이 반영된 것으로 벽면에는 당시 고구려인의 생활 풍속 혹은 관념이 도상으로 표현되어 있고, 천장에는 신화적인 천공세계가 그려져 있다. 이는 천상과 지상, 이상과 현실의 두 세계를 동시에 아우르고 있는 우주를 표상한 것으로, 혼융의 우주라는 태고적 관념을 재현한 것이다.

사후의 낙원을 꿈꾼 고대인들을 생각하면서 이 고대의 하늘을 '하늘 공원'이라 이름 붙여보자. 우리는 이 고대의 하늘을 통해 옛적 시인, 현자를 만난다. 시간은 과거에서 현재로 혹은 그 반대로 이어지며, 삶은 자신의 꼬리를 물고 있는 우로보로스 뱀의 형상처럼 영원히 회귀한다. 고분 벽화의 얼굴들에서 친숙한 아우라를 느끼는 것은, 시간의 회귀를 통해 그들은 과거로부터 걸어 나와 우리를 불사의 하늘로 이끌고 가는 듯한 느낌을 주기 때문이다. 그들은 옛 시인 곧 현자처럼 지상으로 내려와 우리에게 생명의 숨결을 불어 넣어주고 같이 시간 여행을 떠나자 한다. 고분 벽화의 그 찬연하기 이를 데 없는 곡선의 아름다움과 숨 막힐 듯한 생명의 소리들에 심취해 보자.

하늘공원의 등장인물들

이 고분의 묘지명에는 '영원한 생명에 끝이 없으리라'는 이 고분 주인의 영원한 생명을 기원하는 글이 기록돼 있다고 한다. 덕흥리 고분에는 해와 달, 목성, 화성, 토성, 금성, 수성 등의 오행성과 북두칠성. 남두육성 등의 별자리들이 그려져 있다. 김일권이 고구려 고분벽화를 설명하면서 '고구려 하늘에 새긴 천공의 유토피아'라고 부제를 붙인 것이 인상적이다.[김일권:4] 여기 언급된 내용은 이 책에서 주로 빌어왔다.

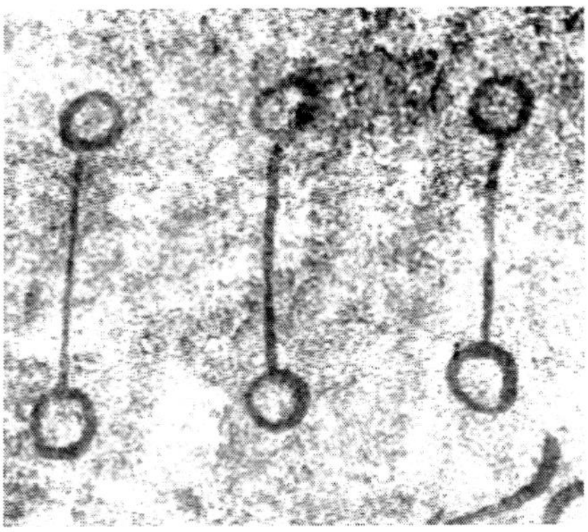

삼태육성(三台六星)

지축지상(地軸之象)

먼저, 북쪽 하늘. 삼태육성(三台六星)은 북쪽 하늘의 별자리에 그려진 그림인데, 각각의 별이 수직으로 이어진 끈에 의해 연결된 세쌍둥이 별이다. 천신이 하늘과 땅을 오르내릴 때 사다리로 사용하는 징검다리 별인데, 천상과 지상은 이로써 자유롭게 소통되고 융합된다. 벽화에 그려진 많은 도상들은 서양의 괴물지에서도 흔히 볼 수 있는 하이브리드 동물이다. 몸은 두 개인데 날개는 하나뿐인 비익조, 몸의 양 끝에 머리가 달린 일신양두, 파충류나 인간의 몸을 한 지축, 사람의 얼굴을 한 인면수 등의 온갖 신화 속의 동물들이 축제를 벌이는 현장을 만날 수 있다. 서양의 하이브리드 동물들에 비해 가장 특징적으로 지적할 수 있는 것은 유려하고 유연하며 섬세하기 이를 데 없는 곡선의 실루엣이다. 그 곡선은 마치 바람처럼 공기처럼 숨결 한 마디로 천상과 지상을 오르내릴 수 있는 징표처럼 느껴진다. 이들 동물들은 그 아래 그려진 사냥하는 인간들의 형상과 거의 비슷한 크기로 그려져 있으며, 산이나 들의 형상 역시 인간과 동물의 크기와 유사하다. 물론 서양식의 근대적 원근법이 적용되지 않는다. 이 같은 관념은 모든 것들이 동등하게 그 자체로 생명을 누리는 천상의 질서를 의미하는 것으로 보인다.

박위지상(搏位之象)

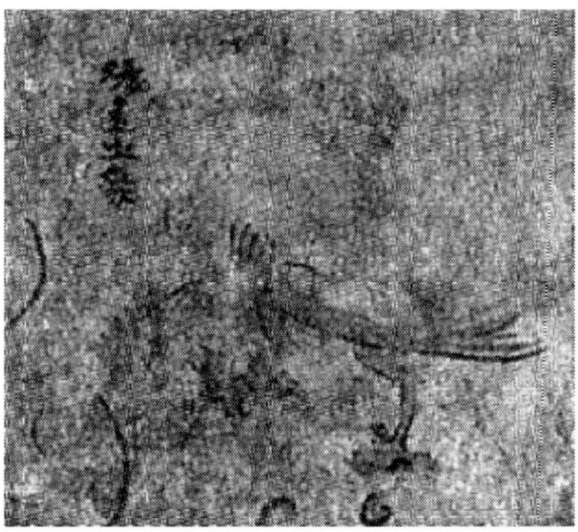

훼원지상(喙遠之象)

머리가 둘이고 몸이 하나인 지축지상(地軸之象)은 괴물지에서 자주 볼 수 있는 반인반수의 하이브리드 동물이다. '지축'은 땅을 제자리에 있게 하는 중심축이어서 이양극의 대립과 조화가 세상을 움직이는 근본 원리임을 표상한 것이다. 축이 기울면 우주는 균형을 잃고 소멸하고 말 것이다. 북극과 남극이 하나로 이어져있다는 천문학적 지식을 도상학적으로 표현한 것인데, 근원적으로 모든 사물들은 소통과 융화의 존재인 것이다. 박위지상(搏位之象)은 목이 길고 머리 부분에 길쭉한 네 개의 귀가 솟아있는 개를 형상화한 것이라 한다. 귀가 길고 여러 개인 형상은 많은 견문을 듣고 학식을 닦는다는 것을 상징한다. 훼원지상

영양지상(嶺揚之象)

(喙遠之象)은 상스러운 새의 일종이며, 영양지상(嶺揚之象)은 머리에 뿔이 일곱 개 솟아있는 네 발 짐승으로 묘사되어 있다.

남쪽 하늘에 그려진 것들 중 특징적인 것은 다음과 같다. 은하수가 벽면의 공간을 반으로 분할하고 있다. 그 양 편에 유명한 '칠월칠석 설화'의 주인공 견우와 직녀가 서 있다. 견우와 직녀가 서로를 그리워하며 애달픈 이별을 하는 사이 별의 강물인 은하수는 이들 사이를 애잔하게 흐른다. 아주 아름다운 장면이다. 소를 몰고 가는 견우의 손은 특징적으로 크게 그려져 있다. 고대 바위 위에 새겨진 그림에서 크게 그려진 손은 신의 인장을 뜻하는 것이다. 하늘 세계의 주인으로서의 견우의 지위를 뚜렷하게 보여주는 것이 아닐까.

① 은하수 ② 견우 ③ 직녀 ④ 견우의 손에 쥐어진 줄 ⑤ 검은 개

견우의 손에 쥐어진 줄은 소의 코에 코뚜레처럼 해학적으로 연결돼 있다. 소의 형상은 사실적이면서도 친근하게 묘사돼 있다. 튼튼하고 우직하게 그려져 있는 소의 굽은 소가 살아서 땅을 힘차게 디딜 것 같은 생생함을 준다. 전설이나 신화 속의 동물이 아니라 일상생활에서 익히 보는 소의 사실적 형상이 뚜렷한 것이다. 직녀는 떠나가는 견우를 아련하게 바

라보고 서 있다. 은하수 가까이에 바짝 붙어있는 것도 흥미로운데 조금이라도 더 가까이서 견우를 보내고 싶은 안쓰러운 마음이 느껴지는 듯하다. 검은 개는 직녀를 지키고 있는 수호천사가 아닐까. 이 검은 개는 '흑화'의 물질성을 보여주는 형상과 상통하는데 그것은 죽음이자 초월성이다. 이 '검은 개'는 견우와 직녀의 이별을 죽음의 심연으로부터 건져 올려 그들의 사랑을 영원히 지켜주는 존재가 아닐까.

남쪽 하늘에도 많은 동물들이 그려져 있다. 신화와 천문학은 고래로 밀접하게 관련돼 있다. 길리지상(吉利之象)은 말 그대로 길조이며, 마치 공룡 시대 익룡을 보는 듯한 느낌을 준다. 화려하고 빛나는 녹색의 날개와 길게 늘어뜨려진 꼬리 깃이 아름답다. 꼬리 깃은 세 가닥으로 갈라져서 섬세하고 신비스러운 느낌을 주며, 푸른색 날개 또한 고귀한 천상의 존재로서의 기품을 느끼게 한다. 머리에 달린 녹색의 뿔도 이 새가 성스러운 임무를 띤 길조임을 표상한다. 부귀지상(富貴之象) 역시 익룡 같은 모습을 한 길조이다. 길리지상보다 좀 더 크게 그려져 있고 발톱이 크고 날카롭다. 세 가닥 갈라진 꼬리 깃도 마찬가지로 이 새가 길조임을 나타낸다. 세 갈래로 갈라진 꼬리 깃은 이 동물이 성스러운 존재임을 표상하는 것이다. '3'은 동서양 공히 완전수이다.

길리지상(吉利之象)

부귀지상(富貴之象)

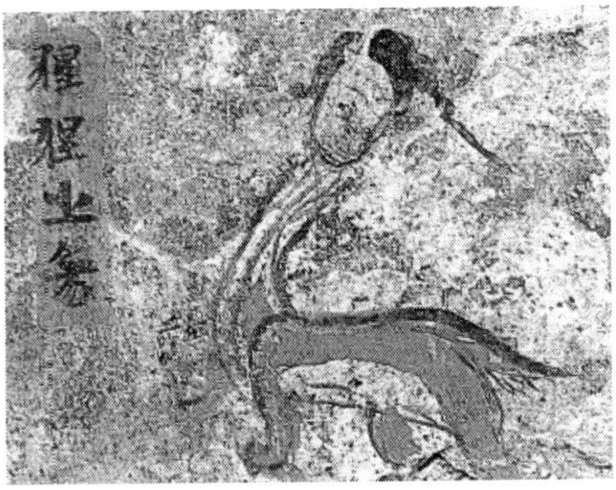

성성지상(猩猩之象)

선인지련(仙人持蓮)

성성지상(猩猩之象)은 사람 머리에 짐승의 몸을 가진 전형적인 반인반수 하이브리드 동물이다. 사람 머리에 동물의 몸을 한 신들은 동·서양 공히 최고의 신으로 추앙받았다.[전호태(a): 128] 이 동물은 사람의 말을 할 수 있고 그 목소리가 뛰어나게 아름다워 마치 부인이 말하는 것과 같다고 한다. 이 동물을 잡아먹으면 귀가 밝아진다는 설이 있어서 사람들이 이들을 잡아먹기 위해 덫을 놓았다는 설화도 있다. 재주가 뛰어난 사람을 지칭할 때 이 동물에 비유하기도 한다. 흥미로운 것은 사람의 얼굴을 한 안면 부분인데, 얼굴이 정면을 향해 있는 것이 특징적이다. 마치 선사시대 미술의 정면성의 원리가 적용된 듯한 느낌을 준다. 이 동물이 진행하는 방향과는 달리 얼굴은 정면을 향해 있음으로 해서 후대 이 그림을 볼 사람과의 대면과 대화를 준비하고 있는 듯하다. 이 고분의 주인은 후대의 인간들과 대화하면서 자신의 생을 영원히 지속하고자 하는 관념을 드러낸 것으로 볼 수 있을 것이다.

이 고분에 등장하는 신선, 선인지련(仙人持蓮)은 마치 피겨 스케이트를 타는 듯 몸동작이 유연하고 우아하다. 아름다운 관을 쓰고 녹색의 우의(羽衣)를 입고 있다. 연꽃을 타고 하늘을 스케이트 타는 듯이 달려 나가는 느낌은 어떨까. 천진무구하고 성스러운 선세(仙世)의 아우라가 깊게 느껴진다.

고분벽화에서 가장 널려 알려져 있는 그림은 수렵도이다. 하늘에서 하는 사냥 그림이란 뜻으로 '천상수렵도'란 이름이 붙여졌을 것이다. 식육과 탐욕, 권력과 힘, 영토 정복과 승리의 기원과 같은 남성적 힘의 상징인 이 지상의 사냥과는 달리 천상의 수렵은 유목적인 정신의 기운과 자유로운 영혼의 숨결을 느낄 수 있다. 호랑이 사냥은 생명의 소실과 재탄생이라는 의례적 과정을 설명하는 것일 터, 그로써 새 생명을 얻어 생의 영원성을 꿈꿀 수 있는 것이다. 이 천상의 수렵은 켈트 족 신화에서 모험의 과정에서 자신의 성스러운 힘을 보증하고 확증하는 행위와 밀접하게 관련된다.

동쪽 하늘은 태양이 존재하는 성스러운 곳이다. 태양은 흰 광선, 금빛 등과 동형성을 가지며, 독수리 혹은 백조와 동일시된다. 떠오르는 태양은 새에 비유되기도 하는데, 머리에 깃털 관을 두른 불사조로 나타나기도 한다. 뜨는 해는 밤의 지배력에 대한 위대한 승리이자 빛나는 상승으로 그 긍정적인 가치를 부여 받는다.[뒤랑(b):219] 동쪽은 계시, 새벽, 기원, 깨어남 등을 의미하고, 부활과 젊음의 나라, 지상낙원이 존재하는 곳이기도 하다. 태양의 빛은 금빛, 장밋빛, 새벽빛인 노란색이지만, 비가 많이 내리는 멕시코만 같은 지역에서는 푸르고 파란 만의 특징을 그대로 가진 푸른색이다.

금까마귀

가장 특징적인 것은 금까마귀의 태양이다. 붉은 원의 태양 안에 금까마귀가 날개를 퍼덕이고 있다. '삼족오(三足烏)'라 불리는 것으로, 인기 드라마 '주몽'의 표상으로 인식될 만큼 우리에게는 친숙해진 도상이다. 둥근 원반 형태의 태양은 우주 천체론을 상징한 것이다. 태양 안에 까마귀가 산다는 믿음은 이미 중국의 신화집 『산해경』 속에서 확인되고 있다. 새로운 태양이 떠오르면 그 태양을 까마귀가 싣고 나른다는 사상을 반영한 것이다. 신선이 수레바퀴를 굴리는 그림 또한 새로운 태양을 만드는 것을 상징한다는 설도 있다. 이는 재생과 갱생의 신화적 믿음이 반영된 것이다. 까마귀는 지금 우리가 가지고 있는 관념과는 달리 본래적으로 상서로운 길조인 것이다. 태양 속에 등장하는 까마귀는 태양을 등에 지고 실어 나르기도 하고, 하늘을 차고 비상하는 모습으로 그려지기도 한다. 세 개의 다리를 유난히 강조해서 그리기도 하는데, 그래서 '삼족오'라 불린다. 서양에서 까마귀는 태양 숭배와 관련되는 것으로 알려져 있다. 돌을 의미하는 어근 '크르'와 이것의 변화형 '코르'는 태양신 벨과 동시에 태양조 까마귀를 가리킨다는 것이다.뒤랑(b):190

하늘을 나는 새(飛魚)

하늘을 나는 새(飛魚)가 그려진 것도 눈에 띈다. 물고기 새는 물고기 뱀과 마찬가지로 성스러운 존재이다. 물고기와 뱀은 물을 매개로 한다는 점에서 시원적 존재를 상징한다. 물고기 새 또한 시원적 존재로서 태양신을 상징했을 것이다. 붉은색과 검은색이 배합된 이 물고기는 그 자체로 성스러운 기운을 가지고 있어 금세라도 하늘을 차고 오를 듯하다. 이 검은색과 붉은색의 색감의 대비 때문인지, 유연하면서도 강한 생명의 힘이 느껴진다.

몸 하나에 머리가 둘인 청양지조(靑陽之鳥) 역시 살아 움직이는 듯 생동감 있게 그려져 있다. '청양'은 태양이 뜨는 동쪽 봄 하늘의 기운을 상징한다고 하는데, 이 새는 '청양'이 우주를 이루는 두 개의 대극적인 기운인 음과 양의 조화를 예고하는 존재이다. 실제로 몸체에 그려진 도트(dot) 무늬가 맑고 청아한 봄기운의 분위기를 돋우는 듯하다. 불을 밝고 다니는 양수지조(陽燧之鳥)는 몸체와 날개와 발이 다 크게 형상화돼 있다. 태양 아래서 불을 밟고 다니면서 성스러운 기운을 전하는 태양의 새다.

서쪽 하늘의 특징적인 도상은 두꺼비가 그려진 달이다. 동쪽 하늘에 그려진 '삼족오'에 비견될 만하다. 달에 옥토끼와 계수나무가 산다는 전설은 오래 구전돼 왔다. 옥토끼 대신 두꺼비가 그려진 경우라고 할 수 있다. 두꺼비는 기어다니는 파충류와 함께 지하세계를 책임지는 성스러운 동물로 알려져 있다. 여기서는 네 다리를 쫙 벌리고 있는 풍뎅이 같은 느낌을 주기도 하는데, 두꺼비는 불사약을 지키는 월세계의 파수꾼으로 불로장생을 의미한다고 한다.

사람 얼굴에 새의 몸을 지닌 천추지상(千秋之象)은 앞에서 언급한 다른 벽면에 그려진

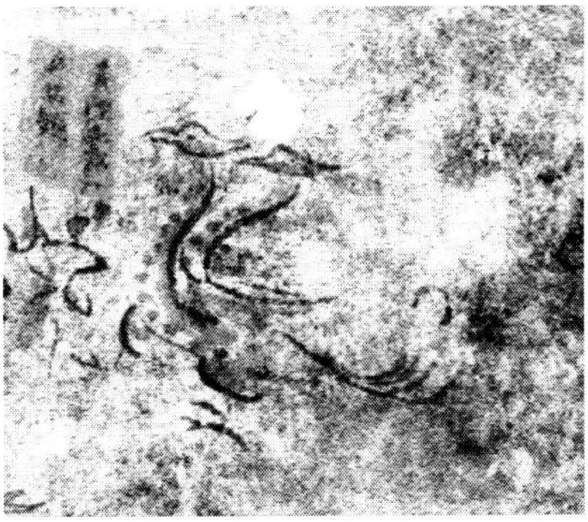

청양지조(靑陽之鳥)

양수지조(陽燧之鳥)

두꺼비

천추지상(千秋之象)

만세지상(萬世之象)

깃발을 들고 날아다니는 신선

다른 반인반수의 형상들과 비슷하다. 녹색의 날개와 긴 꼬리 깃을 가진 이 하이브리드 동물은 천 년 동안 영원한 삶을 유지하려는 인간의 소망을 담은 것이다. 삼산관(三山冠) 형태의 모자를 머리에 쓴 것은 다음에 언급할 만세지상의 형상과도 동일하다. 긴 모자는 신선들이 즐겨 썼던 것인데, 이는 천상의 존재로서의 존귀함과 관련된다. 만세지상(萬世之象)은 만 년 동안 영원한 삶을 지속시키려는 염원을 담은 반인반수의 동물이다. 천추지상이 하늘을 비상하는 새의 형상이라면 만세지상은 구름 위에 내려앉은 듯한 형상을 하고 있고 새보다는 두 발 가진 동물의 형상에 가깝게 묘사되었다.

특히 동쪽 벽에는 깃발을 들고 날아다니는 신선과, 쟁반에 음식을 들고 날아가는 옥녀의 도상이 눈에 띈다. 옥녀가 여자 신선을 가리키는 반면 남자 신선은 '선인(仙人)이라고 하는데, 선인은 왼 손에는 깃발(幡)을 다른 오른 손에는 당(幢)을 들고 있다. 천상과 지상을 연결하는 교신자 역할을 뜻한다고 한다. 서양 신화에서 전신자이자 교통의 역할을 하는 헤르메스와 유사하다. 우아하면서도 순수한 얼굴이 신선이기보다는 친근한 이웃 같은 느낌을 준다. 신화적인 인물들은 하늘을 날고 천상과 지상을 자유롭게 오가는 능력을 가졌지만 그 형상이 이 현세적 인간의 모습과 다르지 않다. 그들은 신의 임무를 대신 수행하기는 하지만 마치 놀면서 유희하면서 그 임무를 즐기는 신의 놀이꾼들, 광대들을 닮았다. 그런 점에서 그들은 현대의 놀이꾼들의 선조라 부를 수 있을지 모르겠다.

쟁반에 음식을 들고 날아가는 옥녀

선인(仙人)

고구려인들의 고분 벽화는 영원한 삶을 살고자 했던 그들의 생사관을 반영한다. 그들은 하늘을 망자의 집(고분)에 재연함으로써 지상에서의 삶을 천상에서의 삶과 동일한 지평 위에 놓고자 했다. 무덤이 삶의 공간이라는 점은 가슴과 밥그릇의 동형성에서 이미 충분히 설명되었다. 그러니 '죽어도 죽은 것이 아니다.' 천상의 삶을 끌어들임으로써 일종의 천상적 낙원의 꿈을 죽은 뒤 실현하고자 했던 것이다. 우주 재생론이나 종말론, 유토피아 천년주의 운동 등은 유사한 맥락으로 천상적 삶의 회복을 주장하고 있다. 고구려 고분 벽화가 재현한 하늘 공원 역시 영원한 삶을 꿈꾼 인간들의 유토피아가 아닐 수 없다.

브뢰겔이 꿈꾼 천년 지복의 지상 세계

현대 세계의 구원자는 왕이나 영웅이 아니라 정치 지도자들이다. 이것은 일종의 세속화된 우주 갱신론이다. 이 같은 현대적 우주 갱신론의 믿음은 정신적인 측면과 육체적이고 물리적인 측면 양 쪽에 걸쳐있다. 전자는 우주 갱신론의 믿음을 통해 고대로부터 이어져 온 정신사적 믿음의 흐름을 현대가 어떻게든 잇고 있다는 것을 보여주며, 후자는 노동하지 않고도 풍족하게 먹을 수 있는 경제적인 자립과 분배에 대한 정치 지도자의 능력에 대한 기대 등으로 나타난다.

16세기에 살았던 네덜란드 화가 브뢰겔(Pieter Bruegel)의 그림에서 우리는 세계의 구원 혹은 종말론적인 메시지를 확인할 수 있다. 그의 그림에는 풍부한 식량과 노동력의 소멸, 휴식과 안녕을 통한 절대적인 자유의 확보와 같은 일반 서민들의 바람이 들어있다. 돈과 금은보화와 온갖 종류의 달콤하고 맛스런 음식들이 주변에 지천으로 널려있는 지상 천국의 세계는 당시 사람들이 꿈꾸었던 최상의 삶의 조건이 실현된 세상의 이미지였다. 촉촉이 내리는 빗물은 꿀물이고, 탐스런 눈송이는 설탕과 건포도와 호두과자이며, 솔방울은 꿀과자, 전나무에 열린 것은 젤리, 자작나무에 매달린 것은 아이스크림이다. 단풍나무의 붕어빵, 우유와 팥죽이 넘쳐나는 샘, 그러니 숟가락만 챙긴다면 먹는 것 걱정은 결코 하지 않아도 되는 것이다. 그뿐인가. 낮잠을 자도 밤잠을 자도 돈이 들어왔다.[요켈: 22~25] 게으름뱅이로 살면서도 돈 걱정, 먹는 걱정 하지 않아도 되는 세상은 16세기 사람들이 꿈꾸었던 천년지복의 이상향이었던 것이다. 그래서 브뢰

브뤼겔, 〈사육제와 사순절의 싸움〉(1559)

겔의 그림에는 사육제와 사순절이 함께 있으며, 배고픔과 빈곤과 구속으로부터 해방된 농부들의 절대적인 휴식의 공간이 자리하고 있다.

브뤼겔은 이 광채 나는 축제의 한 순간을 여러 편의 그림을 통해 기록하고 있다. 유명한 〈사육제와 사순절의 싸움〉(이하 〈싸움〉)을 펼쳐보자. 이 그림은 브뤼겔이 1559년에 그린 것으로 현재 오스트리아 빈에 있는 자연사 박물관에 보존되어 있다. 이 그림에서 눈에 띄는 것은 사육제와 사순절의 대립, 교회와 시장의 대립, 성스러운 것과 세속적인 것의 대립, 축제와 일상의 대립, 장엄한 것과 천한 것의 대립 등이다. 그러나 이 '대립'은 대립이라기보다는 일상에서 축제로 넘어가는 한 찰나적 순간을 하나의 장면화로 보여준 것이어서 엄밀한 의미의 '대립'이라고 보기 어렵다. 일상이 축제가 되는 그 순간 모든 대립의 쌍은 무너지고 기존의 가치 체계 및 계열들은 전복된다.

하나의 극한은 자기의 좁은 문을 열어 자기의 몸보다 더 넓고 거대한 다른 극한(타자)에 길을 내려준다. 니체는 남성들의 부드러운 움직임은 여자들에게 다른 길을 열어준다고 쓴다. 그래서 '영웅 주변에서는 모든 것이 비극이 되고 반신 주위에서는 모든 것이 풍자가 된다. 그리고 신 주위에서는 모든 것이 속세가 된다'고 말할 수 있다는 것이다. 인간은 자신의 타자들과 이웃하여 살 수밖에 없다. 일상적으로 자아와 타자의 삶은 '차이'를 내포할 수밖에 없고, 그래서 갈등은 필연적이며 폭력, 테러, 전쟁 또한 피하기 어렵다. 그렇다면 한 공동체는 언제나 이 같은 갈등과 대립 때문에 결국 절멸할 수밖에 없을 터이다.

중세의 사람들이 이를 피하고 그 공동체를 지속시키는 방법의 하나로 생각한 것이 바로 '축제'였다. 중세는 알려진 것과는 달리 그 자체로 삶을 보다 높은 차원으로 고양시키는 축제의 시스템을 가지고 있었던 것이다. '암흑기'로 각인된 중세의 이미지는 후대 역사가들에 의해서 지나치게 과장된 허구의 시간이 아닐까. 지적 마조히즘이 표출된 역사의 재구성 말이다. 중세를 암흑기라는 하나의 통일된 역사적 시간으로 보는 것은 픽션에 지나지 않으며 오히려 르네상스의 정신적 업적보다 더 큰 것이었다고 말하는 하우저의 견해를 참조할 수 있다.[하우저: 143]

〈싸움〉을 좀 더 자세히 들여다보자.

지저분한 시장 터에 흥겨운 축제가 벌어지고 있다. 악기를 연주하는 사람, 손을 잡고 원무를 추는 사람들, 이 난장을 구경하느라 창문에 머리를 내고 있는 사람들, 팽이돌리기를 하는 아이들, 무엇인가 흥겹고 생명력이 넘치는 장면이다. 가장 먼저 눈에 띄는 것은 음식을 장만하는 사람들, 무엇인가 먹을 것을 위해 동분서주하는 사람들의 모습이다. 음식들을 거의 가공되지 않은 상태로 팔리고 조리되는 듯하다. 식탁 위에 놓인 빵은 밀로 만들어진 단순한 모양으로 소박하다. 몇 마리 생선을 난전에 펴놓은 아낙도 보이고, 제법 큰 물고기를 바구니에 담아 두고 우물물을 긷는 아낙도 보인다. 아마 저 날것의 음식을 조리할 작정일 것이다. 앉은뱅이, 불구자들도 이 날은 장바닥에 나와 위를 깨끗하게 비우는 날이다. 그 당시만 해도 불구로 살아간다는 것은 얼마나 불편하고 가혹은 운명을 스스로 짊어지지 않으면 안 되는 것이었겠는가. 그런 앉은뱅이, 불구자들에게도 사육제는 마음껏 음식을 먹고 불편한 육체로 거리에 나뒹굴 수 있는 시간이 아니었을까. 그러니 축제는 만인이 벌이는 공동의 원무 아니고 무엇이겠는가.

우리의 시선을 붙잡는 또 다른 장면은 시장통에 무수히 널브러져 있는 술통이다. 술에 취해 술통에 엎어져 있는 자는 일상의 고단한 노동으로부터 잠깐만이라도 벗어나 육체를 달래고 있는지도 모르겠다. 이 그림의 한가운데를 차지하는 뚱보 남자의 포즈는 희극적이고 풍자적이다. 바흐찐 말대로 한다면, '피카레스크식(Picaresque)' 풍자의 기법을 보여준다. 그는 술통을 타고 교회를 향해 진군하는 듯 보인다. 그 앞에는 단식 때문인지 빼빼마른 할머니가 수레를 타고 돌아오고 있다. 할머니는 청어를 나무로 만든 삽 위에 얹어 이 뚱보에게 내민다. 단식 기간에는 기름진 육류는 먹을 수 없는 것이다. 하지만 이 자는 별로 관심이 없는 듯 보인다. 과도하게 부어 마신 술 때문에 도취된 그의 눈은 반쯤 감겨져 있고, 술통을 미는 '졸병'처럼 보이는 남자 역시 정말 밀 생각은 별로 없는 듯하다. 교회의 권유와 설득과 계율을 이들은 별로 신통찮게 생각할 것이다.

그러니 그의 허리에 찬 식도는 얼마나 멋진 사육제의 무기인가. 사육제 기간에는 특별히 작정을 하지 않고도 마음에 드는 음식이 있으면 허리춤에 찼던 칼로 쓰윽 베어 먹을 것이다. 이것이 가난한 자들, 음식이 곤궁한 자들, 내일이면 주거지조차 주인에게 반환해야할 운명에 처한 '하급의 존재들'이 살아나가는 고도의 생존방법인 것이다. 축제는 그래서 저마다 자신의 춤을 출 자유와 권리를 가진다. 어떤 관습이나 법률이나 신분상의 제약도 없이 민중들은 자신의 축제의 면사포를 디오니소스 신전에 휘날린다. 스스로 주신(酒神)이 되고 스스로 축제의 집행자가 됨으로써 그 간의 모든 일상의 고통, 궁핍함, 허기, 고된 노동, 울분, 분노, 구속 등으로부터 벗어난다.

이 뚱보는 이 사육제의 그림 속에서 가장 디오니소스적인 '우주예술가'로서 존재한다. 그의 방종함과 퇴폐성은 곤궁과 결핍의 모든 자의적인 경계를 무너뜨린다. 서양의 바빌론의 축제에서 노예가 주인을 다스리고, 사형을 목전에 둔 범죄자가 왕이 되는 것처럼, 이 뚱보는 사육제의 왕이 되어 스스로 디오니소스 제전의 주재자가 된다. 축제는 일상의 전복이자 일상의 지속을 위한 찰나적인 단절의 유토피아이다. 끊임없이 신에 대한 외경과 공포로 발효된 포도주 통에 바람을 쐐주지 않으면 포도주 통이 터져버리듯이, 어떤 특정한 날만큼은 포도주가 상하지 않도록 구멍을 열고 바람을 통하게 해 줄 필요가 있다는 것이다.[바흐찐: 128]

카니발적 세계 속에서 인간은 마치 새롭고 순수한 인간적 관계들을 위해 재탄생하게 된다. 소외가 일시적으로 사라져 버리는 것이다. 진정한 인간관계는 신분, 위계질서, 성과 속의 구분과 같은 추상적인 관계들 속에 놓이는 것이 아니라 물질적이고 감각적인 접촉 속에서 실제로 실현되고 체험되고 있었던 것이다.[바흐찐:33] 인간들 사이의 위계 관계가 전복되면 일상생활에서는 그동안 불가했던 의사소통이 독특한 형식으로 카니발 광장에서 생겨나게 된다. 이른바 '광장의 언어와 광장의 제스처'가 그것이다. 이것은 꾸밈없고 자의적이며 사람들 사이의 어떤 거리감도 느낄 수 없게 한다. 그동안 구속되고 억압되었던 인간의 욕망은 풀어헤쳐지며 영혼 또한 그 숭고한 자유로움을 얻는다.

'축제'의 민중적 형식들은 민중의 유토피아적인 이상을 담고 있다. 보다 나은 미래, 보다 공평한 사회 경제 제도, 새로운 진실을 갈구하는 민중들의 희망이 깔려 있는 것이다. 이는 니체가 말하는 디오니소스제의 축제적 이상과 상통하는 것이다. 로마의 사티로스 축제가 사티로스제의 황금시대로 복귀하는 것을 상연하는 것처럼 축제에 나타난 민중적인 웃음은 물질적 풍요, 평등, 자유와 같은 보다 나은 미래, 보다 나은 사회를 응시하고 있다.[바흐찐:136] 축제의 언어는 비속어, 구어이며, 축제의 장소는 광장이며, 축제의 물질적 육체적 하부 구조는 음식과 성이다. 광장, 구어, 음식, 성은 축제의 중요한 물질적 형식들이다. 브뢰겔의 그림에서 음식과 성의 향연을 위한 춤을 목격하는 것은 그래서 어렵지 않다.

브뢰겔은 음식 관련 그림을 많이 그렸는데, 이는 육체의 풍요롭고 즙이 넘치는 향연을 상징하는 것이다. 〈싸움〉에서도 보듯 당시 음식들은 별 요리법이나 치장을 하지 않았다. 원 재료의 형태와 색이 거의 그대로 살아있다. 요즘 말로 하면 '웰빙' 음식이 아닐 수 없다. 그러니 특별히 음식을 먹기 위한 식사 도구가 필요치 않았다.[요켈:42] 포크를 써서 먹을 정도로 정교하게 요리된 음식이 없었다는 것이다. 그래서 브뢰겔의 그림 속에서 음식은 투박하고 친근하다. 날것 그대로 매대에 올려진 생선, 꼬챙이에 엮여있는 소

(위) 피터브뢰겔, 동판화 〈기름진 부엌〉, 1563
(아래) 피터브뢰겔, 동판화 〈가난한 부엌〉, 1563
우주갱신론의 믿음을 축제적 형식으로 재구성한 민중들의 이상이 담겨있다.

머리고기, 소시지와 고기 덩어리가 화려한 레시피도 없이, 향취도 가미되지 않은 채 널려있다. 이 장면이 친숙한 것은 우리의 경우도 전통 축제나 기념일에 간단한 상을 차리고 '고사(告祀)'를 지내는 경험이 있기 때문일 것이다. 돼지 머리를 통째로 놓고 무사와 행운을 비는 것은 전통 축제에서 흔히 보았던 풍경이다.

브뢰겔은 1563년에 두 개의 동판화를 남기고 있다. 〈가난한 부엌〉과 〈기름진 부엌〉이다. 브뢰겔의 이 두 판화는 대조적인 장면을 그리고 있다. 풍요가 지나쳐 비만해진 식탁은 그들의 육체에 그대로 투영된다. 여기서는 개들도 호사를 누린다. 하지만 그들의 잉여 음식은 거지에게는 결코 돌아가는 법이 없다. 거지는 이 부자들의 식탁에서 쫓겨난다. 가난한 자들의 부엌에서는 헐벗고 굶주린 자들이 아귀다툼하듯 벌이는 빈곤의 식탁이 있다. 그들은 하나같이 굶주려 있다. 배고픔을 면하기 위해 그들은 딱딱한 빵이 든 광주리를 향해 악마구리처럼 달려든다. 가난한 자들에게 축제는 최소한 배고픔도 면하고 그래서 육체를 만족시키는 최후의 방법이자 생존의 향연이 될 수밖에 없었던 것이다.

먹고 마시는 육체적 하부 구조에 대한 관심은 16세기 동판화에도 나타난다. 도시의 귀족들은 방귀를 조심해야했지만 카니발적 민중들은 이를 자신의 육체적 쾌락을 위한 당연한 권리 행사로 생각했다.[요켈:71] 민중은 지식인들이 생각하는 것만큼 저열하거나 하등하지 않다. 진정한 사회주의자가 되기를 꿈꾸었던 잭 런던은, 지식인들의 과오는 민중들이 항상 계몽의 대상이자 경제적 차원에서 열등한 존재로 파악한다는 데 있다고 비판한다. 민중은 무조건 옹호되거나 무조건 선한 존재로서의 정체성을 가지고 있지 않다. 그들은 그들보다 나은 존재, 경제적으로 사회적으로 지위와 부와 명예를 가진 존재들로부터 보호받아야 할 존재이다. 브뤼겔의 〈싸움〉에서 '민중'은 보호받아야 할 존재라는 것, 삶의 유희와 긍정을 극한으로 밀고 나가는 존재가 아닐 수 없다. 비록 브뤼겔이 민중들을 계몽하기 위해 이 그림을 그렸다고 하더라도 말이다. 돈과 음식과 술이 화수분처럼 뿜어져 나오는 '게으름뱅이 천국'으로서의 지상의 천국은 일 년에 단 한번 사육제라는 축제 형식으로만 그들의 땅에 실현되었던 것이다. 그것은 우주 갱신론의 믿음을 당대적으로 재구성한 일종의 제의적 과정이었던 것이다.

고대도시 페스(Fez)와 축제의 한 순간

여름 휴가철이 시작되자마자 사람들은 여행 보따리를 꾸려 단숨에 서유럽, 터키, 이탈리아 등지의 지중해 등으로 가는 비행기에 오른다. 스페인을 향해 길을 떠나는 사람들도 그 틈에 끼어있다. 스페인으로 직접 가는 비행기가 없다면 네덜란드 암스테르담을 경유할 수도 있으며, 포르투갈 리스본 공항에 내려 모로코 등 북아프리카 고대 도시를 다녀올 수도 있다. 스페인, 모로코 등지를 거치는 한 보름여의 여행 일정은 일상이 집요하게 널려있는 한국으로의 귀환을 까맣게 잊게 만들기도 한다.

스페인의 프라도 미술관(Prado Museum) 방문은 설렘을 준다. 특히 프라도에서 피카소 탄생 125주년 특별 전시회가 열렸던 기억도 있느니만큼 프라도는 사람을 한층 끌어당기는 흡인력이 있다. 그런데 무엇보다 깊은 인상을 남기는 것은 프라도도, 피카소도 아니다. 스페인 내란을 배경으로 한 헤밍웨이의 소설을 원작으로 만든 영화 〈누구를 위하여 종은 울리나〉의 주요 무대인 스페인 북부 산악지역을 돌아보고 역사의 장엄함에 대한 숙고를 한 경험은 더더욱 아니다. 쾌속선으로 지브롤터 해협을 건너 한 시간이 채 안 돼 도착한 아프리카 북부에 위치한 모로코를 둘러보는 것이 무엇보다 가슴 뿌듯하게 만드는 일인 것이다. 항상 의도한 대로 삶은 움직이지 않는다. 말라르메의 말처럼 삶은 주사위 던지기 아닌가. 그래서 우연한 선택이 자신의 삶을 이끌고 가기도 한다. 그래서 삶은 모험으로 가득 차고, 우연한 동기에서 인간의 축제는 시작되며, 이 따분하기 그지없는 인생은 지루하다가도 강한 매혹을 선사하곤 한다.

기선의 맨 뒤쪽 갑판에 서서 장 자끄 아노의 〈연인〉의 마지막 장면을 떠올리며 무상하고 니힐리스틱한 타건과 아름다운 선율이 어우러진 쇼팽 왈츠 10번을 콧노래로 흥얼거려 본다면 그것은 한갓 호사일 따름이다. 이미 수확이 끝난 채 버려지듯 광활하게 던져져 있는 아틀라스 산맥의 치맛자락과 그 품에서 끝없이 펼쳐지던 여로의 풍광은 내면의 에너지를 가슴 벅차게 충동시키는 경이로운 경험이 아닐 수 없다. 이 경험은 페스의 여정에서 덤으로 얻는 기쁨이다.

아틀라스 산맥을 건너면 모로코의 고대 도시 페스(FEZ)가 나온다. 페스는 TV 여행 프로그램에서 이국적이고 신기한 모습의 메디나의 가죽 염색 공장으로 널리 소개된 곳이다. 이후 건축가들이나 도시계획 전문가들이 이 도시 건축에 매혹당하고 저마다 열광적인 찬사를 던지면서 이곳은 더욱 대중적인 여행지가 되었다. 그 이후 이곳 여행을 계획하고 있는 사람들에게는 더 없이 아름다운 동경의 공간으로 인식되고 있다.

그런데 페스는 정작 '신분이나 지위의 상하 구조가 없는, 벌집형 구조의 민주적인 도시 모형'도 아니고, '중세 찬란한 아랍 문화의 성지'도 아니다. 아니, 그보다는 인간과 자연, 인간과 동물이 하나가 되어 살아가는 고대적 삶의 모습, 원형적 삶의 근원을 간직한 곳이 바로 페스이다. 인간은 자연을 밀쳐 내거나 배척하지 않으며, 인간이 동물을 단지 이기의 수단으로서만 인식하지 않고 이웃하여 사는 삶, 바로 이 원형적 삶의 이미지가 충만한 곳이 페스인 것이다.

발을 뻗으면 머리와 발이 벽과 벽의 양 끝에 딱 달라붙은 꼭 그만큼의 방은 1, 2평의 작은 공간만 필요한 그들의 삶의 원형을 보여준다. 공간, 그렇다. 인간이 지상에서의 삶을 영위하는 대지이다. 그런데 그것은 과시하거나 물질적 부를 소유하는 장소가 아닌 것이다. 고양이와 닭과 한데 엉켜서 사는 삶이란 자연적이고 우주적인 삶의 고대적 원형에 다름 아닐 것이다. 별 장식적 요리법도 없고 별 화려한 레시피도 없는 요리들이 먼지 가득한 골목길 한편에서 손님을 기다리고 있다. 가게집과 가정집이 구분되지 않고, 별난 맛집과 그저 그런 식당의 구분이 없이 음식은 소박하게 매대에 올려있다. 페스의 사람들 마냥 이들의 영양과 에너지를 보충해주는 음식들 역시 투박하고 순결하기는 매한가지이다.

그들의 일상은 그렇게 노후한 듯 익숙한 듯 별 빛나는 광채 없이 그렇게 흘러가는 것이다. 그래서 고대도시 페스는 시간이 정지돼 있다고 말한다. 그러나 더 엄격하게는, 가장 고대적인 삶의 질서 속에 존재한다고 말해야 한다. 세계문화유산으로 지정된 이유는 바로 여기에 있었을 것이다. 그것은 문명인들의 향수를 자극하는 또 하나의 허위의식일 수도 있지만 원시 공동체 사회를 향한 인류의 원초적 욕망이 투사된 것일 수도 있다는 것이다.

페스의 거리는 겨우 사람 둘 정도 어깨를 맞부딪치며 지나갈 정도로 통행로가 좁다. 그들의 주요한 운송 수단은 당나귀다. 이제 당나귀가 실어 나르는 물건은 페스의 특산물인 가죽 제품이나 영내의 수공업제품이나 농수산물만은 아니다. 당나귀의 등에 실린 물건 중 일상 공업 제품은 대부분 중국산인 듯하다. 여기까지 값싼 중국 제품은 그 맹위를 떨치고 있다. 고대와 중세 중국 도자기가 이슬람 지역을 넘어 유럽까지 그 영향력을 발휘한 것을 생각하면 별로 놀랄 일은 아니다. 여기서도 고대와 중세는 현재는 이렇게 이어지고 있는 것이다.

페스의 당나귀는 매우 인상적이다. 당나귀는 그 무거운 짐을 지고 일상의 시간을 지속시켜나가는 '긍정'의 존재이다. 니체가 왜 당나귀는 긍정의 동물이자 염세주의적 존재로 그리고 있는가는 페스에 오면 상당히 리얼하게 실감할 수 있다. 그런 당나귀가 '긍정의 염세주의적 존재'로서 스스로의 속박을 벗어나는 것은 중세의 축제, '바보제'를 통해서이다. '바보제'는 중세 교회 주변에서 행해졌던 축제적 웃음의 가장 선명하고 순수한 표현들 가운데 하나이다. 이 중 가장 유명한 것은 '당나귀 축제'로, 이는 당나귀를 타고 마리아가 어린 예수와 함께 이집트로 도피했던 사건과 관계가 있다. 그런데 이 축제의 중심은 마리아도 예수도 아니고 당나귀와 당나귀의 울음소리인 'Hinham!'(힝!)이다.[바흐찐:132] 오늘날까지도 이것과 관련된 미사 경본이 남아 있는데, 미사 마지막에 가서 성직자가 일반적인 축성 대신에 당나귀 울음소리를 세 번 내면 신자들도 '아멘' 대신 세 번의 당나귀 울음소리로 답한다는 것이다. 바흐찐은 당나귀는 죽어가고 동시에 부활하는 물질, 육체의 하부의 가장 오래되고 생명력 있는 상징들 중의 하나라고 말한다. 아풀레이우스의 『황금 당나귀』에서 당나귀는 가장 비천한 존재로서 세속의 모든 악행과 고통을 감수하다 마지막에 가서 이시스 여신의 도움으로 구원 받는다.[아풀레이우스:393]

니체는 나(Ich)와 그렇다(Ja)와 아니다(Nein)를 딱 부러지게 말하지 못하는 민중들을 '나귀 같은 정신을 가진 존재'라고 비판하기도 하는데, 이는 나귀 울음소리를 나타내는 독일어 발음인 'I-A'와 'Ja'의 유사성에 착안한 것이다.[니체(b):236] 부정하지 못하고 오직 긍정만 하는 나귀의 존재성은 부정하는 힘인 사자로 변용됨으로써 자기 의지를 가진 강력한 존재가 된다.

전통적으로 서양에서 당나귀는 짐을 싣고 나르는 소중한 운송 수단이자 일상적 삶의 동료이다. 우리가 소에 대해 가지고 있는 친근감과 유사하게 당나귀는 일상적인 삶을 공유하는 가축이다. 괴테는 이탈리아 여행에서 당나귀를 친구로 삼아 생계도 얻고 축제도 즐기는 도시 떠돌이를 보고 깊은 인상을 받는다. 나폴리에서 괴테는 채소를 켜켜이 지고 나오는 당나귀를 보고 당나귀의 존재가 이들 민중들과 도시의 쓰레기를 치우는 자들의 필수품임을 절감한다. 이들 민중들은 도시의 부랑아들처럼 살아가기도 하지만 간혹 몇 명이 동업해 당나귀를 사고 대지주에게 밭 몇 마지기를 사서 대성공을 거두기도 한다. 이들은 물장사를 하기도 하는데, 이탈리아 사람들은 아무리 가난해도 레몬차 한잔은 꼭 사먹는다. 이들이 레몬차를 팔기 위해 당나귀 등에 얼음물통과 유리잔을 달고 다니는 모습과 갖가지 빵과 과자, 레몬, 과일 등을 바구니에 담아 들고 다니는 모습에서 괴테는 나라가 밤마다 미각의 대향연에 빠져드는 장관을 읽어낸다. 당나귀는 나폴리 민중들의 축제를 점화시키는 일등공신이었던 것이다.괴테:349

거세한 수탉을 싣고 가는 당나귀와 작은 오렌지들을 운반하는 당나귀들, 그리고 포장도로 위에 무더기로 잔뜩 쌓여있는 황금빛 열매들이 우리를 놀라게 했습니다. 그러나 다른 어떤 곳보다 아름다운 곳은 야채를 파는 상점과, 건포도, 무화과, 멜론 등을 파는 상점입니다. 야채와 과일들이 보기 좋게 진열되어 있어서 사람들의 눈과 마음을 즐겁게 해 줍니다.괴테:383

풍요로운 먹거리와, 오직 먹거리를 사기 위해 모여든 사람들로 북적거리는 소음으로 가득 찬 나폴리의 거리를 보고 괴테는 이곳이 인간의 오감을 즐겁게 하는 신의 축복이 내린 곳이 아닐까 생각한다. 이 장면은 짐승이 말을 하고 대지는 젖과 꿀이 흐르며 인간이 초자연적인 힘으로 마법적인 삶을 이끌어내는 디오니소스적인 축제의 우주와 멋지게 결합한다.

페스에서 우리는 언뜻 카오스적 우주의 본연의 장면을 만나게 되는 것이다. 이리저리 시장의 난전에서 짐을 싣고 고된 노역을 하는 당나귀는 축제를 통해 신성한 존재로 격상한다. 당나귀는 민중들의 이웃이며 그래서 축제적인 동물이다. 당나귀와 고양이와 개들과, 빈궁하되 스스로 빈궁함을 느끼지 못하는 인간들이 한 방에서 서로 껴안고 살아가는 모습은 근원적 상태의 '인간—동물'의 사티로스적 제의이며 디오니소스적인 축제의 한 모습이 아닐 수 없다. 페스의 사람들은 그래서 더 이상 예술가가 아니라 예술 그 자체이다.[니체:41] 일상의 삶에 지친 근대의 나그네들은 페스에서 근대적 인공 낙원에서 소외되고 억압된 자연이 자기의 잃어버린 탕아인 인간과 다시 화합하고 화해하는 순간을 목격하게 된다. 세계 각지에서 모여든 관광객들은 그래서 페스의 모습을 보고 도취된다.

사람들이 페스에서 보는 것은 지저분하고 악취 나는 골목과 빈궁하고 어쩌면 야만적이기까지 한 페스인의 모습이 아니다. 꽃과 꽃다발로 지붕을 엮고 멍에를 끼고 호랑이와 표범이 걸어가는 디오니소스의 수레에 탄 자유로움 가득한 인간의 모습이다. 거기서 베토벤의 〈환희의 송가〉를 떠올리는 것은 그래서 무례하지 않다. 거기서 니체는 마야인의 면사포를 쓰고 노래하고 춤추며 저 신비한 삶의 황홀경 속으로 뛰어 오르는 꿈을 꿀 것이다. 그래서 관광객들은 한없이 끊임없이 그 고대의 도시 페스의 미로를 황홀경 속에서 헤매고 다니는지도 모르겠다. 마치 근대의 병, 그 편집증적이고 신경증적인 것으로부터 영구히 벗어나고자 로마의 폐허를 뒤져 그라디바라는 구원의 여신을 찾은 독일 작가 얀센처럼 말이다.

민중들의 이 정체되고 노곤한 삶은 단 한순간 축제의 시간을 통해 승화된다. '태양과 죽음이 서로 마주보는 축제'의 한 순간은 원형의 시간이다. 단 몇 순간의 광채를 위해 여러 날들을 뿌리째 뽑아버리는 바로 그 축제의 순간을 위해 인간들은 오늘도 페스를 찾는가보다.

검은 문 밖에서, 엘 그레코(El Greco)의 자화상

스페인 마드리드(Madrid)의 남쪽 지역에 똘레도(Toledo)라는 곳이 있다. 이슬람교와 기독교, 유대교가 혼합된 종교적 문화 양식을 보여주는 중세의 아름다운 건축물들이 좁은 골목길을 따라 펼쳐져 있다. 여기 산토토메(Santo tome) 교회를 일부러 찾아가는 이유는 엘 그레코(El Greco)의 그 유명한 그림 〈오르가스 백작의 죽음〉(1586)을 보기 위해서다. 이 그림에 대해서는 많은 미술사가, 평론가들의 설명과 평가가 있어 그것을 참조하면 쉽게 그 그림을 이해할 수 있다. 이 그림에서 가장 인상적인 것은 엘 그레코의 장엄하고도 냉혹한 자기 부정의 얼굴이다.

엘 그레코, 〈오르가스 백작의 죽음〉(1586)
오르가스 백작의 죽음을 슬퍼하는 인물들과는 달리 무심한 표정으로 미래의 관객을 응시하는 듯한 그레코의 표정이 특징적이다.

그림 속에 화가의 얼굴을 재현해 놓는 방식은, 당시 다빈치나 미켈란젤로 등에게서도 자주 볼 수 있지만 이 그림 속에도 화가는 자신의 얼굴을 숨겨두고 있다. 다른 귀족들이 오르가스 백작의 죽음을 슬퍼하고 그의 승천을 경이롭게 바라보는 것과는 달리, 엘 그레코는 아주 무심한 표정으로 관객들을 정면으로 바라본다. 장례식에는 아무 관심이 없다는 듯 그의 얼굴은 무욕하고 무심한 표정을 하고 정면을 바라본다. 마치 앞줄에 세워 둔 자기 아들의 모습을 그린 것만으로도 이 그림의 영원성과 그의 아들의 미래를 보장받기에 충분하고, 그래서 더 이상 아무런 욕망을 가질 필요가 없다는 듯이 말이다. 그의 얼굴은 허기와 궁핍에 지쳐 마르고 건조하기 짝이 없다. 이 얼굴의 이미지를 우리는 이미 브뢰겔의 그림, 〈싸움〉에서 무수하게 보았다. 그러나 반대의 방향에서, 역설적인 방식으로 말이다.

중세의 축제는 성과 속, 교회와 시장의 대립을 한 순간 와해하고 이것의 자리바꿈을 통해 변화와 갱신의 새로운 욕구들을 사회 전체가 흡수하는 방향으로 기획된 것이다. 이 축제의 형식은 그 사회가 빅뱅으로 파열하지 않고 지속되기 위한 안전핀 같은 것이었다. 바흐찐은 중세의 축제는 두 개의 얼굴을 가진 야누스를 닮았다고 말한다. 교회의 공식적인 얼굴이 과거를 향해 있고 현존하는 제도를 신성시하며 승인하는 역할을 맡고 있다면, 민중·광장적인 얼굴은 미래를 응시하고 있으며 과거가 현재를 매장하는 것에 대해 미소를 보내고 있다는 것이다. 민중·광장의 얼굴은 축제의 형식으로, 교회의 부동성과 초시간성, 확립된 제도와 세계관의 불변성 등과 대립한다. 사회 역사적 차원에서도 민중·광장적 얼굴은 변화와 갱신의 요소를 강조한다. 공식적 얼굴을 한 교회의 권위는 축제를 거치면서 격하되어 속세로 던져지고, 이 '고상한 옛것'은 새로이 탄생(갱생)하는 것들을 위해 죽는다. 모든 고상한 것은 육체적 물질적 하부 구조로 내려와 지옥으로 던져지기 때문이다. 중세의 위계적 제도에 나타나 있는 부동성과 초시간성의 모든 위상적 이미지들은 이로써 전환되고 교체된다. 축제는 옛것과 새로운 것, 죽어가는 것과 탄생하는 것과 같은 두 가지 진리의 교체라는 뚜렷한 목적의식을 갖는다는 것이다.[바흐찐: 137]

엘 그레코, 〈베드로의 눈물〉(1605~1610)
베드로의 얼굴은 그레코의 내면 풍경을 신비하게 투영시키고 있다. 왼쪽 배경에는 어슴푸레한 여명과 함께 한 인간의 쓸쓸하고 적막한 뒷모습이 그려져 있다.

엘 그레코는 스스로 당대의 화풍을 뒤집는다. 엘 그레코가 그린 성자 베드로의 얼굴은 인간적이며 민중적이다. 베드로의 볼은 한없이 여위어 있고, 그는 한없이 인간적인 고뇌로 자신의 내면을 침묵하듯 들여다본다. 그 침묵 속에 얼마나 많은 인간의 말이 숨어 있었겠는가. 그는 장엄한 수사와 의례적인 공식 언어, 설교단에서 의례적으로 행해지는 공식적인 수사의 공허한 빈말을 하지 않고 광장의 언어, 민중의 언어로 말하는 것이다. 민중의 구어로 말이다. 그는 교회의 권위로 추방당하고 교회로부터 쫓겨남으로써 스스로 숭고한 예술가가 되기를 망설이지 않는다.

엘 그레코는 다빈치나 미켈란젤로보다 연배가 조금 아래인, 말하자면 후배격의 세대에 속한다. 그는 그리스 크레타 섬 출신으로 알려져 있고, 그래서 '그리스 사람'이란 뜻의 '엘 그레코'란 이름으로 톨레도 대성당의 화가가 되었다. 실제로 톨레도 대성당에는 그의 그림들이 많이 걸려 있다. 렘브란트나 벨라스케스와 같은, 다른 화가들의 그림과는 달리 대성당에 그려진 엘 그레코의 그림들은 아마추어들이 보아도 다른 화가들의 그림과는 분명히 다른 특징이 있다.

엘 그레코 그림의 인물들에서 우리는 신화적인 모티프나 성서적인 이미지를 재현한, 서양 중세화에서 주로 보게 되는 낯익은 이미지를 보는 것이 아니라 인간적인 얼굴들을 발견한다. 그 인물들은 대체로 메마른 얼굴과 허기진 듯한 육체를 하고 인간적인 슬픔과 고뇌에 깊이 잠겨 있다. 그것은 400년이 지난 지금 우리의 모습을 그대로 재현해 둔 것이라고 해도 별로 틀리지 않다는 느낌을 준다. 신화 속 인물들이 이러저러 할 것이라는 예상으로 성서의 인물들을 재현한 당대의 화풍과는 뚜렷하게 구분된다. 그는 당시 교회에 나가서 예배를 보고 일상적인 삶을 살아가는 인간들의 얼굴에서 성서의 인물을 재현해 낸다. 엘 그레코의 화풍은 당대의 전형화된 화풍과는 달랐고 그것이 엘 그레코가 톨레도 대성당에서 쫓겨난 이유가 되었을 것이다. 교회와 성직자들로부터 배척받고 결국은 성당에서 쫓겨난 엘 그레코는 산토토메 교회의 한 벽면을 장식하는 〈오르가스 백작의 장례식〉을 통해 400년을 훌쩍 뛰어 넘어 부활하게 된다.

엘 그레코의 얼굴은 예술가의 자기 의지가 새겨진 그림이다. 자신의 가슴 속에 장미꽃불과 같은 내면의 에너지를 장전한 이 화가는 삶의 궁핍과 일상의 사소한 일거리들을 넘어 예술가의 형형한 자기 불꽃의 에너지를 화폭에 발산한다. 마르고 건조한 그의 육체는 모든 살과 영양을 다 걸러내고 남은 한 줌의 뼈로 이루어져 있다. 그것은 극한으로 정화된 그의 영혼을 표상한다. 형형하게 타오르는 눈빛은 그 징표이다. 이 마르고 건조한 육체성에서 우리는 지극히 경건하고 엄숙한 한 인간의 종교성을 본다. 그는 교회가 민중들로부터 격리되고, 자체의 매너리즘에 빠져있는 형국에서 벗어나고자 했을 것이다. 그는 교회의 전통적 권위에 인간화된 얼굴을 입히고자 했을 것이다. 그것이 그로 하여금 예술가의 자의식을 발동시

〈오르가스 백작의 죽음〉의 부분
화가 자신의 얼굴을 남겨 놓았다. 바짝 마른 얼굴의 형상은 독창적이면서 전위적인 예술혼을 펼쳤던 자유인의 표상이다.

키게 된 계기가 되었을 것이다. 민중들의 문화를 교회가 흡수, 수용하고 전통에 귀속시키는 일을 점차 거부하게 되면서 교회는 이제 민중들로부터 스스로 격리된다. 엘 그레코는 그러한 교회의 권위와 화풍으로부터 스스로를 분리하고 자신의 철학을 굳건하게 한 줄 세웠던 것이다. 신성과 세속의 분리, 선과 악의 분리, 영혼과 육체의 분리, 천사와 악마의 분리라는 기독교 교의의 벽을 넘어 선 곳에 엘 그레코의 정신은 살아있는 것이다. 그는 기독교 성의(聖意)를 부정한 것이기 보다는 철저한 예술가적 자의식과 영혼의 자유로움으로 종교적 도그마를 뛰어 넘었던 것이다.

프라도 미술관 작은 액자에 걸려있는 엘 그레코의 자화상은 〈오르가스 백작의 장례식〉에 나오는 엘 그레코의 자화상을 그대로 복사한 것처럼 보인다. 왼쪽 손을 오른쪽 가슴에 대고 그 허기에 찬 바짝 마른 얼굴을 한 채 관객을 향해 두 눈을 응시하는 모습에서, 당대의 독창적이고 전위적인 예술을 펼치고자 했던 한 사내의 의지를 읽게 된다. 자화상에서 그가 형상화한 그의 육체는 그의 강고한 정신에서 자라난 것이며 그것은 다시 강고한 정신의 성채에 빛을 던지고 있다. 가난에 허기지고 일상의 삶에 지친 육체는 예술가적 영혼의 토양 위에서 그 일상적 허약함을 초극하고 있다. 평균적 감각을 가진 세상의 중심으로부터 격리된 이 영혼은 예술이라는 이 대지의 품에서 고독하고 차가운 내면을 달랠 수 있게 된 것이다. 메마르고 허약한 그의 육체는 날카롭고 단단한 그의 정신의 표상이다. 이 그림을 통해 그의 육체는 정신의 가장 높은 곳까지 끌어올려지며, 바로 그 순간 그는 자유롭고 즐거운 영혼의 축제를 즐길 수 있었으리라.

퀴담(Quidam), 천상의 놀이꾼의 실타래

신과 놀기

밧줄 타기는 서커스 공연에서 빠질 수 없는 공연 중의 하나다. 기예가들은 마치 놀이터에서 놀듯 공중에서 흔들거리며 줄을 가지고 논다. 밧줄 묘기에 얽힌 설화나 신화, 전설 등은 인도를 비롯해 중국, 네덜란드, 아일랜드 등 동서양을 가리지 않고 널리 퍼져 있는데 크게는 두 가지 맥락으로 분류된다. 하나는 밧줄을 통해 신체를 조각내고 부활하게 하는 것, 다른 하나는 밧줄을 통한 천상과 지상의 연결. 전자는 토막난 몸이 주술사에 의해 다시 부활하는 샤먼적 입문식을 의미하며, 후자는 아주 오래된 이야기들을 담고 있는 것으로 신과 인간 세계의 소통을 상징한다. 후자의 '밧줄'은 나무, 사다리, 활(화살), 다리, 계단, 바람 등의 이미지로 그 대상이 변주된다. 화살과 사다리가 같이 등장하는 사례로는 인도의 소라족을 들 수 있다. 내려오는 방향에서는 번개나 햇살, 빗줄기처럼 신의 권능을 의미하고, 올라가는 방향에서 화살은 수직성을 상징하는데 그것은 신과 가까이 가는 통로의 역할을 한다. 영혼이 태양에 갇힌 한 여성의 장례식에서 소라족 샤먼은 사다리를 만들기 위해 화살을 날리는데, 이는 여자의 영혼이 사다리를 타고 내려와 지하 세계에 있는 그녀의 죽은 친척들과 만나게 하는 행위로 여겨진다.비탭스키: 17

일본의 『고사기』에는 하늘과 땅 사이를 매개하는 것으로 활과 화살을 설정해 두기도 했는데 이는 사다리의 변형이다. 하늘의 아마테라스 오미

카미(天照大神)와 지상의 아메와카히코(天若日子)사이를 매개하는 것이다. 밧줄의 상징은 신화시대와 그 이후의 시대를 갈라놓는 한 축으로 기능한다. 신화시대에는 밧줄이 하늘과 땅을 연결해주고 있었기 때문에 천상의 신과의 대화가 용이했다. 신들은 땅으로 내려왔고 역시 하늘의 사람 역시 땅에서 임무를 마친 뒤에는 하늘로 올라갔다. 그러나 어떤 천재지변이 있고 하늘과 땅이 갈라진 뒤에는 영혼만이 하늘로 올라갈 수 있게 되고 인간은 유한한 존재가 된다. 이제는 신의 임무를 받거나 천상과 소통할 수 있는 사람만이 하늘로 올라갈 수 있게 되었는데, 그들이 바로 마술사나 샤먼 같은 특별하게 영적인 훈련이 되어 있는 사람들이다. 그 이후로 밧줄은 선택받은 사람들만이 가질 수 있는 특별한 도구가 된다. 현대 서커스단의 기예사들 역시 그러한 선택받은 사람들로 이 지상에 내려온 신의 놀이꾼들의 역할을 대신하는 것이다.

밧줄이 신과 소통하는 수단이라면 바람이나 태양, 공기 역시 신과 대화할 수 있는 매개물들이어서 밧줄과 동형적인 것이다. 모든 살아있는 것들의 혼의 움직임을 나타내는 또 하나는 밧줄과 동형성을 갖는 것은 바람이다. 바람은 보이지 않고 미세한 촉감의 흐느낌으로 은은히 감지된다는 점에서 비물질적인 대상이다. 그래서 바람은 인간 생명이나 근원적인 우주의 구조 혹은 우주 전체의 조화를 보여주기 위해 주로 사용된다. 바람은 생명의 숨결이며 영혼의 미세한 움직임을 실어 나른다. 암수 한 몸이면서 바람에 의해 수태된다고 알려진 독수리는 신과 소통하는 신성한 새로 간주된다. 밧줄과 끈의 이미지들은 어떤 높은 원칙에 따라 계획되거나 짜인 것임을 보여주는데 짜임이라는 말에서 씨실과 날실과 같은 어떤 직조의 개념이 떠올려진다. 날실과 씨실을 직조하는 거미는 세상을 짜는 신성한 존재이다. 신의 성스러운 기운을 받아 거미는 신의 계획에 따라 세상을 짠다. 거미의 줄은 우주의 근원물질이다. 음과 양, 검은 색과 흰색의 교차적 배열로 질서 있게 공간을 구획 짓는 체스판의 이미지들과 연결된다. 신의 계획과 의지에 따라 만들어진 체스판의 이미지는 근원 진리를 담은 한 권의 책과 다르지 않다. 우주의 중심에 있는 진리의 중심을 뜻하는 문자 알렙처럼 이 책은 존재의 중심에 있다. 그래서 체스판이 자리하고 있는 것은 여신의 가슴 한가운데이다. 그것은 태양이자 태양의 모상인 심장이기도 하다.

우주적인 밧줄이 바람과 연결되는 맥락은 은밀하고 미세하게 생명을 이어가는 영혼의 움직임을 떠올려보면 쉽게 이해된다. 숨결이 인간의 육체를 장악하고 세밀하게 생명을 나누듯 우주 전체를 바람이 장악하고 있다는 생각과 이어진다. 인도 힌두교 경전에는 인체의 모든 기관이 함께 모여 있을 수 있는 것은 숨결, 곧 아트만 덕분이라고 기록하고 있다. 숨결은 바람이며 생명의 근원인 아트만이며 메르쿠리우스인 것이다. 그러니 인간의 호흡이 끊어지는 것은 신체의 각 기관들을 연결해 주는 밧줄이 끊어진 것으로 이해할 수 있다. 신과의 소통이 불가능해지면서 신과 인간을 연결해 주는 것은 샤먼이나 마술사 등 특별히 초월적인 능력을 부여받는 존재들이다. 그들은 천상과 지상, 인간과 신 사이를 오르내리며 신의 말을 인간에게 전하고 인간의 소망을 신에게 아뢴다. 원시부족들에게 이 같은 행위는 치료의 수단으로 사용되기도 하는데, 이는 환자가 하늘의 기운을 얻고 새로운 존재가 되었음을 의미한다. 줄을 타고 하늘로 올라갔다가 내려오는 과정에서 몸이 찢어졌다가 다시 결합되었음을 보여주는 행위는 상징적인 죽음과 그것의 재생 과정을 설명한다. 밧줄 묘기는 우주적 존재로서의 신비 체험을 상징하는 것이다. 그래서 앞에서 말한 두 개의 밧줄 묘기의 상징성은 결국 연결되는 것이다.

사다리는 수직 상승이나 비상의 의미를 가지고 있어서 새의 날개와 대응되기도 한다. 천상으로 상승하는 존재는 불멸성을 갖는다. 순수한 수직 상승은 천상으로의 비상을 의미하는데 이는 모든 여행 중에서 가장 실재적이며 원초적인 자기 내면을 향한 여행이 된다. 사다리는 하늘을 오르는 '계단'과 조형적인 상동성을 갖는데, 이는 하나의 존재 방식에서 또 다른 하나의 존재 방식으로 이행할 수 있는 층위 단절을 형상화한 것이다.뒤랑(b):187 존재의 단절은 깨달음을 의미하며 이로써 인간은 불멸성을 얻는다. 작은 언덕이나 신석, 봉분 같은 경우도 하늘 숭배의 변형으로 설명되는데 '사다리'를 통해 비상함으로써 불멸성을 얻게 된다는 존재 각성의 맥락과 유사한 것이다.

퀴담, 태양신, 신들의 놀이꾼

여기서 우리는 현대 놀이꾼들이 즐기는 축제의 한 판을 구경하기로 한다. 대상은 태양의 서커스 바로 〈퀴담〉이다. 〈퀴담〉은 서양 현대 공연물의 하나지만, 그것은 동양과 서양, 현실과 꿈, 천상과 지상, 현재와 고대를 오르내리는 융화와 소통의 양식을 보여준다. 현대 일상의 삶을 배경으로 한 가족을 이루는 인물들의 이야기가 주를 이루고 있지만, 고대 서사의 스토리텔링을 현대적으로 각색하고 거기에 현대적인 음악과 테크놀로지를 결합해 재밌고 신비한 공연물로 탈바꿈시킨 것이다. 그 점에서 〈퀴담〉은 연금술적인 상상력의 힘이 있다.

〈퀴담〉 이미지 컷. '퀴담'이 '조에'에게 모자를 건네는 순간, 조에는 비로소 천상의 놀이꾼들과의 축제에 참여하게 된다.

〈퀴담〉의 핵심적인 모티프는 줄타기 묘기이다. 밧줄은 저 천상에서 내려와 지상을 이어준다. 천상에서 내려오는 밧줄은, 첫째는 지상과 천상을 이어주는 신의 놀이꾼들이 내려오는 통로로서의 의미를 갖는다. 그들은 줄을 타고 지상으로 내려온다. 지상에는 누가 있을까. 쓸쓸하고 적막한 한 가족이 있다. 아버지는 신문에 눈이 팔려 있다. 어머니는 의자에 앉아 하루 종일 내면의 고독을 반추한다. 라디오만이 그녀와 소통의 대화를 나눌 뿐이다. 소녀(Zoe)는 갈 곳이 없다. 놀이꾼들이 지상에 내려와 처음 만난 인간이 이 외롭고 고독한 소녀 조에이다. 그러니까 〈퀴담〉은 두 층위의 구조를 가진다. 천상의 논리와 지상의 논리. 천상은 유토피아 천국이지만 지상은 소외된 가족들이 사는 지옥의 악몽이다. 이 두 층위는 단절되어 있다. 천상의 놀이꾼들이 지상의 가족들의 삶에 개입하면서 지상의 세계는 변화를 겪게 된다. 천상과 지상은 이어지고 세계는 하나의 우주가 된다. 가족 구성원들이 이를 계기로 서로 조화의 하모니를 부르는 것은 이 공연의 당위적 결말이 된다. 고대 서사물의 기본 구조인 해피엔딩 구조이다.

인생의 의미를 풍요롭게 하고 철학적 발전을 이룬 '뉴 서커스'라는 세간의 평가는 〈퀴담〉의 서사적 맥락이나 표상 방식이 단순히 멋진 기예와 신디사이즈(synthesizer)와 현란한 조명과 같은 테크놀로지의 은혜를 입고 있기 때문만은 아님을 증언한다. 거기엔 인류 공통의 문화유산이 존재한다. 회전 바퀴, 밧줄 묘기, 외줄 타기, 아크로바틱, 디아블로 같은 서커스 특유의 묘기들은 전체 서사적 맥락과 긴밀하게 연결되어 있는데 이는 천상의 언어들을 표상한다. 이 '천상의 언어'는 이 공연이 비언술발화의 몸짓 중심의 공연임에도 불구하고 전체적인 메시지를 전달하는 데 거의 방해물이 되지 않는다. 원형성을 가진 도상들이며 몸짓들인 까닭이다. 누구나 다 직관적으로 이해할 수 있다는 뜻이다.

놀이꾼이 처음 등장하는 대목은 의미심장하다. 〈퀴담〉은 마치 세계가 혼돈에서 창조되듯 번개가 치면서 시작된다. 번개는 새로운 시간의 시작이다. 이 공연에서는 천상의 놀이꾼들이 지상으로 내려오고, 지상의 가족들이 이 천상의 세계로 진입하는 황홀하고 신비스런 시간의 시작을 상징한다. 번개는 물론 조명 장치를 통해 화려하고 스펙터클하게 펼쳐진다. 머리 부분이 없는 이 놀이꾼의 이름은 '퀴담(Quidam)'이다. '퀴담'은 라틴어로 '익명의 행인'을 뜻하는 말이라고 한다. 퀴담은 우산을 쓰고 나타난다. 그는 머리 부분이 없이 모자를 쓰고 있다. 이 모자 쓴 퀴담의 이미지는 우리가 이미 르네 마그리트의 〈중절모를 쓴 남자〉에게서 익히 보아왔던 것이다. 르네 마그리트 그림에서 이미 낯을 익혀둔 기시감이 있는 이 이미지 덕분에 우리는 이 퀴담이 이 지상의 세계가 아닌 낯선 곳에서 온 신비한 존재임을 추론적으로 이해한다.

모자는 조금 뒤에 소녀에게 상징적으로 옮겨진다. 그의 모자가 소녀에게 건네지는 순간, 소녀는 이 황홀한 상상의 놀이에 빠져들게 된다. 이 장면은 놀이꾼과 소녀가 처음 만나 내면적으로 소통하는 순간이기도 하다. 어릴 때 소꿉장난을 해본 경험은 이 순간을 잘 설명해 준다. 조셉 캠벨은 레오 프로베니우스의 경험을 예로 들어 이를 '신화적 경험' 혹은 '사로잡힘의 상태'라고 말한다.[캠벨:36~37] 캠벨은 심심해하던 네 살배기 어린 소녀가 성냥개비를 가지고 헨젤과 그레텔 놀이를 하다 점차 이 성냥개비가 마녀라고 인식하는 일화를 소개하고 있다. 하나의 관념은 감정의 차원에서 의식의 차원으로 이동하면서 이때 정서의 분출이 일어나게 되고 정신적 진행 과정을 완료한다는 것이다. 즉 처음 이 놀이를 할 때 성냥은 마녀가 아니었지만 점차 놀이를 하는 과정에서 성냥개비는 마녀가 된다. 감정적인 차원에 머물러 있던 이 같은 상태는 의식의 표면으로 올라오면서 실재화 된다. 따라서 성냥개비가 마녀가 되는 과정에서, 이 관념이 생성하는 차원은 감정의 차원이지만 이 관념이 실제로 존재하는 차원은 의식의 평면이라는 것이다.

중요한 것은 사로잡힘의 상태가 아니라 놀이의 즐거움, 곧 축제의 순간으로 진입하는 단계이다. 원시인들의 축제 가운데서도 신들의 존재는, 이들이 의식의 줄을 놓아버리고 전적으로 환영과 몽상에 몸을 맡겨버리는 과정에서 인지되는 것은 아니다. 오히려 이 같은 축제의 시간으로 진입하는 순간을 상징하는 바로 '~인 체'(as if) 하는 어떤 요소의 등장 속에서 인지된다는 것이다. 가면을 쓰고 밧줄을 타고 온 이 천상의 놀이꾼들과 소녀의 만남은 이 '~인 체'를 보여주는데, 이는 곧 축제의 시작, 놀이의 시작을 의미한다. 놀이는 천상의 시간과 지상의 시간의 소통이다.

신의 놀이꾼들은 가면을 쓰고 나타난다. 퀴담의 모자가 갖는 상징적 역할과 유사한 것이다. '가면'은 '마치～인 것처럼'의 법칙이 지배하는 놀이의 세계 곧 축제의 시간임을 날인하고 보증한다. 원시 제의에서 가면은 신의 도래를 증명하며 이로써 가면이 등장하는 시간은 모든 물리적이고 실증적인 시간과 법칙이 폐기되는 것임을 고지한다. 유럽의 사육제에 등장하는 익살꾼, 광대, 악마, 풀치넬라(Pulcinellas), 도깨비들은 금기에 개의치 않고 경계선을 부수뜨리는 혼돈과 무질서의 힘과 원리를 표상한다.[캠벨:312] 이들 인물상이 저열해 보이는 것은 후대의 사고의 산물이며 오히려 이들 인물들은 구석기 시대에는 인류에게 불이나 문명과 같은 위대한 선물을 가져와 인류를 가르쳤던 영웅의 원형이다.

익살꾼의 가면이나 분장은 그 초월적 존재의 보증이다. 원시인의 축제에서 가면은 참된 존재의 신화적 환영으로서 숭배되고 경험되며, 가면을 쓰고 있는 사람은 신 혹은 신적인 존재로 동일시된다. 신을 표상하는 것이 아니라 신 그 자체이다. 가면을 쓰고 있는 사람은 신의 역할을 하는 사람이 아니라 신 그 자체이며, 이때 신의 환영은 구경꾼과 행위자 사이에서 일체적으로 경험된다.[캠벨:36] 우스꽝스런 인물로 분장한 〈퀴담〉의 인물들은 천상과 지상의 경계를 부수면서 지상으로 내려와 천상의 질서와 힘을 지상에 부여함으로써 지상의 삶을 놀이와 유희의 천국으로 변환시키는 역할을 한다.

지상의 소녀가 놀이꾼 광대 존(John)에게 준 선물은 아빠의 구두이다. 유령은 발 없이 다닌다. 그러나 지상으로 내려와 지상의 삶을 살기 위해서는 신발이 필요하다. 이 신발은 극의 끝에서 존이 다시 천상으로 올라갈 때 소녀의 아버지에게 되돌려주게 된다. 천상의 이동은 수직이며 지상

〈퀴담〉 이미지 컷
천상으로 올라가기 직전, 퀴담은 소녀의 아버지에게 신발을 돌려준다. 지상에서의 그들의 임무가 끝났음을 암시한다.

의 이동은 수평이다. 아버지는 줄에 매달려 신문에 얼굴을 묻고 수평 이동을 한다. 천상의 놀이꾼들은 기괴한 얼굴을 하고 밧줄을 타고 천상에서 내려오기도 하지만 지하에서 구멍을 뚫고 튀어나오기도 한다. 천상의 신과 지상의 신은 밤과 낮의 신의 대응이다. 천상에는 아폴론이 살고 하데스는 지하를 관장한다. 그들은 각각 삶과 죽음을 관장하면서 원환적인 우주의 한 축을 구성한다. 이 같은 교환의 과정에서 비로소 지상의 축제가 펼쳐진다.

소녀는 점점 천상의 신들의 놀이꾼들이 주도하는 놀이에 동화된다. 극의 말미 무렵에는 소녀뿐만 아니라 소녀의 엄마, 아빠도 같이 이 놀이꾼들의 놀이에 참여하게 된다. 신명, 황홀감, 환희, 조화, 생성, 즐거움 같은 심혼의 유희가 생겨난다. 놀이와 세속적 일상의 세계는 다른 것이 아니다. 하지만 일상의 세계를 끊고 오직 이 놀이의 세계 속에서 삶을 영속하는 것은 불가능하다. 이 일상의 세계가 타락하고 순수성을 잃었다고 해서

이 세상과 연을 끊고 저 천상의 세계 속에서 도피의 삶을 살 수는 없기 때문이다. 우리는 이 같이 춤추고 노래하고 즐기는 정신의 놀이터로서의 지상의 삶을 한순간 망각하고 살았을 뿐이다. 〈퀴담〉은 그러한 신들의 세속 세계로의 진입과 신적인 놀이의 즐거움을 두 세계의 교환과 소통을 의미하는 상징 기제들을 통해 보여준다. 가면, 밧줄, 줄넘기 같은 작은 소도구들은 원형적 표상들이다. 〈퀴담〉의 아름다운 장면 중의 하나는 모든 공연자들이 같이 줄넘기를 하는 대목이다. 천상의 인간과 지상의 인간은 함께 동화되어 원환적인 세계의 수레바퀴에 몸을 굴린다. 그들은 함께 놀이함으로써 원환적인 세계를 구현한다. 구두와 모자의 교환은 이를 상징적으로 보여준다.

망원경은 하늘을 보는 만화경의 판타지이다. 광대들이 가지고 노는 망원경의 모티프는 장 콕토의 어린 아이들의 세계, 인류의 유년 시절, 천상과 하늘이 맞닿아 있었던 원형 세계에 대한 암시처럼 보이기도 한다. 인간의 꿈은 궁극적으로 하늘을 향한다. '낭만적 비행'의 아름다운 서사들이 우리 주변에는 얼마나 널리 깔려있는가. 천상의 풍경을 보기 위해 만들어진 망원경은 천상이 신의 거주지가 아니라 '텅 비어있는 하늘'임을 과학적으로 분명하게 밝혀주는 듯 보였다. 인간은 무한 속도로 우주를 향해 질주할 뿐임을 아인슈타인은 산뜻한 공식을 통해 도출해 내지 않았는가. 이 과학 실증주의 시대의 하늘이 갖는 대낮의 이미지는 다시 천상의 밤을 꿈꾸었던 장 콕토(Jean Cocteau) 같은 인물에 의해 뒤집혀진다. 장 콕토는 망원경을 하나 들고 나와 천상의 이미지를 그린다. 천상에는 신과 그의 사도인 착한 천사가 살지 않는다. 천사는 지상으로 추락해 지상의 인간들과 같이 논다. 〈퀴담〉에서 망원경을 들고 있는 광대들은 그러한 '추락한 천사들'인데, 이 천사들은 인간들을 천상의 삶 속으로, 축제의 삶 속으로 한 순간 이끌어준다. 장 콕토의 이미지는 우리들의 무의식에 자리 잡고 있는 신화의 원형성을 제시하면서 억압되어있던 판타지를 휘저어 우리들을 열정으로 가득 차게 했던 것이다.

장 콕토의 영화 〈미녀와 야수〉에서 괴물은 결국 미인이 된다. 장 콕토의 영화로서는 보기 드물게 해피엔딩으로 끝을 맺는다. 그것은 이 괴물이 '자아의 지식(Self-Knowledge)'을 가지고 있기 때문이다. 자기의 지식은 결국 자기의 본성과 그림자를 이해하는 것이다. '자아를 아는 것'은 도덕적으로 고귀한 가치를 갖는 것이어서 괴물이 나중에 육체적으로 미인이 되는 것은 전혀 이상하지 않다. 실재의 미는 도덕적 미며, 도덕적 미는 자기의 지식이다.[Oxenhandler: 15~18] 〈퀴담〉은 그렇게 우리에게 자신으로 돌아가라고 말한다. 하늘은 자신의 반자아이자 그림자이다. 이때 '반'은 의식의 반대라는 의미의 '反'이기도 하며, 총체적 인간형의 반쪽이라는 의미에서 '半'의 의미를 동시에 갖는다. 하늘은 잃어버렸거나 잊고 있었던 인류 최초의 고향이다. 〈퀴담〉에서는 전자 매체가 만들어낸 인공의 빛으로 가득 찬 우주 공간이 '아득한 고향'을 역설적으로 증명하면서 우리의 머리 위에서 깜박이기는 하지만 말이다. 이 지상의 대지에서 천상의 세계는 판타지 속에서만 실현된다. 그런 유년 시절로 복귀함으로써 인간은 궁극적인 행복을 찾을 수 있지만, 헤라클레이토스의 강물 모양 인간은 두 번 다시 그 유년의 강물에 손을 담글 수는 없는 것이다. 광대들이 우리를 찾아오는 꿈같은 사건이 일어나기 전에는 말이다. 〈퀴담〉을 보면서 우리는 그러한 기이하고 신비한 세계로 복귀한다. 그러면서 우리 자신의 잃어버린 영원한 고향, 원형의 세계를 확인한다.

〈퀴담〉은 천상과 지상의 삶을 따분하고 지루하게 보여주는 법이 없다. 천상의 이미지를 극적으로 구현할 수 있었던 것은 현대 테크놀로지의 힘이다. 천상은 현대적으로 변형되고 각색되어 '퀴담'의 하늘을 아름답게 수놓으며, 태양은 천상에만 있는 것이 아니고 부분 조명을 통해 지상과 천상을 빠르게 이동하면서 구현된다. 흰색과 푸른색이 주는 신비한 빛은 천상의 에너지이며 천상의 천국이 지상에도 구현되고 있음을 상징한다. 라이브(live) 음악의 생생한 울림은 지금 우리가 보는 세계가 꿈이 아니라 실재임을 분명하게 증명하고 경쾌하게 공연장을 채운다. 천상과 지상의 대화, 동양과 서양, 고대와 현대의 교차, 객석을 메운 관중과 공연자들의 대화, 원형적 상징과 현대 테크놀로지의 소통이 〈퀴담〉의 성공을 이끈다. 단박에 전 지구인을 〈퀴담〉이라는 축제의 장 속으로 불러들인 힘의 중심에 원형 상징에 대한 철학이 존재해 있다.

〈퀴담〉은 누구나 어디서나 가장 즐길 수 있지만 이제는 너무나 낡아버려 마치 쓸모없게 된 구태적인 기예물을 아름답고 화려하면서도 신비스런 현대인의 애호품으로 만들어 놓았다. 천상은 모든 이들의 궁극적인 로망이다. 원형적인 것이기에 그것은 누구에게나 소통의 손을 내민다. 〈퀴담〉은 고답적이고 난해한 원형 상징의 아이템들을 현대적으로 조명해 부가가치를 극적으로 고도화시켜 고급한 문화 상품으로 재탄생된 것이다.

천상에 대한 낭만적 동경과 원형적 무의식의 아득한 품은 〈퀴담〉은 공연 시간 내내 저 멀고 아득한 천상의 우주로 우리를 데려간다. 세속적인 지상의 이 지루하고 따분한 삶은 신의 놀이꾼의 등장으로 순식간에 마법과 환상이 가득한 세계가 된다. 그들이 가면을 쓰고, '~인 체' 하는 순간 우리는 이미 신과 만난 것이다. 〈퀴담〉은 원형 상징의 기본 테마를 중심으로 영혼의 노래를 들려준다. 이 무의식적이고 심층적인 층위에 있는 이 노래는 일종의 원초적 경험이 된다. 신비하고 낭만적인 퀴담의 여행은 고대적 철학의 한가운데를 관통하면서 현대인들의 갈라지고 거칠어진 마음을 위무한다. 그것이 〈퀴담〉이 이룬 경이로운 성공의 배경이다.

아틀란티스 혹은 파충류 인류(Reptilian human)의 꿈

우리는 이제 바다로 돌아가야 한다. 〈아바타(Avatar)〉로 전 세계의 독자들을 사로잡은 제임스 카메룬(James Cameron)은 자신이 다음에 만들 영화의 배경은 '바다'가 될 것이라 선언한다. 바다! 그것은 아틀란티스(Atlantis)의 흔적을 찾아가는 인류의 오랜 꿈이자 고향이다. 아틀란티스를 꿈꾼 자는 또 있다. 그는 패션계의 이단아로 2010년 40세로 삶을 마감한 영국 출신 디자이너 알렉산더 맥퀸(Alexander Mcquin)이다.

런던 시내에 오이(Gherkin) 빌딩이 있다. 판타지적인 느낌의 현대적인 빌딩이다. 고전적인 빅토리아 시대의 건물들 사이에서 이 기묘한 현대 건축물은 오히려 이방인인 듯한 느낌을 준다. 의상 건축가(architecture)라고도 불리는 맥퀸이 좋아했던 건축물이다.

영국 가디안(Guardian) 지가 전한 기사를 보면, 맥퀸이 저녁 식사에 초대하고 싶은 인물은 엘리자베스 1세(1588~1603)이다. 그녀가 아나키스트이기 때문이라는 것이다. 그녀는 영화 〈앤 공주〉를 통해 익숙한 앤 불린과 헨리 8세 사이에 태어난 둘째 딸로 정치적 폭풍의 한 가운에서 어릴 때부터 세상의 이치를 다 아는 듯이 의젓했다고 역사서는 전한다. 그는 어머니의 비극적 죽음과 폭풍 같은 정치의 소용돌이 속에서 어릴 때부터 햇필드의 별궁에서 외롭고 고독하게 살았다. 하지만 영국 국교의 전통을 확립하고 전성기 영국의 영화를 재연함으로써 '훌륭한 여왕 베스'라는 애칭으로 불리게 된다. 패션 계의 이단아로 이름을 올린 맥퀸과 동류적인 느낌이 나지 않는가?

'전위적, 실험적, 도전적'이라는 수식어는 맥퀸의 이름 앞에 항상 따라다니는 수식어들, 팔로우어들이다. 그의 패션은, 전 지구적 글로벌화화 민족적 에스니시즘(ethnicism)과의 결합, 성의 탈경계적 시선과 장르의 혼합, 과거의 것과 현대적인 요소들과의 혼합 등으로 요약된다. 특히 주목되는 것은 파충류적인 것과 인간적인 것의 하이브리드성이다. 맥퀸을 대표하는 상징이 돼 버린 것은 뱀이나 해골 문양이다. 특히 뱀은 파충류적인 힘을 표상한다. 그 힘은 인간 종족의 힘보다 우월하고 고귀하며 우아하고 강력하다. 맥퀸의 그 비싸고 독특한 옷을 사는 현대의 남성, 여성들은 어떤 이미지를 소유하고자 한다. 맥퀸의 옷을 소유함으로써 파충류적인 힘의 이미지, 우아하고 산뜻한 고급 계층의 이미지를 소유하는 것이다.

패션이나 보석 장식에 뱀 등의 파충류 동물이 중요한 모티프가 되는 배경은, 앞에서 언급한 '파충류적인 것의 신성함'이라는 원형 상징성과 관련되어 있다. 특히 귀족적이고 우아한 이미지를 내세워 전 세계 명품 보석 시장의 선두를 차지하고 있는 부쉐론(Boucheron), 반클리프 & 아펠(Van Cleef & Arpels), 샤넬(Chanel), 불가리(Bulgari) 같은 브랜드의 최고의 상품은 뱀과 같은 파충류 동물, '새－인간' 같은 혼종 동물을 모티프로 한 것이다. 사파이어를 물고 똬리를 틀고 있는 뱀 장식 모티프는 우로보로스 뱀의 형상을 상기시킨다. 브랜드들은 계보학적으로도 인도 황실의 영향을 받았다고 알

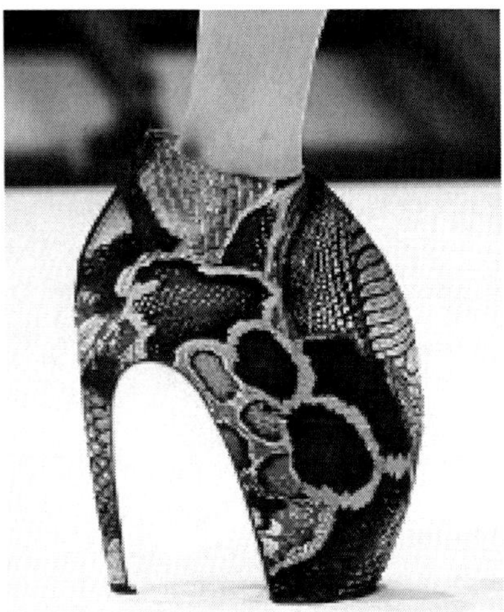

맥퀸의 패션소에서 선보인 파충류 문양의 구두
'뿔'과 '파충류 비늘'의 신성성과 하이브리트성이 표상된 것이다.

려져 있다. 동양적인 심성에 그 뿌리를 내재하고 있는 것이다. 아름다움과 관능을 표상하는 보석 장식에 뱀 형상이 응용되고 있다는 것은 보석 디자인에 내재해 있는 고대적 철학과 원형 이미지에 대한 인간의 오랜 공감을 설명해 준다. 이는 뱀을 흉측하고 징그러운 혐오의 동물, 악의 동물로 인지하는 근대적 사고로는 설명되지 않는다.

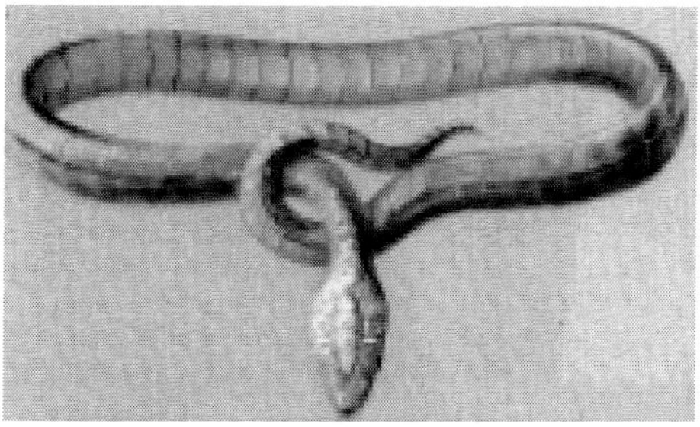

부쉐론의 뱀 모티프는 우로보로스 뱀의 형상을 하고 있다.

알렉산더 맥퀸의 마지막 패션쇼가 된 '2010 spring / summer collection'의 제목은 〈Plato's Atlantis〉이다. 왜 플라톤의 아틀란티스인가. 맥퀸의 시간 여행은 과거의 어디를 향하고 있는가. 그는 이 여행을 통해 우리에게 무엇을 말하고자 하는가.

맥퀸이 사랑했던 것을 열거해보자.

황금색 갑옷과 투구, 뱀 여신, 검은 혹은 붉은 입, 머리에 뿔을 단 여인들 혹은 일각수의 피조물들, 원시의 바다, 그리고 기묘한 전자 음향들과 기계 인간들 혹은 신의 피조물들, 하이브리드 형상들. 〈Plato's Atlantis〉라는 이름에는 맥퀸의 천재성과 견자적인 미래를 보는 능력과 예지가 축약돼 있다. 그의 영감은 현재의 세계를 위한 것이 아니라 이미 잃어버린 대륙인 아틀란티스를 향해 있다. 그가 즐겨 상징화 했던 뱀 형상은 기묘하고 신비하게 패션쇼의 중심을 차지한다. 거의 모든 의상들은 뱀과 관련된 것

인간의 몸과 새의 몸이 결합된 혼종 동물을 모티프로 한 보석 장식

〈Plato's Atlantis〉 이미지 컷 런웨이를 오르내리는 카메라. 테크놀로지화한 뱀의 형상.

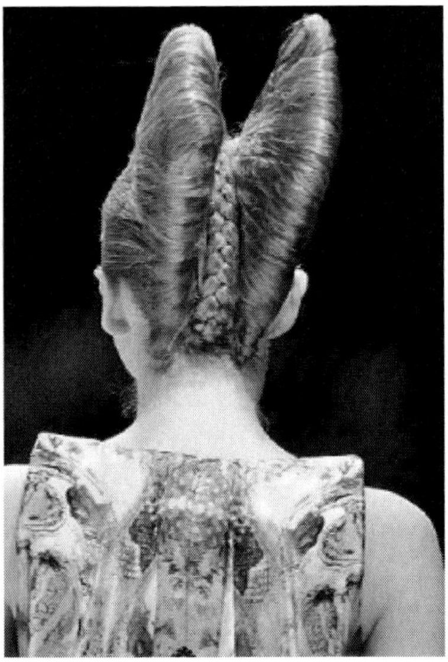

'뿔' 모양의 머리 장식을 한 맥퀸의 모델
파충류 형상과 연관된다.

들이다. 패션쇼 무대 자체가 뱀의 구불거리는 육체의 이미지로 형상화되어 있다는 점은 더욱 특징적이다. 카메라는 뱀처럼 허물거리며 런웨이를 오르내린다. 모델이 쓰고 있는 뿔 모양의 관은 파충류 형상을 한 고대 방문객들의 이미지를 강조하는 것처럼 보인다. 이 '뿔'은 우리를 영혼이 가장 고양되는 귀결점, 영혼의 최고 상태로 데려가는 것처럼 보인다. 인간의 영혼이 천상의 가장 높은 곳에서 빛나는 별의 지대로 올라감으로써 최상의 위무를 받듯이 말이다. 맥퀸은 가장 현대적인 방법으로 고대의 원초적 이미지들을 그려내고 있다. 이때 첨단 기술은 고대의 정신세계를 복원하는 연금술적 용기(容器)가 된다.

맥퀸이 돌아가고자 하는 곳은 현대성의 건조하고 황폐한 물질주의가 지배하는 도시 한가운데가 아니라 습기 차고 축축한 원시 바다이다. 원시 바다에는 무엇이 있는가. 거기엔 아틀란티스 우주가 우리를 기다리고 있다. 아틀란티스가 실제 존재했는지, 어디에 있었는지, 문명을 어떻게 꽃피웠으며, 어떻게 사멸하게 되었는지에 대해서는 고고학자들, 낭만주의 시인들, 지리학자들 사이에서도 끝없는 논란이 되고 있다. 심지어 노스트라다무스 같은 예언자들도 아틀란티스의 흔적을 추적하려 애썼다. 구글(Google)이 바다 밑에서 아틀란티스의 유적들을 찾아내었다는 외신은 거짓으로 판명되기도 했을 정도다. 지중해, 대서양, 태평양 그 어떤 곳에 실제로 존재했든 그렇지 않든 간에 아틀란티스에 대한 모험이나 동경은 새로운 천년 왕국에 대한 인류의 오랜 꿈이다. 그것은 역사적으로 플라톤 시대로 거슬러 올라간다. 플라톤은 이미 기원전 4세기경에 『티마이오스』에서 아틀란티스의 존재에 대한 기억을 이야기 하고 있다. 그의 할아버지 혹은 그 할아버지 할아버지 시대 이전부터 아틀란티스의 이야기는 전승되어 왔다. 아틀란티스의 이야기는 인류의 역사만큼이나 오래된 것이다.

아틀란티스에 대한 수많은 전설 중 일곱 개의 도시(동굴), 뱀 종족들, 황금의 도시 같은 모티프들은 아틀란티스를 특정 짓는 원형 이미지들과 관련된다. 이집트의 전설이나 중세 지도 제작자들이 그렸다는 인털리아의 일곱 개의 도시는 아틀란티스를 묘사한 것이라 소개되기도 한다. 두 호수 사이로 좁다란 둑길이 나 있고 한 호수의 물은 에메랄드빛이고, 다른 하나는 터키석처럼 푸른색이다. 이 두 호수 사이에 일곱 개의 마을이 있는

데 이를 일곱 개의 도시라 부른다.콜린스:255 일곱 개의 도시는 황금의 도시 '엘도라도'의 다른 이름이기도 하다. 이는 상징적인데, 호수 속에 숨겨진 이 일곱 개의 마을은 심연 속에서 발견되기를 기다리는 숨겨진 풍경이라고 할 수 있다. 맥퀸은 그러한 숨겨진 심연을 마지막 패션쇼에서 보여준 뒤 다시 죽음의 심연으로 침잠한 것처럼 보인다. 그래서 그의 죽음은 원형적 죽음으로 보인다. 그는 이 죽음을 통해 영원히 패션계에서 살고자 한 것은 아닐까.

'뱀'의 형상은 아즈텍 문명을 이룬 멕시칸의 창조신화나 마야 문명을 이룬 유카탄 반도의 부족들의 신화에서 공통적으로 나타난다. 깃털 달린 뱀, 걸어 다니는 뱀 등은 이 지역에 상륙했던 사람들을 가리키는 이름이거나 원주민들의 토템 신앙과 관계가 있는 상징들이다. 뱀의 사람들이 뱀의 비늘처럼 빛나는 기이한 배를 타고 유카탄 반도에 상륙하는 모습을 재연하는 신화도 있다. 영국 역사가이자 탐험가인 에드워드 H. 톰슨이 기록해 둔 한 장면을 보자.

> 이 배에는 피부색이 환한 사람들이 타고 있었는데, 그들은 키가 크고 푸른 눈을 가지고 있었다. 그들은 기이한 의복을 입었고 머리에는 똬리를 튼 뱀 같은 표정이 있었다. 바닷가에서 원주민들은 자신들이 숭배하는 신성한 뱀의 상징이 있는 것을 목격했다. 그래서 그 낯선 사람들이 자신들의 신이며, 자신들을 가르치고 지도하기 위해서 태양의 집에서 내려온다는 것을 알아챘다.콜린스:314

맥퀸의 코브라 이미지의 디자인이나 컬러 및 패턴은 유카탄 신전에 세워진 방울뱀의 형상을 연상하게 한다. 방울뱀은 20일 마다 독이빨을 간다고 여겨졌는데 이는 달력의 순환을 의미한다. 마야 점성술에서 방울뱀은 성운을 나타내는데, 일곱 개의 별은 일곱 겹의 방울 기관을 만든다. 콜린스:313

반은 파충류 동물이고 반은 인간의 형상인 듯이 꾸며진 모델들의 형상은 반인반마의 신의 형상과 방불하다. 패션쇼를 통해 '아틀란티스'를 재현함으로써 맥퀸은 우리에게 시간의 원환과 원시 바다에 대해 말한다. 바다는 모든 생명들이 태어나고 죽어서 돌아가는 어머니의 자궁이다. 어둠의 심연과 태양의 황금이 같이 빛나는 곳이다. 거기엔 지옥의 입이 태아를 먹여 삼키는 어둠의 습리들과 영양의 젖으로 인류를 먹여 살리는 어미의 모성이 등을 맞대고 있다. 맥퀸은 그런 인류의 태고적 정신주의의 이미지를 폭력적인 섬세함과 관능성을 교차시키고, 도발적이고 그로테스크한 방법의 분장술을 테크놀로지와 결합시키면서 독창적이면서 철학적으로 자신의 패션 세계를 완성한다. 맥퀸에게 디자인은 단순히 패션의 문제가 아니라 원형의 사유를 통해 세계를 다시 짜는 기획이자 철학의 문제였던 것이다.

빙하가 다 녹으면 우리는 결국 바다로 돌아갈 것이라는 섬뜩한 예언은 현실적 리얼리티를 담고 있기보다는 인류가 바다로부터 태어났다는 고대적 정신주의의 이미지를 담고 있다. 맥퀸의 정신주의는 파충류 신의 본능적인 힘(Reptilian Power)과의 강력한 연대에 기초하고 있기 때문에 강렬하고 원색적이며 폭발적인 생명의 힘으로 가득 차 있다. 깊은 바다를 탐색하기 위해 그가 심해 다이빙 허가증을 획득한 것은 아틀란티스를 향한 그의 집요한 꿈을 보여준 것이 아닐까.

인간은 원시 바다의 어머니 자궁에서 태어나 다시 죽음의 집인 심해로 되돌아감으로써 자신의 생을 원초적으로 되돌려놓는다. 저 원형의 우주에서 생을 지속하고자 하는 인간은 원시 바다에서 태어난 인간과 동일한 인간이다. 그래서 최후의 인간은 최초의 인간이다. 나약하고 초라하기 그지없는 절망의 바퀴자락에서 헤매고 있는 '나'에게 조차 너무 많은 가능성이 존재한다는 뜻인가. '원형'이란 그러한 위안을 주는 것인가.

그리고 이 책의 끝은 맨 처음이기도 하다.

:: 참조문헌

김일권, 『고구려 별자리와 신화』, 사계절, 2008.

임영주, 『한국의 전통 문양』, 대원사, 2004.

전호태, 『고구려 고분 벽화의 세계』, 서울대 출판부, 2005.

______, 『고분 벽화로 본 고구려 이야기』, 풀빛, 2004.

정재서, 『산해경』, 민음사, 1997.

최정은, 『동물, 괴물지, 엠블럼』, 휴머니스트, 2005.

이즈미 마사토(和泉雅人), 오근영 역, 『우주의 자궁 미궁 이야기』, 뿌리와이파리, 2002.

Apuleius, L., 송병선 역, 『황금 당나귀』, 매직하우스, 2007.

Attali, J., 이인철 역, 『미로 지혜에 이르는 길』, 영림카디널, 1997.

Aziza, C., 장영수 역, 『문학의 상징 주제 사전』, 청하, 1989.

Bachelard, G., 이가림 역, 『촛불의 미학』, 문예출판사, 1985.

Bakhtin, M., 이덕형 외역, 『프랑수아 라블레의 작품과 중세 및 르네상스의 민중 문화』, 아카넷, 2001.

Barthes, R.(a), 조광희 역, 『카메라 루시다』, 열화당, 1991.

________(b), 정현 역, 『신화론』, 현대미학사, 1995.

Borges, H. L., 김춘진 역, 『바벨의 도서관』, 글, 1992.

Campbell, J., 이진구 역, 『신의 가면 1 원시신화』, 까치, 2006.

Collins, A., 한은경 역, 『아틀란티스로 가는 길』, 김영사, 2006.

Durand, G.(a), 유평근 역, 『신화비평과 신화 분석』, 살림, 2002.

________(b), 진형준 역, 『상상계의 인류학적 구조들』, 문학동네, 2007.

D'Epiro, P. 외, 김이경 역, 『즐거운 숫자 문명 사전』, 서해문집, 2003.

Eliade, M.(a), 이재실 역, 『이미지와 상징』, 까치, 2005.

________(b), 최건원 외역, 『메피스토펠레스와 양성인』, 문학동네, 2006.

________(c), 이재실 역, 『대장장이와 연금술사』, 문학동네, 1999.

Foucault, M., 이광래 역, 『말과 사물』, 민음사, 1993.
Giger, H. R.(a), 안규철 역, 『기거』, 아트 앤 북스, 2003.
__________(b), 김미리 역, 『HR 기거 ARh+』, 마로니에북스, 2010.
Goethe, J.W., 박영우 역, 『이탈리아 기행』, 푸른숲, 1998.
Golan, A., 정석배 역, 『선사시대가 남긴 세계의 모든 문양』, 푸른역사, 2007.
Hauser, A., 『문학과 예술의 사회사 — 고대, 중세 편』, 창작과비평사, 1985.
Husain, S., 김선중 역, 『여신』, 도서출판 창해, 2005.
Jockel, N., 노성두 역, 『브뢰겔』, 랜덤하우스 중앙, 2006.
Jordan, M., 이한음 역, 『초록덮개』, 지호, 2004.
Jung, C.G.(a), 한국 융 연구원 외역, 『원형과 무의식』, 솔, 1985.
________(b), 한국 융 연구원 외역, 『꿈에 나타난 개성화 과정의 상징』, 솔, 1985.
________(c), 한국 융 연구원 외역, 『연금술에서 본 구원의 관념』, 솔, 1985.
Melchior-Bonnet, S., 윤진 역, 『거울의 역사』, 에코 리브르, 2001.
Neumann, E., 박선화 역, 『위대한 어머니 여신』, 살림, 2009.
Nietzsche, F. W.(a), 김태현 역, 『도덕의 계보 / 이 사람을 보라』, 청하, 1982.
______________(b), 최승자 역, 『짜라투스트라는 이렇게 말했다』, 청하, 1994.
Plato, 박종현 · 김영균 역주, 『티마이오스』, 서광사, 2000.
Physiologus, 노성두 역, 『기독교 동물 상징 사전』, 지와 사랑, 1999.
Poulson, N.K., 정경원 외역, 『보르헤스와 거울의 유희』, 태학사, 2002.
Sansonetti, Paul-Georges., 전혜정 역, 『성배와 연금술』, 문학동네, 2005.
Tarkowskij, A., 김창우 역, 『봉인된 시간』, 분도출판사, 1997.
Vitebsky, P., 김성례 외역, 『샤먼』, 도서출판 창해, 2005.
朝鮮畫報社出版部, 『高句麗古墳壁畵 = Murals of Koguryo Tumulus』, 東京 : 朝鮮畵報社, 1985.
Broek, Roelof van den., *Gnosis and Hermeticism from Antiquity to Modern Times*, State University of New York Press, 1998.
Durand, Gilbert, *La Foi du cordonnier*, Denoël in Paris, 1984.
Hauck, Dennis William, *The emerald tablet: alchemy for personal transformation*, Penguin Books, 1999.
Jung, C.G., *Symbols of Transformation*, Collected Works of C.G. Jung, Volume 5,

Princeton University Press, 1967.

__________, *Alchemical Studies*, Collected Works of C.G. Jung, Volume 13, Princeton University Press, 1983.

__________, *Psychology and Alchemy*, Routledge, 1969.

__________, *Symbols of Transformation*, Routledge, 1956.

__________, *The Practice of Psychotherapy*, Routledge, 1967.

Oxenhandler, N., Poetry in Three Films of Jean Cocteau, *Yale French Studies*, No.17.

Park, Youngdae, trans. Johnson, Chris & Ahn Soonja, Essential Korean Art, Hyenamsa, 2004.

Salaman, Clement, *The way of Hermes : new translations of the Corpus Hermeticum and the definitions of hermes trismegistus to Asclepius*, Inner Traditions International, 2000.

Yates, Frances Amelia, *The Rosicrucian Enlightenment*, Routledge, 1999.

:: 찾아보기